W0174731

ESOTERISCHES
WISSEN

Herausgeber dieser Reihe Michael Görden

KAHLIL GIBRAN

Gib mir die Flöte und laß mich singen!

Lebensweisheit
vom Autor des Klassikers »Der Prophet«
mit bisher unveröffentlichten Texten

Deutsche Erstausgabe

WILHELM HEYNE VERLAG

MÜNCHEN

HEYNE ESOTERISCHES WISSEN
08/9616

Aus dem Amerikanischen übertragen und mit einem Vorwort
von Hans Christian Meiser

Titel der Originalausgabe:
A TREASURY OF KAHLIL GIBRAN
erschienen bei Carol Communications, New York

Die amerikanische Originalausgabe in der Übertragung aus dem Arabischen von
Anthony R. Ferris und herausgegeben von Martin L. Wolf erschien unter dem
Titel ›A Treasury of Kahlil Gibran‹ bei Citadel Press, Secaucus, N.J.

Copyright © 1951, 1979 by Citadel Press
Copyright © 1992 der deutschen Ausgabe by
Wilhelm Heyne Verlag GmbH & Co. KG, München
Printed in Germany 1992
Umschlaggestaltung: Atelier Adolf Bachmann, Reischach
Satz: Kort Satz GmbH, München
Druck und Bindung: Presse-Druck Augsburg

ISBN 3-453-06090-3

Inhalt

Vorwort

»Ich lehre euch nicht das Geben, sondern das Empfangen; nicht die Verweigerung, sondern die Erfüllung; und nicht den Gewinn, sondern das Verstehen mit einem Lächeln auf den Lippen. Ich lehre euch nicht die Stille, sondern ein sanftes Lied. Ich lehre euch euer größtes Selbst, das alle Menschen in sich tragen.«

Diese Worte Kahlil Gibrans, die er in seinem Buch ›Im Garten des Propheten‹ seiner berühmt gewordenen Gestalt Almustafa in den Mund legt, können als Quintessenz der Weltauffassung des libanesischen Dichters gelten. Auch im vorliegenden Werk, das Gibrans gesammelte arabische Schriften vorstellt, kommt dieser selbsterwählte Auftrag beinahe in jeder Erzählung zum Tragen. Gibrans Anliegen, den Menschen aus der ›selbstverschuldeten Unmündigkeit‹ herauszuführen, gleicht jener sokratischen Hebammenkunst, mit welcher Platon seinen Hauptprotagonisten versah, um sich den tiefsten Fragen des Daseins anzunähern und um aus dem reflexiven Beleuchten aller Aspekte eine Klärung des Gesamtkomplexes ›Leben‹ zu bewirken. Bei Platon geschieht das Vordringen zur Wahrheit oft auf formalistisch-logistischem Wege, bei Gibran eher durch eine Öffnung des ›Gefühls‹, das durch den Klang des geschriebenen Wortes nicht selten in eine überhöhte Stimmung versetzt wird und dadurch weitaus zugänglicher für Inhalte und Botschaften ist. Gibrans Sprache ist Dichtung im reinsten Sinne, und Dichtung ist in allererster Linie Musik. Die Musik vermag es, die Seele des Menschen in Schwingungen zu versetzen, die mit dem Verstand nicht mehr faßbar sind. Wenn Martin Heidegger in seinen ›Holzwegen‹ schreibt: »Dichter sein in dürftiger Zeit heißt singend auf die Spur der entflohenen Götter achten. Darum sagt der Dichter zur Zeit der Weltnacht das Heilige...«, so heißt dies, auf Gibran übertragen, daß sein Wort, seine Dichtkunst, sein Gesang das Heilige, also das Unsichtbare hinter dem Sichtbaren auszusprechen vermag. »Gib mir die Flöte und laß mich singen...«

Kahlil Gibran wurde am 6. Januar 1883 in Becharré im Quadischa-Tal des Libanon geboren. Zusammen mit seiner Mutter Kamileh, welche die Tochter eines maronitischen Priesters war, und mit seinen Geschwistern zog er im Alter von elf Jahren nach Boston; der Vater blieb im Libanon, der zu jener Zeit türkische Provinz war und ab 1861 einem maronitischen Gouverneur unterstand. 1897 kehrt Gibran in seine Heimat zurück, um seine Arabistikstudien zu vervollständigen. Nach dem Tode seiner Mutter, seiner Schwester Sultanah und seines Halbbruders Butrus zieht er wieder nach Boston, wo er mit seiner Schwester Miriana lebt und im Alter von 19 Jahren seine ersten künstlerischen Arbeiten als Maler ausstellt. Sein erstes Buch in arabischer Sprache, ›Die Musik‹, veröffentlicht er drei Jahre später. Es folgen neun in arabischer und sieben in englischer Sprache verfaßte Bücher sowie zahllose Artikel in beiden Sprachen und ein gewaltiges Œuvre an Zeichnungen und Gedichten. Gibran ist zudem Gründungspräsident der libanesischen Vereinigung ›Arrabitah‹ (dt.: ›Verband der Feder‹), welche sich hauptsächlich arabischer Exilschriftsteller wie Maseeb Arida, Mikhail Maimy oder Ameen Rihani annimmt. Zuvor hatte er in Paris an der Académie Julien und an der Ecole des Beaux Arts studiert und wurde durch die Begegnung mit Auguste Rodin, den er 1910 meisterlich porträtierte, von dessen Werk beeinflußt; ebenso hinterließen die Bilder William Blakes einen nachhaltigen Eindruck auf ihn.

Gleichermaßen mit östlichem und westlichem Gedankengut ausgestattet, ist Gibran mittlerweile zu einer kosmopolitischen Gestalt herangereift, die nicht nur die eigene künstlerische Laufbahn vorantreibt, sondern auch um die Verantwortung desjenigen weiß, der im öffentlichen Leben steht. So plant er zusammen mit zwei Freunden ein Opernhaus für Beirut, dessen Kennzeichen zwei Kuppeln sein sollen als Symbol der Versöhnung zwischen Islam und Christentum, jener beiden Weltreligionen, die im Libanon neben-, aber nicht miteinander existierten und existieren. 1923, Gibran ist jetzt 40 Jahre alt, erscheint ›Der Prophet‹, jenes »merkwürdige kleine Buch«, wie er es selbst nennt, das seinen Weltruhm begründet. Bis heute ist dieses Werk in mehr als 20 Sprachen übersetzt worden und hat Millionen von Lesern nachdenklich gemacht. Diese mythopoetische ›Einstiegsdroge‹ in das Gesamtschaffen Gibrans gehört, wie z. B. auch Antoine de Saint-Exupérys ›Der kleine Prinz‹, zu der geringen Anzahl jener Bücher, die als zeitlos gelten und wie Kostbarkeiten des Geistes nur vorsichtig weitergereicht werden dürfen.

Die meisten der im hier vorgelegten Band wiedergegebenen Worte Gibrans entstanden zwischen seinem 18. und 22. Lebensjahr, eine Tatsache, die beweist, daß die gesamte Schönheit und Tiefe, die sich in ›Der Prophet‹ entfalten, schon im jungen Dichter angelegt sind. Es sind aber nicht allein die philosophischen Betrachtungen über Liebe und Tod, die den frühen wie den späten Gibran kennzeichnen, es ist vor allem die von ihm gewählte Form der Parabel, durch die er — seiner alten aramäischen Tradition folgend — den Leser zu den Geheimnissen des Lebens führt, so daß dieser ein spirituelles Erwachen erfährt. Auf der anderen Seite stellen viele dieser Parabeln jedoch scharfe Attacken gegen soziale, religiöse und politische Mißstände dar; ihre Wirkung war zu Gibrans Zeit oft so groß, daß sich manche führende Gestalt des Nahen Ostens veranlaßt sah, auf den entsprechenden Gebieten Reformen zu verfügen und zu verwirklichen. »Das Wort ist schärfer als das Schwert«, sagt ein altes chinesisches Sprichwort, und man könnte ergänzend hinzufügen, daß auch die Musik mehr bewirkt als jede Art roher Gewalt; deshalb die Aufforderung Gibrans: »Gib mir die Flöte und laß mich singen…«

Am 12. April 1931 starb Kahlil Gibran nach einer langen Krankheit im New Yorker St.-Vincent-Krankenhaus. Zwei Tage lang war er öffentlich aufgebahrt, bevor er zum Trauergottesdienst nach Boston überführt wurde. Am 21. August kommt sein Leichnam in Beirut an. Die Bestattung in der Nähe seines Geburtsortes Becharré muß ein unbeschreiblich eindrucksvolles Ereignis gewesen sein. Hunderte von Priestern und religiösen Würdenträgern sollen, so wird berichtet, den Toten in einer endlosen Prozession begleitet haben. Maroniten, Katholiken, Schiiten, Juden, Protestanten, Mohammedaner, Griechisch-Orthodoxe, Sunniten, Drusen und andere Bekenntnisse verneigten sich vor einem Dichter, dessen höchstes Ziel es war, Gerechtigkeit zu schaffen, Gegensätze zu überwinden, Menschen zusammenzuführen und sie ihr größeres Selbst finden zu lehren. Sein Sterben hat dieses Ziel — zumindest einen Tag lang — für die Welt Wirklichkeit werden lassen. Der Dichter als Spender des sanften Liedes der Musik, das mit der Kraft der Zärtlichkeit alles Unrecht und Leid auf Erden lindert: »Gib mir die Flöte und laß mich singen…«

Hans Christian Meiser

Erstes
Buch

Die Stimme eines Dichters

Erster Teil

Tief in meinem Herzen blüht die Kraft der Barmherzigkeit; ich ernte ihre Früchte, sammle sie und schenke sie dem Hungernden. Meine Seele läßt den Weinstock wachsen; ich keltere seine Trauben und reiche dem Durstigen ihren Saft.

Der Himmel füllt meine Lampe mit Öl; ich stelle sie an mein Fenster, um den Fremdling durch die Dunkelheit zu geleiten.

Dies tue ich, da ich mit ihnen allen lebe. Und wenn das Schicksal meine Hände fesseln und mich von meinem Handeln abhalten würde, wünschte ich mir nur noch den Tod. Denn ich bin ein Dichter, und wenn ich nichts darreichen kann, will ich auch nichts empfangen. Die Menschheit wütet wie ein Sturm, ich aber seufze nur in der Stille, da ich weiß, daß der Sturm vorbeigeht, ein Seufzer aber sich zu Gott erhebt.

Menschliche Wesen klammern sich an Irdisches, doch ich versuche stets, die Fackel der Liebe zu ergreifen, damit mich ihre Flamme reinigt und die Unmenschlichkeit in meinem Herzen verbrennt. Alles Wesenhafte stumpft den Menschen ab, ohne daß er dabei leidet, die Liebe aber verursacht ihm lebenspendenden Schmerz.

Die Menschen sind in Sippen und Geschlechter aufgeteilt, und sie gehören Ländern und Städten an. Ich bin ein Fremder inmitten aller Gemeinschaften und unbehaust. Meine Heimat ist das All und die Menschheit mein Volk.

Die Erdenbürger sind schwach, und es ist bedauernswert, daß sie untereinander gespalten sind. Die Welt ist so eng, daß es unklug erscheint, sie in Königreiche, Herrschaftsgebiete und Verwaltungsbezirke aufzugliedern.

Die Menschen schließen sich nur zusammen, um die Tempel der Seele zu zerstören, und reichen sich nur dann die Hand, wenn sie ihre Wohnstätten errichten. Ich stehe abseits und höre auf die Stimme der Hoffnung, die tief in meinem Inneren spricht: »So wie die Liebe das Herz des Menschen durch Schmerz zum Leben erweckt, zeigt ihm die Unwissenheit den Weg zur Erkenntnis.« Schmerz und Unwissenheit führen letztlich zu Freude und Verständnis, denn alles unter der Sonne, das der Allerhöchste erschaffen hat, besitzt einen Sinn.

Zweiter Teil

Ich sehne mich nach der Schönheit meiner Heimat und liebe ihre Bewohner in all ihrer Not. Doch würde mein Volk sich erheben, um zu plündern und aus sogenanntem ›Patriotismus‹ zu morden und das Land des Nachbarn zu besetzen, dann müßte ich diese menschliche Grausamkeit verurteilen und mein Volk und mein Land hassen. Ich singe Loblieder auf den Ort meiner Geburt und möchte die Stätte meiner Kindheit gerne wiedersehen. Sollte jedoch mein Volk dem notleidenden Wanderer Zuflucht und Nahrung verweigern, dann würde sich mein Lobgesang in Zorn verwandeln und meine Sehnsucht in Vergessen. Meine innere Stimme würde sagen: »Das Haus, das den Bedürftigen nicht aufnimmt, verdient nichts anderes, als zerstört zu werden.«

Ich liebe mein Heimatdorf mit einem Stück der Liebe, die ich für mein Vaterland empfinde. Mein Vaterland liebe ich mit einem Teil meiner Liebe für die Erde; und die Erde liebe ich von ganzem Herzen, denn sie ist der Zufluchtshafen der Menschheit; diese jedoch ist der Ausdruck des göttlichen Geistes.

Die Menschlichkeit ist der Geist des Allerhöchsten auf Erden, aber sie steht inmitten von Ruinen, verbirgt ihre Nacktheit unter Lumpen und ruft mit besorgter Stimme nach ihren Kindern. Diese jedoch sind damit beschäftigt, ihre Nationalhymnen zu singen, und während sie ihre Schwerter schleifen, können sie das Flehen der Mutter nicht hören.

Die Menschlichkeit wendet sich laut rufend an ihre Angehörigen, doch diese wollen sie nicht hören. Denn wäre einer da, der sie hörte und tröstend die Tränen der Mutter trocknete, hieße es sogleich: »Das ist ein Schwächling mit zuviel Gefühl.«

Die Menschlichkeit ist der irdische Ausdruck des Allerhöchsten, der Liebe und Güte predigt. Aber die Menschen spotten über solche Lehren. Jesus der Nazarener befolgte sie — und wurde gekreuzigt. Sokrates hörte die Stimme und ging ihr nach; auch er wurde getötet. Wer den Spuren von Jesus und Sokrates folgt, befindet sich auf dem Wege zur Göttlichkeit. Heute tötet man solche Menschen zwar nicht mehr, aber man verspottet sie und sagt: »Lächerlich gemacht zu werden ist schlimmer als der Tod!«

Jerusalem konnte den Nazarener ebensowenig töten wie Athen den Sokrates. Denn sie leben noch und werden ewig leben. Wer der Göttlichkeit folgt, kann niemals lächerlich gemacht werden, sondern wird immerdar leben.

Dritter Teil

Du bist mein Bruder, denn du bist ein Mensch; und beide sind wir Söhne des einzigen heiligen Geistes. Wir sind gleichgeartet, denn die selbe Erde hat uns geschaffen.

Du lebst hier als mein Begleiter auf dem Pfad des Lebens und als mein Helfer im Verständnis der verborgenen Wahrheit. Du bist ein Mensch, und dies genügt, um dich wie einen Bruder zu lieben. Sprich über mich, was du willst, das Morgen wird dich hinwegnehmen, und deine Rede als Beweis für dein Urteil verwenden; dann wird dir Gerechtigkeit widerfahren.

Beraube mich meines gesamten Besitzes, denn meine Gier brachte mich zum Anhäufen von Schätzen; du hast ein Anrecht auf mein Los, als es dir genügt.

Mach mit mir, was du willst, meine Wahrhaftigkeit anzurühren wirst du nicht imstande sein.

Vergieße mein Blut und verbrenne meinen Körper, meinen Geist kannst du weder töten noch verletzen.

Feßle mich an Händen und Füßen und wirf mich in ein dunkles Gefängnis, mein Denken wirst du nicht bezwingen können, denn es ist frei wie der Wind am grenzenlosen Firmament.

Du bist mein Bruder, und ich liebe dich. Ich liebe dich, während ich in deiner Kirche opfere, in deinem Tempel kniee und in deiner Moschee bete. Du und ich und alle Menschen sind Kinder einer Religion, deren verschiedene Wege nichts anderes darstellen als die Finger der liebenden Hand des Allerhöchsten. Diese streckt sich nach uns aus, bietet allen die Vervollkommnung des Geistes an und scheut sich davor, uns zu vereinnahmen.

Ich liebe dich ob deiner Wahrhaftigkeit, die aus deinem Wissen stammt; jener Wahrhaftigkeit, die ich aufgrund meiner Unwissenheit nicht sehen kann, die ich jedoch als göttlich erachte, denn sie ist das Wirken des Geistes. In der zukünftigen Welt wird deine Wahrhaftigkeit auf die meine treffen, und sie werden verschmelzen wie der Duft der Blumen. Als eine vollkommene und ewige Wahrhaftigkeit werden sie dann in der Ewigkeit von Liebe und Schönheit fortdauern und leben.

Ich liebe dich, denn du bist schwach in den Augen des harten Machthabers und arm in denen des geizigen Reichen. Ich weine deshalb und habe Mitleid mit dir. Doch hinter meinen Tränen sehe ich, wie du von der Gerechtigkeit umarmt wirst und wie du jenen vergibst, die dich verfolgen. Du bist mein Bruder, und ich liebe dich.

Vierter Teil

Du bist mein Bruder, aber weshalb zankst du mit mir? Warum überfällst du mein Land und versuchst, mich dazu zu bringen, jenen zu huldigen, die Ruhm und Macht anstreben?

Weshalb verläßt du Frau und Kinder und folgst dem Tod in ein weit entferntes Land denen zuliebe, die sich mit deinem Blute Ruhm erkaufen und hohes Ansehen mit den Tränen deiner Mutter?

Ist es ehrenhaft für einen Mann, seinen Bruder zu töten? Wenn du so denkst, dann erachte es als eine Opferung und errichte einen Tempel zu Ehren von Kain, der seinen Bruder Abel erschlug.

Ist Selbstverteidigung das oberste Gesetz der Natur? Wenn ja, weshalb drängt dich dann die Gier zur Selbstaufopferung, nur mit dem Ziel, deinen Brüdern Schmerz zuzufügen? Mein Bruder, nimm dich in acht vor dem, der sagt: »Die Liebe zum Leben nötigt uns, dem Volk seine Rechte zu nehmen.« Ich sage dir nur dies: Die Rechte des anderen zu wahren ist die edelste und schönste Tat des Menschen. Wenn mein Leben von mir verlangt, andere zu töten, dann ist mein eigener Tod ehrenhafter; und falls ich keinen finde, der mich zur Rettung meiner Ehre tötet, werde ich nicht zögern, mir mit eigener Hand das Leben zu nehmen und um der Ewigkeit willen schon vor ihrem Kommen zu sterben.

Mein Bruder, Selbstsucht ist der Grund für blindes Vorrangdenken, das wiederum Nachkommenschaft zeugt, und diese bringt Ansehen und Macht hervor, die zu Zwietracht und Unterjochung führen. Die Seele glaubt an den Sieg von Weisheit und

Gerechtigkeit über die finstere Vernunftlosigkeit. Sie leugnet die Macht, die Schwerter bereithält, um Unwissenheit und Unterdrückung zu verteidigen und sie gleichzeitig zu stärken — jene Macht, welche Babylon zerstörte, die Grundmauern Jerusalems erschütterte und Rom verwüstete. Es ist jene Macht, welche die Menschen veranlaßt, Verbrecher als große Männer zu bezeichnen, den Schriftstellern Achtung vor ihren Namen abverlangt und die Geschichtsschreiber dazu verführt, in ihren Berichten die Unmenschlichkeit dieser Männer auch noch zu loben.

Die einzige Gewalt, der ich gehorche, ist die Erkenntnis, daß man das Naturgesetz der Gerechtigkeit achtet und sich ihm unterwirft.

Welche Gerechtigkeit genießt Ansehen, wenn sie den Mörder tötet, den Räuber einsperrt oder ein benachbartes Land überfällt und seine Einwohner erschlägt? Was hält sie von einer Herrschaft, in welcher ein Mörder denjenigen bestraft, der tötet, und ein Dieb den Mann verurteilt, der stiehlt?

Du bist mein Bruder, und ich liebe dich. Und Liebe ist Gerechtigkeit mit all ihrer Kraft und Würde. Wenn die Gerechtigkeit meine Liebe zu dir nicht unterstützen würde — ohne auf deine Herkunft und Verwandtschaft zu achten — wäre ich ein Betrüger, der die Garstigkeit der Selbstsucht unter dem Gewand der reinen Liebe versteckt.

Schluß

Meine Seele ist mein Freund, der mich in der Not und Pein des Lebens tröstet. Wer seiner Seele nicht hilft, ist ein Feind der Menschlichkeit, und wer menschliche Führung nicht in sich selbst findet, wird verzweifelt zugrunde gehen. Das Leben entsteht im Inneren und kommt nicht von außen.

Ich kam, um ein Wort zu äußern, und ich werde es jetzt tun. Sollte der Tod mich daran hindern, so wird es das Morgen sagen, denn dieses Morgen läßt niemals ein Geheimnis im Buch der Ewigkeit zurück.

Ich kam, um im Glanze der Liebe und im Licht der Schönheit zu leben. Beide sind der Widerschein Gottes. Ich lebe hier, und die Menschen können mich nicht aus dem Haus des Lebens vertreiben, denn sie wissen, daß ich auch im Tode leben werde. Und wenn sie mir die Augen ausstechen, werde ich die Melodie der Liebe und die Lieder der Schönheit hören.

Und wenn sie mir die Ohren zustopfen, werde ich die Berührung des Windes genießen, der mit dem Weihrauch der Liebe und dem Duft der Schönheit vermischt ist.

Und wenn sie mich in die absolute Leere stoßen, werde ich zusammen mit meiner Seele leben, denn sie ist das Kind der Liebe und der Schönheit.

Ich kam hierher, um für alle und mit allen zu leben, und was ich heute in meiner Einsamkeit tue, wird das Morgen zu den Menschen hintragen.

Was ich jetzt mit *einem* Herzen sage, wird morgen von vielen Herzen gesagt werden.

Lied des Regens

Ich bin ein Netz aus Silberfäden, das die Götter
Vom Himmel fallen lassen. Die Natur nimmt mich auf,
Um ihre Täler und Felder zu schmücken.

Ich gleiche den herrlichen Perlen, welche
Die Tochter der Dunkelheit aus Ischtars Krone bricht,
Um die Gärten zu zieren.

Wenn ich weine, lachen die Hügel,
Wenn ich mich erniedrige, jauchzen die Blumen,
Und wenn ich mich beuge, erhebt sich alles.

Das Feld und die Wolken sind Liebende,
Und ich bin der Bote ihrer Gefühle.
Ich lösche des einen Durst
Und lind're des anderen Schmerz.

Die Stimme des Donners kündet mein Nah'n,
Der Regenbogen zeigt mein Entschwinden an.
Ich bin wie das Leben auf Erden,
Das mit dem Toben der Elemente beginnt
Und unter den breiten Schwingen des Todes erlischt.

Ich steig' aus dem Herzen der See empor,
Erhebe mich mit dem Winde
Und sinke herab beim Anblick des dürstenden Felds;
Millionenfach umarme ich Blumen und Bäume.

Wenn ich mit sanften Fingern die Fenster berühre,
Wird meine Botschaft zum frohen Willkommen;
Und alle können sie hören, doch nur
Der Empfindsame wird sie verstehen.

Obgleich mich die Hitze der Luft gebiert,
Bringe ich ihr dagegen den Tod;
So wie die Frau den Mann bezwingt
Mit der aus ihm strömenden Kraft.

Ich bin das Seufzen der See,
Das Lächeln des Feldes,
Das Weinen des Himmels.

Ebenso ist auch die Liebe zu betrachten:
Sie holt ihre Seufzer aus dem tiefen Meer des Gefühls herauf,
Ihr Lächeln strahlt vom bunten Feld des Geistes;
Und ihre Tränen stammen aus dem weiten Himmel der
   Erinnerung.

Der Sturm

Erster Teil

Yusif El Fakhri war dreißig Jahre alt, als er sich von der bürgerlichen Gesellschaft abwendete und wegzog, um in einer Einsiedelei nahe dem Kedeesha Tale im Nordlibanon zu leben. Den Menschen, die in dieser Gegend wohnten, kamen vielerlei Gerüchte über Yusif zu Ohren. So hieß es zum Beispiel, er stamme aus einer wohlhabenden und einflußreichen Familie, und er habe eine Frau geliebt, die ihn betrogen habe; deshalb suche er nun die Einsamkeit. Eine andere Geschichte lautete, er sei ein Dichter, der dem Tumult der Stadt entflohen sei und diesen Ort gewählt habe, um seine Gedanken niederzulegen und seinen Eingebungen folgen zu können. Manche waren davon überzeugt, daß er ein Mystiker sei, der sich mit der geistigen Welt begnüge. Die meisten aber dachten, er sei einfach verrückt.

Ich selbst vermochte mir keinerlei Urteil über ihn zu bilden, doch es war mir klar, daß tief in seinem Herzen ein Geheimnis verborgen sein mußte, das zu enträtseln mir nicht möglich schien, es sei denn in reiner Mutmaßung. Lange Zeit hatte ich auf eine Gelegenheit gehofft, diesen seltsamen Mann kennenzulernen. Auf vielerlei Art hatte ich versucht, seine Freundschaft zu gewinnen, um sein wahres Wesen zu erforschen, seine Lebensgeschichte zu erfahren und seine Ziele ausfindig zu machen; aber meine Bemühungen waren vergeblich. Als ich ihm zum ersten Mal begegnete — es war im Wald der Heiligen Zedern — grüßte ich ihn mit besonders gewählten Worten, doch er beantwortete meinen Gruß nur mit einem Kopfnicken und ging seiner Wege.

Ein anderes Mal sah ich ihn in der Nähe eines Klosters inmitten eines kleinen Weinberges stehen. Ich ging auf ihn zu, grüßte und sagte: »Die Bewohner dieser Gegend erzählen, das Kloster sei im 14. Jahrhundert von den Syrern erbaut worden; wißt Ihr etwas von seiner Geschichte?« Kühl gab er zurück: »Ich weiß nicht, wer dieses Kloster errichtet hat, und es kümmert mich auch nicht.« Er wandte sich von mir ab, fügte aber noch hinzu: »Weshalb fragst du nicht deine Großeltern, die älter sind als ich und sicher mehr von der Geschichte dieser Gegend wissen?« Ich erkannte das Scheitern meines Bemühens, mit ihm ins Gespräch zu kommen und belästigte ihn nicht weiter.

Zwei Jahre hindurch beschäftigte mich das seltsame Leben dieses Fremdlings und störte meine Träume.

Zweiter Teil

An einem Tag im Herbst streifte ich in den Hügeln herum, zwischen denen die Einsiedelei von Yusif El Fakhri lag. Plötzlich kam ein Unwetter auf, und es goß in Strömen. Der Sturm warf mich hin und her wie ein Boot, dessen Ruder und Mast gebrochen waren. Mit Mühe lenkte ich meine Schritte zu Yusifs Behausung und dachte: »Auf diese Gelegenheit habe ich lange gewartet. Der Sturm bietet die beste Gelegenheit, mir Zutritt zu verschaffen, und meine nassen Kleider sind Grund genug, einige Zeit bei ihm zu verweilen.«

In einem erbarmungswürdigen Zustand kam ich bei der Klause an. Ich klopfte, und der Mann, den zu treffen ich gehofft hatte, öffnete. Er hielt einen Vogel in der Hand, der am Köpfchen verletzt war und dessen Flügel gebrochen waren. Ich grüßte und sagte: »Ich bitte um Entschuldigung für die ärgerliche Belästigung. Doch der Sturm überraschte mich, als ich schon zu weit von daheim entfernt war.« Er runzelte die Stirn und sprach: »In dieser Wildnis hier gibt es eine Unzahl von Höhlen, in denen du Unterschlupf hättest finden können.« Dennoch verschloß er nicht die Tür vor mir, und mein Herz klopfte schneller in der Erwartung, meinen großen Wunsch endlich erfüllt zu bekommen. Sanft und liebevoll streichelte er den Vogel und zeigte auf diese Weise eine besondere Eigenschaft seines Wesens. Ich war erstaunt über die gegensätzlichen Charakterzüge dieses Menschen, der Mitleid und Herzlosigkeit in gleicher Weise in sich zu vereinen schien. Eine gespannte Stille herrschte, denn er ärgerte sich über meine Anwesenheit. Ich aber wollte unbedingt bleiben.

Als ob er meine Gedanken lesen könnte, blickte er auf und sagte: »Der Sturm ist sauber; er neigt sich zur Erde herab, um ihr säuerliches Fleisch wegzuräumen. Weshalb versuchst du, ihm zu entkommen?« Mit einem Anflug von Humor antwortete ich: »Der Sturm mag wohl kaum Salziges oder Saures, doch er neigt dazu, alles erstarren zu lassen, und ohne Zweifel fände er Gefallen daran, mich zu verzehren, wenn er mich in die Finger bekäme.« In vollem Ernst gab er zurück: »Der Sturm hätte dir eine große Ehre erwiesen, wenn er dich verschlungen hätte — und du wärst dieser Ehre gar nicht würdig gewesen.« »Dem stimme ich zu«, sagte ich. »Ich floh vor dem Sturm, da ich einer Ehre, die ich nicht verdient habe, auch nicht teilhaftig werden möchte.« Er wandte sich ab, um ein Lächeln zu unterdrücken. Dann ließ er sich auf einer Bank an der Feuerstelle nieder. Er lud mich ein, auszuruhen und meine Kleider zu trocknen. Ich konnte meine Befriedigung kaum verbergen.

Während ich ihm dankte, ließ ich mich ihm gegenüber auf einer Steinbank nieder. Er tauchte seine Finger in ein Gefäß mit einer öligen Flüssigkeit und strich sanft über den Kopf und die Flügel des Vogels. Ohne aufzublicken sagte er: »Diesen Vogel hat der Sturm von den Felsen herabgeworfen, so daß er nun zwischen Leben und Tod schwebt.« Ich suchte nach einer Erwiderung und antwortete: »Und er hat mich an Eure Tür getrieben, gerade rechtzeitig, um zu verhindern, daß mein Kopf verletzt und meine Flügel gebrochen wurden.« Er sah mich ernst an und sprach: »Ich wünschte, der Mensch hätte das Empfinden eines Vogels, und ich wünschte, der Sturm bräche ihm die Flügel. Denn er neigt zu Furcht und Feigheit, und sobald er spürt, daß sich ein Sturm erhebt, verkriecht er sich in die Spalten und Höhlen der Erde und versteckt sich.«

Da ich die Geschichte seiner selbsterwählten Einsamkeit erfahren wollte, forderte ich ihn heraus und sagte: »Sicher besitzen die Vögel Ehre und Mut, und der Mensch nicht. Er lebt im Schatten von Sitten und Gesetzen, die er für sich ersonnen und geschaffen hat. Die Vögel jedoch leben nach demselben freien ewigen Gesetz, das auch die Erde veranlaßt, ihre gewaltige Bahn um die Sonne zu ziehen.« Als hätte er in mir einen verständigen Schüler gefunden, erhellte sich sein Antlitz, und seine Augen strahlten, als er rief: »Ausgezeichnet! Wenn du deinen eigenen Worten Glauben schenkst, solltest du die Zivilisation samt ihren korrupten Gesetzen und Überlieferungen hinter dir lassen und wie die Vögel dort leben, wo es nichts anderes gibt als das erhabene Gesetz des Himmels und der Erde.« »Eine Überzeugung zu haben ist eine gute Sache, doch seine Ansichten auch zu verwirklichen — dazu gehört Kraft. Es gibt viele, die sprechen wie die brüllende See, aber ihr Leben ist seicht und abgestanden wie das Wasser eines Sumpfes. Und es gibt nicht wenige, die ihr Haupt über die Gipfel der Berge erheben, während ihr Geist untätig in der Dunkelheit der Höhlen verharrt.«

Erregt erhob er sich und setzte den Vogel auf ein Tuch am Fensterbrett. Dann warf er einige Bündel trockener Zweige ins Feuer und sagte: »Zieh deine Schuhe aus und wärme deine Füße, denn die Feuchtigkeit schadet deiner Gesundheit. Trockne deine Kleider und mache es dir bequem.«

Infolge Yusifs anhaltender Gastfreundlichkeit wurden meine Hoffnungen weiterhin genährt. Ich setzte mich näher ans Feuer heran, und der Dampf stieg aus meinem nassen Gewand. Während der Einsiedler an der Tür stand und in den grauen Himmel blickte, suchte mein Verstand eilig nach einer Gelegenheit, in seine Lebensgeschichte einzudringen. Ganz unschuldig fragte ich: »Lebt Ihr schon lange an diesem Ort?«

Ohne mich anzusehen, antwortete er mit ruhiger Stimme: »Ich kam hierher zu einer Zeit, da die Erde noch ohne Form war und leer; und Finsternis lag auf der Fläche der Tiefe. Und der Geist Gottes schwebte über den Wassern.«

Seine Worte versetzten mich in Schrecken. Ich bemühte mich, einen klaren Kopf zu behalten und dachte: »Welch ein wundersamer Mensch! Wie schwer ist es, einen Weg zu seiner Wirklichkeit zu finden! Ich muß behutsam, langsam und geduldig vorgehen, bis sich seine Zurückhaltung in eine wirkliche Gesprächsbereitschaft wandelt und ich seine Eigenartigkeit verstehen lerne.«

Dritter Teil

Die Nacht breitete ihr schwarzes Gewand über die Täler, der Sturm heulte furchterregend, und der Regen nahm an Heftigkeit zu. Ich bildete mir ein, es käme abermals eine Sintflut, um alles Leben zu vernichten und den menschlichen Unrat von Gottes Erde hinwegzuschwemmen. Es schien, als hätte der Aufruhr der Elemente in Yusifs Herz eine Ruhe erzeugt, wie sie oftmals als Reaktion auf übermäßige Lebendigkeit eintrat und gleichzeitig Einsamkeit in Geselligkeit wandelt. Er zündete zwei Kerzen an, stellte einen Krug Wein vor mich hin und brachte ein Tablett, auf dem Brot, Käse, Oliven und einige getrocknete Früchte lagen. Sodann setzte er sich neben mich, und nachdem er sich für die mangelnde Fülle der Speisen entschuldigt hatte — aber nicht für ihre Einfachheit —, lud er mich ein, ihm Gesellschaft zu leisten.

Schweigsam teilten wir das Mahl und lauschten dem Geheul des Windes und dem Prasseln des Regens. Gleichzeitig betrachtete ich sein Gesicht und versuchte, sein Geheimnis herauszufinden, indem ich alle möglichen Gründe erwog, die seiner ungewöhnlichen Lebensweise zugrunde lagen. Nach dem Essen nahm er einen Kupferkessel vom Feuer und goß duftenden Kaffee in zwei Becher. Dann öffnete er eine kleine Schachtel und bot mir eine Zigarette an. Dabei nannte er mich ›Bruder‹. Ich nahm eine, trank meinen Kaffee und konnte kaum glauben, was ich da zu sehen bekam. Yusif lächelte mich an, und nachdem er einen tiefen Zug getan und einen Schluck Kaffee getrunken hatte, sagte er: »Zweifellos verwundert es dich, daß es hier Wein, Tabak und Kaffee gibt, und sicherlich erstaunt es dich auch, daß ich genügend zu essen habe und über eine gewisse Bequemlichkeit verfüge. Dein Staunen ist gerechtfertigt, denn du bist einer von vielen, die meinen, daß jemand, der fern von den Menschen lebt, auch fern des Lebens steht und deshalb auf alle seine Freuden verzichten muß.« Ich stimmte eilig zu. »Ja«, sagte ich, »die Weisen erzählen doch, daß einer, der sich von der Welt abkehrt, um alleine Gott zu dienen, auch alle Freuden und die ganze Fülle des Lebens hinter sich läßt, mit Gottes einfachen Gaben zufrieden ist und sich ausschließlich von Wurzeln, Beeren und Wasser ernährt.«

Nach einer gedankenschweren Pause erwiderte er: »Ich hätte Gott auch dienen können, solange ich unter seinen Geschöpfen weilte, denn dieser Dienst erfordert keine Einsamkeit. Ich verließ die Menschen nicht, um Gott zu sehen, denn im Hause meines Vaters und meiner Mutter sah ich ihn ständig. Ich ging von den Menschen weg, weil ihr Wesen nicht zu dem meinen paßte und und ihre Träume mit meinen nicht übereinstimmten… Ich trennte mich von ihnen, weil ich spürte, daß das Rad meiner Seele sich in eine einzige Richtung bewegte, gegen die Räder der anderen Seelen schlug und in deren entgegengesetzte Richtung lief. Ich entfernte mich von der menschlichen Kultur, da ich herausfand, daß sie einem alten, dürren Baum gleicht, der stark und furchteinflößend dasteht, mit seinen Wurzeln in das tiefe Dunkel der Erde reicht und mit den Ästen weit über die Wolken hinausragt; seine Blüten aber sind Neid, Laster und Verbrechen, und seine Früchte Angst, Jammer und Klagen. Etliche Reformer haben versucht, ihm das Gute aufzupfropfen und seine Beschaffenheit zu verändern, doch sie blieben erfolglos. Enttäuscht, verfolgt und geschlagen starben sie.« Yusif lehnte sich zurück, als wolle er sehen, welchen Eindruck seine Worte auf mich gemacht hatten. Ich hielt es für das Beste, ihm weiter zuzuhören. So fuhr er fort: »Nein, ich habe die Einsamkeit nicht aufgesucht, um zu beten und das Leben eines Eremiten zu führen... denn ein Gebet, das ja der Gesang des Herzens ist, dringt an Gottes Ohr, auch wenn es mit dem Geschrei und Gekreisch tausender Stimmen vermengt ist. Das Leben eines Einsiedlers zu führen, bedeutet, Körper und Seele zu quälen und seine Neigungen zu unterdrücken — eine Daseinsweise, die mir zuwider ist, denn Gott hat unseren Leib als Tempel des Geistes geschaffen, und wir müssen uns des Vertrauens, das Gott in uns setzt, würdig erweisen und es bewahren.

Nein, mein Bruder, ich suchte die Einsamkeit nicht aus Glaubensgründen, sondern allein deshalb, um den Menschen zu entgehen und somit ihren Gesetzen, ihren Lehren und Überlieferungen, ihren Gedanken und Vorstellungen, ihrem Geschrei und Gejammer. Ich suchte die Einsamkeit, um die Gesichter derjenigen nicht mehr sehen zu müssen, die sich selbst verkaufen und zum gleichen Preis etwas erwerben, was geistig und körperlich minderwertiger ist als sie. Ich suchte die Einsamkeit, um jenen Frauen nicht zu begegnen, die stolz und übertrieben lächelnd einherspazieren, während in der Tiefe ihres vielschichtigen Herzens nur *eine* Absicht wohnt.

Ich suchte die Einsamkeit, um mich vor jenen eingebildeten Individuen zu verbergen, die das Bild des gesamten Wissens in ihren Träumen sehen und meinen, damit ihr Ziel bereits erreicht zu haben. Ich floh vor der menschlichen Gesellschaft, um denjenigen aus dem Weg zu gehen, die beim Erwachen nur ein Trugbild der Wahrheit sehen, die Welt aber glauben machen, sie hätten das Wesen des Wahren vollständig erkannt.

Ich verließ die Welt und suchte die Einsamkeit, da ich es leid war, Leuten gegenüber höflich zu sein, die glauben, Menschlichkeit sei eine Art Schwäche und Mitleid eine Form von Feigheit, dagegen aber meinen, Vornehmtuerei hinterlasse einen starken Eindruck.

Ich suchte die Einsamkeit, da meine Seele sich nicht mit denen gleichstellen wollte, die sich ernsthaft einbilden, Sonne, Mond und Sterne würden einzig und allein aus *ihren* Schatzkammern aufsteigen und ausschließlich in *ihren* Gärten untergehen.

Ich lief vor all denjenigen davon, die ein öffentliches Amt erstreben und das irdische Geschick der Menschen zerbrechen, indem sie ihnen goldenen Staub in die Augen streuen und ihre Ohren mit Geschwätz füllen.

Ich verließ die Priester, die nicht nach ihren Glaubensgrundsätzen leben und vom Volk aber das verlangen, was sie selbst nicht erfüllen.

Ich suchte die Einsamkeit, weil ich niemals von einem Menschen eine Gefälligkeit erhielt, wenn ich nicht den vollen Preis mit meinem Herzen bezahlte.

Ich suchte die Einsamkeit, da ich jene große, schreckliche Einrichtung, die man Zivilisation nennt, verabscheue — jene wohlausgewogene Ungeheuerlichkeit, die auf dem nie endenden Unheil des Menschengeschlechts aufgebaut wurde.

Ich suchte die Einsamkeit, denn in ihr tut sich ein erfülltes Leben für Körper, Geist und Seele auf. Ich entdeckte die endlosen Gefilde, auf denen das Licht der Sonne ruht, wo die Blumen ihren Duft verströmen und die Flüsse sich ihren Weg zum Meer ersingen. Ich fand in den Bergen das jähe Erwachen des Frühlings, das bunte Sehnen des Sommers, die verschwenderischen Lieder des Herbstes und das wunderbare Geheimnis des Winters. Ich gelangte in diese ferne Ecke von Gottes Haus, da ich danach hungerte, die Geheimnisse des Alls zu erforschen und mich dem Throne des Allerhöchsten zu nähern.«

Yusif holte tief Atem, als wäre er von einer schweren Bürde befreit worden. Seine Augen leuchteten seltsam und verzaubert, und auf seinem Antlitz lag der Widerschein von Stolz, Willenskraft und Zufriedenheit.

Ich sah ihn eine kurze Zeit ruhig an und machte mir Gedanken über das, was sich mir enthüllt hatte. Schließlich sagte ich: »Ohne Zweifel habt Ihr in den meisten Dingen, von denen Ihr sprecht, recht, und habt Euch gleichzeitig mit Eurer Beurteilung des sozialen Mißstands als guter Diagnostiker erwiesen. Ich bin der Ansicht, daß die kranke Gesellschaft unbedingt eines solchen Arztes bedarf, der sie entweder gesunden läßt oder sie tötet. Diese zerstörte Welt benötigt Eure Beachtung. Ist es demnach recht oder barmherzig, wenn Ihr Euch diesem leidenden Patienten freiwillig entzieht und ihm Eure Hilfe verweigert?«

Er blickte mich gedankenvoll an und sagte dann resigniert: »Seit Anbeginn der Welt haben die Ärzte versucht, die Menschen von ihren Krankheiten zu befreien. Manche benutzten Operationsmesser dazu, andere versuchten es mit Arzneien; doch die Seuche breitete sich unaufhaltsam aus. Mein Wunsch wäre es, daß der Kranke sich damit begnügen würde, in seinem schmutzigen Bett zu bleiben, um über sein ständiges Leiden nachzudenken. Statt dessen jedoch packt er jeden, der ihn besuchen kommt, am Genick und erwürgt ihn fast. Welch eine Ironie! Der böse Patient bringt den Doktor um, dann schließt er die Augen und flüstert: ›Er war ein großartiger Arzt!‹ Nein, mein Bruder, keiner auf Erden vermag es, der Menschheit eine Wohltat zu erweisen. Kein Sämann, so erfahren und geschickt er auch sein mag, kann ein Feld dazu bringen, im Winter zu sprießen.«

»Der Winter der Menschheit wird vorübergehen«, hielt ich ihm entgegen, »und dann kommt der herrliche Frühling. Die Blumen wachsen gewiß wieder auf den Feldern, und die Bäche springen in den Tälern!«

Er runzelte die Stirn und sagte erbittert: »Ach! Hat Gott denn das Leben des Menschen und damit der gesamten Schöpfung in Jahreszeiten aufgeteilt? Wünscht sich irgendein Volk, das jetzt in Gottes Geist und Wahrheit lebt, auf dem Antlitz dieser Erde wiederzuerscheinen? Wird es jemals eine Zeit geben, in der sich der Mensch an der rechten Hand des Lebens niederläßt und dort auch bleiben kann, um sich am strahlenden Licht des Tages und an der friedlichen Stille der Nacht zu ergötzen? Kann solch ein Traum Wirklichkeit werden, nachdem die Erde mit menschlichem Fleisch übersät und mit Menschenblut getränkt wurde?«

Yusif erhob sich, streckte die Hand gegen den Himmel, als wolle er auf eine andere Welt deuten, und fuhr fort: »Für die Welt ist dies nichts als ein leerer Traum, doch ich finde für mich seine Erfüllung; und was ich hier entdecke, erfaßt jede Faser meines Herzens ebenso wie jede Stelle in den Tälern und auf den Höhen.« Mit erhobener Stimme sprach er: »Das einzige, von dem ich wirklich weiß, daß es wahr ist, ist das Schreien in meinem Innern. Ich lebe hier, doch in den Tiefen meiner Seele herrschen Hunger und Durst. Ich empfinde Freude, wenn ich das Brot und den Wein des Lebens aus den Gefäßen, die ich mit eigener Hand geschaffen habe, genieße. Und deshalb verließ ich die Wohnstätten der Menschen und kam hierher an diesen Ort, an dem ich bis zu meinem Ende bleiben werde.«

Erregt ging er auf und ab, während ich das Gehörte erwog und über seine Beschreibung der klaffenden Wunden in der menschlichen Gesellschaft nachdachte. Erneut wagte ich es, vorsichtig zu widersprechen: »Ich schätze Eure Meinung und Eure Bestrebungen hoch ein, und respektiere Euer Verlangen nach Einsamkeit, aber ich weiß auch, daß dieses arme Volk während Eures Exils ein schweres Schicksal ertragen muß, denn es braucht einen verständigen Arzt, der ihm über seine Schwierigkeiten hinweghilft und seine Lebensgeister weckt.«

Kopfschüttelnd sprach er: »Dieses Volk ist wie jedes andere. Alle Menschen sind aus dem gleichen Stoff gemacht und unterscheiden sich nur in ihrem äußeren Erscheinungsbild, was jedoch ohne Belang ist. Das Elend unserer orientalischen Völker ist auch das Elend der Welt, und was du ›westliche Zivilisation‹ nennst, ist nichts anderes als das Trugbild einer tragischen Täuschung.

Heuchelei wird es immer geben, auch wenn ihre Fingerspitzen gefärbt und poliert sind; und der Betrug wird niemals aufhören, selbst wenn die Berührung mit ihm sanft und zart ist. Aus Falschheit wird nimmermehr Wahrheit werden, auch dann nicht, wenn man sie in seidene Gewänder steckt und in einem Palast wohnen läßt. Und aus Neid kann nicht Zufriedenheit werden, genausowenig wie aus Verbrechen Tugend. Die immerwährende Unterdrückung durch Lehren, Sitten und Überlieferung bleibt Knechtschaft, selbst wenn sie ihr Gesicht übermalt und ihre Stimme verstellt. Sklaverei wird Sklaverei bleiben in all ihrer Schrecklichkeit, auch wenn sie sich selbst Freiheit nennt.

Nein, mein Bruder, der Westen steht nicht über dem Osten, und ist ihm auch nicht unterlegen, und das, was die beiden voneinander trennt, ist nicht mehr als der Unterschied zwischen Tiger und Löwe. Jenseits der Äußerlichkeit der Gesellschaft habe ich ein wahres und vollkommenes Gesetz gefunden, das zwischen Elend, Wohlstand und Unwissenheit den Ausgleich schafft. Es zieht kein Volk einem anderen vor und unterdrückt auch keine Nation, um dadurch eine andere reicher zu machen.«

»Dann ist Zivilisation gleichbedeutend mit Nichtigkeit«, rief ich aus, »und alles in ihr ist nichtig!« »Ja«, antwortete er rasch, »Zivilisation ist gleichbedeutend mit Nichtigkeit und alles in ihr ist nichtig… Erfindungen und Entdeckungen sind nichts als Genuß und Bequemlichkeit für den Körper, sobald er müde ist. Der Sieg über die Entfernung und die Eroberung der Meere sind nichts anderes als hohle Früchte, welche die Seele nicht befriedigen, das Herz nicht stärken und den Geist nicht erheben, denn sie entsprechen nicht der Natur. Und jene Strukturen und Theorien, die der Mensch Wissen und Kunst nennt, sind Fesseln und goldene Ketten, die er hinter sich herzieht, und an deren hellem Glitzern und volltönendem Klang er sich ergötzt. Es sind mächtige Gefängnisse, dessen Gitter der Mensch schon vor langer Zeit herzustellen begann, ungeachtet der Tatsache, daß er von innen nach außen baute und somit bald für immer sein eigener Gefangener werden würde. Jawohl, nichtig sind die Taten des Menschen und nichtig seine Bestrebungen, und alles auf Erden ist nichtig.« Er hielt kurz inne und fügte dann langsam hinzu: »Unter den Nichtigkeiten des Lebens gibt es nur ein Ding, das strahlend schön ist und ohnegleichen.« »Was ist es?« fragte ich mit zitternder Stimme. Er blickte mich lange an, schloß dann die Augen und legte seine Hände auf die Brust. Und während sein Antlitz aufleuchtete, sprach er mit ernster und überzeugter Stimme: »Es ist das Erwachen im Geiste; es ist das Erwachen im Innersten des Herzens; es ist eine überwältigende und großartige Kraft, die plötzlich in das Bewußtsein des Menschen dringt und ihm die Augen öffnet, so daß er das Leben inmitten einer Symphonie herrlichster Musik wahrnimmt. Es ist von einem hellen

Lichterkranz umgeben, und der Mensch steht wie eine Säule der Schönheit zwischen der Erde und dem Firmament. Es ist eine Flamme, die plötzlich inmitten des Geistes auflodert, das Herz versengt und dadurch reinigt, sich über die Erde erhebt und in die unendlichen Weiten des Himmels entschwebt. Es ist eine Gesinnung, die das Innerste des einzelnen umhüllt, so daß er imstande ist, jeder Widersprüchlichkeit entgegenzutreten und sich gegen diejenigen aufzulehnen, die sich weigern, seine tatsächliche Bedeutung zu verstehen. Es ist eine geheimnisvolle Hand, die den Schleier von meinen Augen weggezogen hat, während ich noch ein Glied der menschlichen Gesellschaft war und mit meiner Familie, meinen Freunden und Landsleuten zusammenlebte.

Oftmals fragte ich mich: ›Was bedeutet dieses Universum, und weshalb unterscheide ich mich von den Menschen, die um mich sind; wieso kenne ich sie; wo bin ich ihnen begegnet und weshalb lebe ich bei ihnen? Bin ich ein Fremdling unter ihnen, oder sind sie es, die dieser Erde fremd sind, dieser Erde, die vom Leben eingerichtet wurde und mir den Schlüssel dazu anvertraute?‹«

Plötzlich wurde er still, als ob er sich an etwas erinnerte, was er vor langer Zeit gesehen hatte und das aufzudecken er sich scheute. Er streckte die Arme aus und flüsterte: »Dies alles widerfuhr mir vor vier Jahren, als ich die Welt verließ und an diesen öden Ort kam, um am Erwachen des Lebens teilzuhaben und gute Gedanken und wohltuende Stille zu genießen.« Er ging zur Tür und blickte in die Dunkelheit hinaus, als wolle er sich anschicken, mit dem Sturm zu sprechen. Doch seine Stimme zitterte, als er sagte: »Es ist ein Erwachen inmitten des Geistes; wer es kennt, vermag nicht darüber zu sprechen, und wer es nicht kennt, wird über dieses unwiderstehliche und herrliche Geheimnis des Seins niemals nachdenken.«

Vierter Teil

Eine Stunde war vergangen, Yusif El Fakhri schritt weiterhin im Raum auf und ab, blieb gelegentlich stehen und blickte in den unheimlichen, verdunkelten Himmel hinauf. Ich verhielt mich still und sann über die seltsame Verflechtung von Freude und Leid in seinem einsamen Leben nach.

Schließlich trat er zu mir und blickte mich lange an, als wolle er seinem Gedächtnis das Bild des Mannes einprägen, dem er die tiefsten Geheimnisse seines Lebens enthüllt hatte. Mein Gemüt war voll Unruhe und mein Blick getrübt. Gelassen und mit ruhiger Stimme sprach Yusif: »Ich gehe nun, um mit dem Sturm durch die Nacht zu wandern und so die Darstellung der Natur in der Nähe zu spüren. Ich tue dies vor allem im Herbst und im Winter. Hier hast du Wein und Tabak, fühle dich in dieser Nacht hier in meinem Heim wie bei dir zu Hause.«

Er hüllte sich in einen schwarzen Mantel und fügte lächelnd hinzu: »Schließe bitte die Tür, wenn du am Morgen gehst. Ich möchte nicht, daß jemand hereinkommt, während ich den Tag im Wald der Heiligen Zedern verbringe.« Dann trat er an die Tür, ergriff einen Wanderstab und sagte: »Wenn dich der Sturm wieder einmal überraschen sollte und du in dieser Gegend weilst, zögere nicht, in meiner Klause Zuflucht zu suchen… Ich hoffe aber, du wirst dich selbst dazu erziehen, den Sturm zu lieben und ihn nicht zu fürchten… Gute Nacht, mein Bruder!«

Er öffnete die Tür und ging mit erhobenem Haupt in die Dunkelheit hinaus. Ich schaute ihm nach, um zu sehen, welche Richtung er eingeschlagen hatte, doch er war meinem Blick entschwunden. Kurze Zeit noch vernahm ich den Hall seiner Schritte auf dem steinigen Grund des Tales.

Fünfter Teil

In dieser Nacht bewegten mich viele Gedanken. Als der Morgen kam, war der Sturm vorüber, der Himmel erschien klar, und die Berge und Ebenen wurden von den warmen Strahlen der Sonne erhellt. Auf meinem Weg in die Stadt zurück fühlte ich plötzlich das Erwachen des Geistes, von dem Yusif El Fakhri gesprochen hatte, und es zuckte in jeder Faser meines Bewußtseins. Sicherlich hätte man mein Zittern sehen können. Als ich wieder ruhig wurde, lag alles um mich herum in Schönheit und Vollkommenheit da.

Als ich die lärmende Menschenmenge erreichte, ihr Geschrei vernahm und ihr Treiben sah, hielt ich inne und sprach zu mir: »Es ist wahr, das Erwachen des Geistes ist das Wichtigste im Leben des Menschen und das einzige Ziel seines Daseins. Aber ist nicht die Zivilisation — in welch unglücklichen Formen sie auch auftreten mag — der Hauptantrieb für dieses Erwachen? Denn wie können wir die Existenz einer Sache leugnen, wo doch ihr tatsächliches Vorhandensein der untrügliche Beweis dafür ist, daß sie mit der angestrebten Leistung übereinstimmt? Die gegenwärtige Zivilisation mag ein nichtiges Ziel verfolgen, aber das ewige Gesetz hat dazu eine Leiter zur Verfügung gestellt, deren Sprossen zu einer freien Wesensart führen können.«

Ich sah Yusif El Fakhri niemals wieder, denn infolge meiner Anstrengungen, auf die Leiden der Zivilisation zu achten, hatten mich die Lebensumstände noch im Spätherbst desselben Jahres aus dem Nordlibanon verbannt, und ich war gezwungen, als Vertriebener in einem weit entfernten Land zu leben, in dem die Stürme bereits gebändigt waren. Aber in solch einem Land das Leben eines Einsiedlers zu führen, ist eine Art verklärten Wahnsinns, denn die Gesellschaft auch dieses Landes ist krank.

Das Leben der Liebe

FRÜHLING

Komm, Geliebte, laß uns zu den Hügeln wandern,
Denn zu Wasser wird schon der Schnee.
Das Leben erwacht und streift durch Berge und Täler.
Wir wollen den Spuren des Frühlings folgen hinaus auf
    die Felder
Und dann die Gipfel der Hügel erklimmen, um über dem
    grünen Land
Von unsern Gefühlen ergriffen zu werden.

Der junge Frühling hat nun sein Kleid,
Das er zur Winterszeit verborgen hielt,
Über Pfirsich- und Zitronenbäume gebreitet.
Nun glänzen sie wie Bräute im Festgewand der Nacht
    von Kedre.*

Wie Liebende umarmen sich des Weinstocks Triebe,
Die Bäche tanzen über die Felsen
Und stimmen das Lied der Freude an.
Mit einem Male entsprießen der Natur die Blumen
So wie der Schaum der Brandung der übervollen See entquillt.

Komm, o Geliebte! Wir wollen aus dem Kelch der Lilie
Des Winters letzte Tränen trinken,
Und unser Geist wird ruhig werden beim Gesang der Vögel.
Sodann laß uns voll Heiterkeit im Windesrauschen wandern.

Wir wollen uns bei diesem Fels,
An dem die Veilchen sich verstecken, lagern;
Und wenn sie süße Küsse tauschen, laß uns es ihnen gleichtun.

---

* Eine Nacht während der moslemischen Fastenzeit, in der Gott — wie man sagt
— die Wünsche der Frommen erfüllt.

SOMMER

Laß uns auf die Felder geh'n, Geliebte,
Denn die Zeit der Ernte naht;
Die Sonne führt das Korn der Reife zu.
Laß uns der Erde Früchte pflegen, so wie der Geist
Das Korn der Freude nur aus der Saat der Liebe nährt,
Die tief in unser Herz gestreut ist.
Laß uns die Kammern füllen mit den Geschenken der Natur,
So wie das Leben unsre Herzen füllt mit endloser
    Verschwendung.
Die Blumen sollen unsre Bettstatt sein, der Himmel unsre Decke.
Und unser Haupt soll auf dem sanften Grase ruh'n.
Wir wollen nach des Tages Müh' entspannen
Und nur des Baches Murmeln hören.

HERBST

Laß uns hinausgeh'n und die Trauben ernten für die Kelter
Und dann den Wein in alte Krüge füllen,
So wie der Geist der Zeit das Wissen
In ewigen Gefäßen aufbewahrt.

Laß uns ins Haus geh'n, denn die Blätter fallen
Und decken die trockenen Blumen zu,
Die um den Sommer trauern.

Kehr heim, geliebtes Herz, die Vögel sind bereits
In wärmeres Gefild' gezogen und lassen unser kaltes Land
In seiner Einsamkeit zurück.
Jasmin und Myrthe haben keine Tränen mehr.

Laß uns zurückgeh'n, denn der müde Bach hat aufgehört
    zu singen,
Der munt'ren Quelle Plätschern ist versiegt,
Das bunte Kleid der alten Hügel weggeräumt.

Komm, o Geliebte! Zu Recht ist die Natur nun müde
Und sagt dem Überfluß Lebwohl
Mit einem ruhigen und zufried'nen Lied.

WINTER

Komm her zu mir, Gefährtin meines reichen Lebens,
Komm nah heran und laß den Winterhauch
Nicht zwischen uns! Setz dich zu mir an unsern warmen Herd:
Das Feuer ist des Winters einz'ge Frucht.

Erzähle von der Herrlichkeit des Herzens,
Denn sie ist stärker als die schrillen Elemente
Vor unsrer Türe draußen.
Verschließ das Tor, verriegle alle Fenster,
Der Zorn des Himmels drückt auf meinen Geist!
Und wenn ich auf die schneebedeckten Felder schaue,
Muß meine Seele weinen.

Gieß in die Lampe Öl und laß sie nicht erlöschen,
Und stell sie neben dich, damit ich unter Tränen lesen kann,
Was dir das Leben ins Gesicht geschrieben hat.
Hole den neuen Wein herbei und laß uns trinken!
Wir wollen das Lied der Erinnerung singen und dabei gedenken
Des sorglosen Säens im Frühling, der achtsamen Pflege
   im Sommer
Und des reichen Lohns der Ernte im Herbst.

Komm her zu mir Geliebte! Das Feuer erlischt
Und wird bald nur Asche sein.
Umarme mich, ich fürchte die Einsamkeit.
Der Schein der Lampe wird schwach, und der Wein,
Den wir gekeltert, läßt uns ermüden.
Wir wollen einander anseh'n, bevor wir die Augen schließen.
Halte mich fest und umarme mich!
Laß über unsre vereinigten Seelen den Schlummer kommen!
Küsse mich, denn der Winter hat alles gestohlen,
Nur die Biegsamkeit unserer Lippen nicht.

Wie nah du mir bist, o Ewigkeit!
Wie tief wird das Meer des Schlafes sein,
Und wie weit entfernt ist der Morgen!

Die Stadt der Toten

Gestern floh ich vor dem Lärm der Stadt hinaus auf die weiten Felder. Ich lief, bis ich an einen Hügel gelangte, den die Natur in ihr prächtiges Gewand gehüllt hatte. Nun konnte ich endlich atmen.

Ich blickte zurück auf die Stadt, deren prächtige Moscheen und stattliche Wohnhäuser vom Rauch der Fabriken umnebelt waren.

Da begann ich, über die Bestimmung des Menschen nachzudenken, doch ich kam nur zu dem Schluß, daß die meiste Zeit seines Lebens Kampf und Elend gleichzusetzen sind. Was Adams Söhne verschuldet hatten, versuchte ich erst gar nicht zu ergründen, sondern richtete meinen Blick auf das Land, das den Thron von Gottes Herrlichkeit darstellt. In einer abgelegenen Ecke davon nahm ich einen Friedhof wahr, der von Pappeln umgeben war.

Dort also, zwischen der Stadt der Toten und der Stadt der Lebenden, begann ich, mich in meine Gedanken zu versenken. Ich dachte an die unendliche Stille in der ersten Stadt und an das endlose Leid in der zweiten.

In der Stadt der Lebenden entdeckte ich Hoffnung und Verzweiflung, Liebe und Haß, Freude und Trauer, Armut und Reichtum, Treue und Untreue.

In der Stadt der Toten liegt Erde in Erde begraben, welche die Natur in der Stille der Nacht wieder verwandelt: zuerst in Pflanzliches, dann in Tierisches und schließlich wieder in Menschliches. Während ich über diese Umwandlung nachdachte, erblickte ich eine Prozession, die langsam und ehrfurchtgebietend dahinzog. Sie wurde begleitet von einer Trauermusik, deren Melodien bis an mein Ohr drangen. Ich wurde Zeuge eines Begräbnisses. Hinter dem Toten schritten die Lebenden und beweinten sein Abscheiden von der Welt. Als der Zug die Grabstätte erreicht hatte, begannen die Priester zu beten und Weihrauch zu verbrennen, und die Musiker ließen ihre Instrumente für den Dahingeschiedenen erklingen. Dann traten die bedeutendsten Leute der Gruppe vor und priesen nacheinander mit den erlesensten Worten den Toten.

Schließlich löste sich die Versammlung auf und ließ den Verblichenen in einer geräumigen und schön ausgestatteten Gruft zurück, die mit Stein und Eisen kunstvoll verziert und mit liebevoll gebundenen Blumenkränzen geschmückt war. Der Trauerzug kehrte in die Stadt zurück, doch ich blieb und beobachtete die Menschen aus der Entfernung. Am Horizont ging die Sonne unter, und die Natur schickte sich an, schlafen zu gehen.

Da sah ich zwei Männer, die einen hölzernen Sarg schleppten. Hinter ihnen ging eine schäbig gekleidete Frau, die ein Kind auf dem Arm trug. Ihnen folgte ein Hund, und mit herzzerreißendem Blick starrte er auf die Frau und dann auf den Sarg. Es war eine armselige Beerdigung. Dieser Gast des Todes hinterließ den kaltherzigen Mitmenschen eine erbarmungswürdige Frau und ein kleines Kind, das ihren Kummer mittragen sollte, sowie einen treuen Hund, dessen Herz um den Weggang seines Freundes wußte.

Als sie zum Friedhof gelangten, legten sie den Sarg in ein Loch, das weit entfernt war von den Marmorsteinen unter den hohen Büschen, und nach einigen Gebeten kehrten sie zurück. Der Hund drehte sich noch einmal um und blickte zum Grab seines Freundes zurück; dann verschwand die kleine Gruppe hinter den Bäumen.

Nun richtete ich mein Augenmerk auf die Stadt der Lebenden und sprach zu mir: »Dieser Ort gehört nur wenigen.« Dann blickte ich auf die geschmückte Totenstadt und sagte: »Auch dieser Ort gehört nur wenigen. O Herr, wo ist der Zufluchtsort für alle Menschen?«

Während ich dies sprach, blickte ich in die Wolken hinauf, die von den längsten und schönsten goldenen Strahlen der Abendsonne beschienen waren. Und ich hörte eine Stimme in mir, die sprach: »Der Ort, den du suchst, ist hier droben!«

Lied des Schicksals

Der Mensch und ich sind Liebende,
Und Sehnsucht treibt uns zueinander.
Doch ach! Ein Gegenspieler steht dazwischen
Und will uns Unheil bringen.
Er ist sehr grausam und besitzergreifend,
Und leere Köder legt er aus:
Es ist der irdische Besitz.
Er folgt uns nach, wo wir auch hingeh'n,
Und blickt uns wie ein Wächter an,
Bringt Unrast über den Geliebten.

Ich suche meinen Freund im Walde,
Unter den Bäumen und am See.
Doch kann ich ihn nicht finden,
Denn irdischer Besitz
Hat ihn in den Lärm der Stadt gelockt
Und ihn auf einen Thron
Metall'ner Reichtümer gesetzt.

Ich rufe ihn mit der Erkenntnis Stimme
Und mit der Weisheit Lied.
Er aber hört mich nicht,
Denn irdischer Besitz
Hat ihn dorthin geführt,
Wo Geiz und Sehnsucht ihre Wohnung haben.

Ich such' ihn auf dem Felde der Zufriedenheit,
Doch bleibe ich auch dort allein.
Denn mein Rivale hat den Freund
Zu Unersättlichkeit und Gier gesperrt
Und hält ihn dort mit gold'nen Ketten fest.

Ich rufe in der Morgendämmerung
Beim ersten Lächeln der Natur.
Jedoch er hört mich nicht,
Denn Übermaß hat seine schwer berauschten Sinne
Mit krankhaft tiefem Schlaf beschwert.

Zur Zeit der Abenddämmerung
Versuch' ich, ihn zu überreden,
Wenn Stille herrscht und alle Blumen ruh'n.
Jedoch ich höre nichts von ihm,
Denn seine Angst vor dem, was morgen ist,
Verdunkelt sein Gehirn.

Ich weiß, er sehnt sich, mich zu lieben,
Und all sein Tun verlangt nach mir;
Doch findet er mich nur in Gottes Taten.
Er sucht mich in den Tempeln seines Ruhms,
Die er auf den Gebeinen anderer errichtet hat,
Und zwischen seinen Gold- und Silberbergen
Ruft er mir leise zu.
Doch kann er mich nur finden,
Wenn er zum Hause der Bescheidenheit gelangt,
Das Gott am Strom der Leiden aufgerichtet hat.

Er bittet mich, den sagenhaften Schatz mit ihm zu teilen,
Doch ich will nicht vom gottgegeb'nen Weg abweichen,
Will das Gewand der Schönheit nicht verlieren.
Er sucht nach einem Mittelweg voll Täuschungen,
Ich suche nur den Weg zu seinem Herzen.
Er quetscht sein Herz in enge Zelle,
Ich möcht' es gern mit meiner Liebe weiten.

Mein Liebster hat gelernt, wie er nach meinem Feinde,
Dem irdischen Besitze, rufen muß.
Ich aber will ihn lehren, mit seiner Seele Augen
Des Mitleids Tränen zu vergießen
Und dabei Seufzer der Zufriedenheit zu äußern.

Der Mensch ist mein Geliebter;
Ich möchte ihm zu eigen sein.

Satan

Auf dem Gebiet aller geistigen und theologischen Angelegenheiten sah das Volk den Vater Samaan als seinen Führer an, denn er war eine Autorität und zudem eine Quelle des Wissens hinsichtlich der Todsünden und aller läßlichen Vergehen. Er wußte auch über die Geheimnisse des Paradieses, der Hölle und des Fegefeuers bestens Bescheid. Vater Samaans Aufgabe im Nordlibanon war es, von Dorf zu Dorf zu reisen, zu predigen, das Volk von der Sünde zu erretten und es vor den schrecklichen Fallstricken des Satans zu bewahren. Seit Jahren schon führte der Geistliche gegen den Teufel Krieg. Die Bauern verehrten und schätzten Vater Samaan sehr und entlohnten ihn für seinen Rat und seine Gebete mit Gold- und Silberstücken, und von jeder Ernte bekam er die besten Früchte ihrer Felder.

An einem Abend im Herbst, als Vater Samaan über die Hügel und durch die Täler in ein abseits gelegenes Dorf wanderte, hörte er einen schmerzerfüllten Schrei, der aus dem Straßengraben zu kommen schien. Er blieb stehen und schaute in die Richtung des Hilferufes. Da sah er auf dem Boden einen Mann liegen, der am Kopf und an der Brust stark blutete und mit schwacher Stimme sagte: »Rette mich! Hab Erbarmen und hilf mir, sonst sterbe ich!« Bestürzt betrachtete Vater Samaan den Verwundeten und dachte sich: »Das muß ein Dieb sein... Wahrscheinlich hat er versucht, Reisende auszurauben, und es ist ihm mißlungen. Jemand muß ihn verwundet haben, und ich fürchte, daß im Falle seines Todes ich angeklagt werde, ihn getötet zu haben.«

Nach diesen Erwägungen entschied er sich, seinen Weg fortzusetzen, doch der Mann rief wiederum: »Verlaß mich nicht, ich sterbe!« Vater Samaan überlegte abermals und erbleichte, denn es wurde ihm klar, daß er im Begriff war, einem Sterbenden Hilfe zu verweigern. Zitternd sprach er zu sich selbst: »Sicher ist dieser Mensch einer von jenen Verrückten, die in der Wildnis umherstreifen. Der Anblick seiner Wunden erschreckt mich. Was soll ich machen? Jemand, der nur geistige Wunden heilt, ist nicht imstande, körperliche zu versorgen.« Er ging ein paar Schritte weiter, als der halbtote Mann so herzzerreißend schrie, daß selbst Steine davon weich werden mußten. »Komm her zu mir«, keuchte er. »Komm, denn wir sind schon seit langer Zeit Freunde… Du bist Vater Samaan, der gute Hirte, und ich bin weder ein Dieb noch ein Verrückter… Komm her zu mir und laß mich nicht an diesem Ort sterben. Komm her, und ich sage dir, wer ich bin.«

Der Geistliche trat näher, kniete sich zu ihm hin und starrte ihn an. Er blickte in ein seltsames Gesicht mit äußerst gegensätzlichen Zügen, denn es paarten sich darin Klugheit mit Verschlagenheit, Häßlichkeit mit Schönheit und Bosheit mit Sanftmut. Schnell sprang Vater Samaan auf und rief: »Wer bist du?«

Mit matter Stimme sprach der Sterbende: »Hab keine Angst vor mir, Vater, wir sind gute Freunde — schon seit langem. Hilf mir, mich aufzurichten und bringe mich zum Fluß hinüber, reinige meine Wunden und verbinde sie mit einem Stück Stoff von deinem Hemd.« Aber Vater Samaan forschte weiter: »Sag mir, wer du bist! Ich kenne dich nicht und kann mich auch nicht erinnern, dich jemals gesehen zu haben.«

Mit gequälter Stimme entgegnete der Mann: »Du kennst mich genau! Tausendmal schon hast du mich gesehen, und Tag für Tag hast du mit mir gesprochen… Ich bin dir teurer als dein eigenes Leben.« »Du lügst«, erzürnte sich Vater Samaan, »und du bist ein Betrüger! Ein Sterbender sollte die Wahrheit sagen… In meinem ganzen Leben habe ich dein böses Gesicht noch nie gesehen. Sag mir, wer du bist, oder ich lasse dich hier liegen, und du wirst dein Leben aushauchen.« Langsam schob sich der Verwundete an den Geistlichen heran und blickte ihm fest in die Augen. Auf seinen Lippen erschien ein seltsames Lächeln, als er mit tiefer, ruhiger Stimme sprach: »Ich bin der Satan.«

Als Vater Samaan dies hörte, stieß er einen Schrei aus, der bis in die hintersten Winkel des Tales drang. Er starrte den Mann an und stellte fest, daß dessen eigenartig mißgestalteter Körper demjenigen des Satans auf einem Heiligenbild in der Dorfkirche glich. Er erschauderte und rief: »Gott hat mir dein höllisches Ebenbild gezeigt und hat mich veranlaßt, dich zu hassen; verflucht seist du für alle Zeit! Der Schäfer muß das kranke Lamm töten, sonst steckt es die ganze Herde an!«

»Nicht so schnell, Vater!« antwortete der Satan, »vergeude die Zeit nicht mit Phrasen… Komm und verbinde rasch meine Wunden, ehe das Leben aus meinem Körper entweicht.« Der

Gottesmann jedoch erwiderte: »Diese Hände, die täglich Gott Opfer darbringen, werden einen Körper, der den Exkrementen der Hölle entstammt, nicht anrühren... Angeklagt von den Stimmen der Zeiten und den Lippen der Menschheit mußt du sterben, denn du bist des Menschen Feind, und es ist deine erklärte Absicht, jegliche Tugend zu vernichten.«

Der Satan geriet in Panik, richtete sich auf und schrie: »Du weißt nicht, was du sagst, und willst nicht verstehen, daß du selbst gerade im Begriff bist, zum Verbrecher zu werden. Paß auf, ich werde dir erzählen, was geschehen ist. – Heute morgen ging ich ohne Begleitung in dieses abgelegene Tal. Als ich hier ankam, stieg eine Schar Engel vom Himmel herab, griff mich an und schlug mich nieder. Hätte nicht einer von ihnen ein scharfes Schwert mit sich geführt, wäre ich ihnen entkommen, aber gegen eine solche Waffe kam ich nicht an.« Der Satan hielt einen Augenblick inne und drückte die Hand auf die tiefe Wunde in seiner Seite. Dann fuhr er fort: »Dieser bewaffnete Engel – ich glaube, es war Michael – war ein ausgezeichneter Kämpfer. Hätte ich mich nicht zu Boden geworfen und totgestellt, so wäre ich unbarmherzig von ihm umgebracht worden.«

Triumphierend hob Vater Samaan seine Augen himmelwärts und rief aus: »Gelobt sei Michaels Name, er hat die Menschheit von diesem bösen Feind befreit.«

Der Satan erwiderte heftig: »Meine Verachtung der Menschheit gegenüber ist nicht größer als dein Haß gegen dich selbst... Du preisest Michael, der noch nie zu deiner Rettung gekommen ist... Du verdammst mich in der Stunde meiner Niederlage, wo ich doch stets die Quelle deines Friedens und deines Glücks war und immer noch bin... Du verweigerst mir deinen Beistand und schenkst mir keine Barmherzigkeit; und lebst doch durch mich und meine Gegenwart. Du hast dir mein Dasein zunutze gemacht und verwendest es als Begründung und als Waffe für deine Laufbahn; und du gebrauchst meinen Namen, um deine Taten zu rechtfertigen. Ist es nicht meine Vergangenheit, die du sowohl in der Gegenwart als auch in Zukunft benötigst? Hast du nicht dein Ziel erreicht und den ersehnten Wohlstand angehäuft? Erhieltest du nicht eine Menge Gold und Silber von deinen Gefolgsleuten, indem du mein Reich als Bedrohung hinstelltest?

Siehst du nicht ein, daß du verhungern müßtest, wenn ich sterbe? Was würdest du morgen tun, wenn du mich heute sterben ließest? Welcher Berufung könntest du folgen, wenn mein Name verschwunden wäre? Jahrzehntelang bist du durch diese Dörfer gezogen und hast die Menschen davor gewarnt, mir in die Hände zu fallen. Mit ihrem wenigen Geld und einem Teil ihres Feldertrags haben sie dir deinen Rat bezahlt. Was würden sie dir morgen abkaufen, wenn sie merkten, daß ihr Erzfeind nicht mehr existiert? Dein Beruf würde mit mir sterben, denn die Menschen wären vor der Sünde sicher.

Als Geistlicher müßtest du doch wissen, daß es des Satans Feind, die Kirche, nur aufgrund seines Vorhandenseins gibt. Dieser uralte Gegensatz stellt die geheimnisvolle Hand dar, die das Gold und das Silber aus den Taschen der Gläubigen zieht und es für immer in die Beutel der Prediger und Missionare steckt. Wie kannst du mich hier dem Tod überlassen, wo du doch weißt, daß dies mit Sicherheit den Verlust deines Ansehens, deiner Kirche, deiner Wohnstatt und deines Lebensunterhalts bedeuten würde?«

Einen Augenblick schwieg der Satan, dann schlug seine Unterwürfigkeit in Zuversicht um, und er fuhr fort: »Vater Samaan, du bist stolz, aber nicht klug. Ich werde dir nun die Geschichte des Glaubens erzählen, und du wirst darin jene Wahrheit entdecken, die unser beider Sein aneinanderkettet und meine Existenz mit deinem Gewissen verknüpft.

Am Beginn der Zeit stand der Mensch vor dem Angesicht der Sonne. Er streckte die Arme empor und sprach seine ersten Worte: ›Über dem Himmel wohnt ein großer, liebender und gnädiger Gott!‹ Dann drehte er sich um, und indem nun die Sonne hinter ihm stand, sah er seinen eigenen Schatten und rief: ›In den Tiefen der Erde lebt ein finsterer Teufel, der das Böse liebt!‹

Und der Mensch kroch in seine Höhle und sprach: ›Ich stehe zwischen zwei Mächten: Bei der einen muß ich mein Heil suchen, gegen die andere muß ich mich auflehnen.‹ Die Zeiten vergingen, und der Mensch lebte zwischen diesen beiden Kräften; die eine verherrlichte er, weil sie ihn aufrichtete, die andere verfluchte er, da sie ihm Angst einjagte. Die Bedeutung eines Segens oder eines Fluchs verstand er jedoch niemals. Er stand inmitten von beiden wie ein Baum in der Zeit zwischen der Blüte des Sommers und der Kargheit des Winters.

Als nun innerhalb der Menschheit die Zivilisation einsetzte, entwickelte sich als erstes die Familie. Daraufhin entstanden die Stämme, und die Arbeit wurde gemäß Können und Neigung aufgeteilt. Die einen kultivierten das Land, andere bauten Wohnstätten, und wieder andere sorgten für Nahrung und Kleidung. Schließlich trat noch die Religion auf, und damit entstand der erste Beruf, den der Mensch ohne tatsächliches Bedürfnis und ohne zwingende Notwendigkeit ausübte.«

Der Satan schwieg für kurze Zeit, doch dann begann er zu lachen. Seine Heiterkeit erschütterte das ganze Tal, erinnerte ihn jedoch gleichzeitig an seinen Zustand, denn voll Schmerz preßte er die Hand auf seine Wunde. Er fing sich aber wieder und fuhr fort: »Die Religion trat auf und trieb auf Erden seltsame Blüten. In einem der ersten Stämme lebte ein Mann, der La Wiss hieß. Über die Herkunft seines Namens weiß ich nichts. Er war sehr intelligent, jedoch äußerst träge. Er verabscheute es, das Land zu bebauen, Hütten zu errichten, das Vieh zu weiden oder überhaupt etwas zu tun, das körperliche Anstrengung oder Bewegung bedeutet hätte. Und da in jener Zeit Nahrung nur durch schwere Arbeit zu beschaffen war, schlief La Wiss oftmals mit leerem Magen ein. Während einer Sommernacht, als seine Stammesgenossen vor der Hütte ihres Anführers saßen, über ihr Tagewerk sprachen und auf die Schlafenszeit warteten, sprang plötzlich einer auf, deutete auf den Mond und rief: ›Seht nur, der Gott der Nacht! Sein Gesicht hat sich verdunkelt, und seine Schönheit ist verschwunden; er hat sich in einen schwarzen Stein verwandelt, der am Himmelsgewölbe hängt!‹ Die anderen starrten auf den Mond, schrien auf und gerieten in Furcht, als ob die Hand der Dunkelheit nach ihren Herzen gegriffen hätte, denn sie sahen, wie der Gott der Nacht sich in eine dunkle Kugel verwandelte, das leuchtende Antlitz der Erde sich veränderte und Hügel und Täler hinter einem schwarzen Vorhang verschwanden.

In diesem Augenblick trat La Wiss vor. Er hatte früher schon einmal eine Mondfinsternis beobachtet und wußte um die Zusammenhänge Bescheid. Nun trat er hinzu und nutzte die Gelegenheit. Inmitten der Schar stehend hob er die Hände zum Himmel und befahl mit starker Stimme: ›Kniet nieder und betet, denn der böse Geist der Finsternis kämpft mit dem Gott der Nacht, der die Dunkelheit erhellt; wenn er ihn besiegt, werden wir alle untergehen. Triumphiert jedoch der Gott der Nacht, werden wir am Leben bleiben… Betet nun und bringt Opfer dar!… Bedeckt euer Gesicht mit Erde!… Schließt eure Augen und blickt nicht in den Himmel, denn wer den Kampf der beiden Gottheiten mitansieht, wird sein Augenlicht und seinen Verstand verlieren und wird sein Leben lang blind und geisteskrank sein! Beugt eure Häupter und lenkt die Kraft eurer Herzen hin zum Gott der Nacht, damit er unseren Todfeind besiegen kann!‹

So redete La Wiss, und er gebrauchte viele rätselhafte Worte, die er selbst ersann und die bisher noch nie jemand gehört hatte. Und als der Mond nach dieser listigen Täuschung sein früheres Erscheinungsbild wieder angenommen hatte, rief La Wiss noch lauter und eindrucksvoller als zuvor: ›Erhebt euch nun und blickt empor zum Gott der Nacht, der den bösen Feind vernichtet hat! Er bewegt sich wieder auf seiner Bahn inmitten der Sterne. Laßt jeden wissen, daß es eure Gebete waren, die ihm geholfen haben, den Teufel der Dunkelheit zu besiegen. Der Gott der Nacht steht nun höher als zuvor und leuchtet heller denn je!‹

Die Menschen erhoben sich und starrten zum Mond empor, der mit größter Helligkeit vom Himmel herabstrahlte. Ihre Angst schwand und sie wurden ruhig, und ihre Verwirrung wandelte sich in Wonne. Sie begannen zu tanzen, zu singen und auf großen Eisenplatten zu trommeln; alle Täler waren erfüllt von ihrem Freudengeschrei. In dieser Nacht rief der Anführer des Stammes La Wiss zu sich und sagte: ›Du hast etwas vollbracht, was noch keinem Menschen vor dir jemals gelungen ist. Du hast ein Geheimnis erkannt, das keiner von uns versteht. Nach dem Willen des Volkes sollst du nunmehr nach mir der Ranghöchste unseres Stammes sein. Ich bin der Stärkste, und du bist der Weiseste und Kenntnisreichste… Du bist der Mittler zwischen uns Menschen und den Göttern, deren Wünsche und Handlungen du auslegen und deuten sollst; außerdem wirst du uns lehren, was wir tun müssen, um ihren Segen und ihre Liebe zu gewinnen.‹ Listig versicherte La Wiss: ›Alles, was mir der Menschengott in meinen Träumen enthüllt, werde ich euch beim Erwachen mitteilen, und ihr sollt zufrieden sein, denn ich werde direkt zwischen ihm und euch wirken.‹

Der Anführer war einverstanden und schenkte La Wiss zwei Pferde, sieben Kälber, siebzig Schafe und siebzig Lämmer; und er sprach: ›Die Männer unseres Stammes werden dir ein Haus bauen, und am Ende jeder Erntezeit werden wir dir einen Teil des Ertrags bringen, so daß du als geachteter und geschätzter Lehrer unter uns leben kannst.‹

La Wiss stand auf und wollte gehen, aber der Anführer hielt ihn noch zurück. ›Wer oder was ist derjenige, den du Menschengott nennst?‹ wollte er wissen. ›Wer ist dieser wagemutige Gott, der mit dem ruhmreichen Gott der Nacht kämpft? Wir haben noch nie von ihm gehört.‹ La Wiss runzelte die Stirn und antwortete: ›In alten Zeiten, bevor der Mensch erschaffen wurde, lebten alle Götter friedlich nebeneinander in einer höheren Welt, die jenseits der Sterne liegt. Der Gott der Götter war ihr Vater. Er wußte, was sie nicht wußten, und er bewirkte, was ihnen zu tun nicht möglich war. Er hütete die göttlichen Geheimnisse, die über den ewigen Gesetzen stehen. Während der siebenten Epoche des zwölften Zeitalters lehnte sich der Geist Bahtaars auf, denn er haßte den großen Gott. Er trat vor ihn, seinen Vater, und sprach: ‚Weshalb liegt die Macht über alle Geschöpfe allein in deinen Händen, und warum verbirgst du vor uns die Gesetze und Geheimnisse des Alls? Sind wir nicht deine Kinder, die an dich glauben und mit dir die große Erkenntnis und das ewige Sein teilen?‘ Erzürnt antwortete der Gott der Götter: ‚Die Ur-Macht und die Herrschaft sowie alle grundlegenden Geheimnisse sind mir vorbehalten, denn ich bin der Anfang und das Ende.‘

Bahtaar aber sprach: ‚Wenn du deine Macht nicht mit mir teilst, werde ich mich gegen dich auflehnen und ebenso meine Kinder und Kindeskinder.‘ Da erhob sich der Gott der Götter von seinem Thron in der Weite des Himmels, zog sein Schwert und holte sich die Sonne als Schild. Und mit einer Stimme, welche die Unendlichkeit erzittern ließ, rief er: ‚Du Verräter, steige hinab in die trostlose niedere Welt, wo Finsternis und Elend herrschen! Dort sollst du als ein Verbannter bleiben und ruhelos umherwandern, bis sich die Sonne in Asche gewandelt hat und aus den Sternen zersprengte Funken geworden sind.‘ — Noch in der gleichen Stunde stieg Bahtaar hinab in die niedrige Welt, dorthin, wo die bösen Geister hausen; und beim Geheimnis des Lebens schwor er, seinen Vater und seine Brüder zu bekämpfen und ihnen jede Seele, die sie liebten, zu entreißen.‹

Als der Anführer dieses vernahm, erbleichte er: ›Dann ist also der Name des Bösen Bahtaar?‹ fragte er, worauf La Wiss antwortete: ›So hieß er, als er noch in der höheren Welt weilte, seitdem er aber die niedere betreten hat, erhielt er nach und nach die Namen Beelzebub, Satanas, Baal, Samiel, Ahriman, Mara, Abdon, Teufel und schließlich den bekanntesten: Satan.‹

Der Anführer wiederholte viele Male das Wort ›Satan‹ mit zitternder Stimme, und es klang, als würden dürre Zweige im Winde rascheln. Dann fragte er: ›Weshalb haßt Satan den Menschen ebenso wie die Götter?‹

›Er haßt ihn, weil er ein Abkömmling seiner Brüder und Schwestern ist‹, erwiderte La Wiss rasch. ›Dann ist der Satan doch ein Verwandter des Menschen!‹ rief der Anführer; und mit einer Stimme, in der Verwirrung und Ärger gleichermaßen mitschwangen, entgegnete La Wiss: ›Sicherlich, aber er ist auch sein größter Feind. Er ist derjenige, der seine Tage mit Elend füllt und seine Nächte mit Schreckensträumen. Er ist es, der den Sturm gegen seine Hütten lenkt, der auf seinen Feldern magere Ernten verursacht und ihm und seinen Tieren Krankheiten schickt. Er ist ein böser und mächtiger Gott. Aber er ist verrucht, denn er freut sich, wenn es uns schlecht geht, und er beklagt es, wenn wir voll Heiterkeit sind. Kraft meines Wissens kann es uns jedoch gelingen, ihn zu ergründen und so das Übel zu vermeiden. Wir müssen sein Wesen kennenlernen, damit wir ihm nicht auf seinem Weg, der voller Fallen ist, nachfolgen.‹

Der Anführer stützte sich auf seinen Stab und sprach leise: ›Nun kenne ich das tiefste Geheimnis jener seltsamen Macht, die den Sturm gegen unsere Häuser treibt und über uns und unser Vieh die Seuchen bringt. Was ich jetzt erfahren habe, muß unser ganzer Stamm wissen. La Wiss soll gepriesen und verehrt werden, denn er wird uns das Geheimnis unseres mächtigen Feindes enthüllen und uns vom Pfad des Bösen abhalten.‹

La Wiss verließ den Stammesführer und ging in seine Hütte. Er war sehr beglückt über seinen Einfall und beinahe berauscht vor Freude. Aber der Anführer und der ganze Stamm mit Ausnahme von La Wiss verbrachten die Nacht zum ersten Mal unter Schreckensbildern und wurden von furchterregenden Geistern, Erscheinungen und Alpträumen heimgesucht.«

Der Satan hielt mit seiner Erzählung inne, auf seinen Lippen lag bereits das Lächeln des Todes. Vater Samaan starrte ihn verwirrt an, doch der Satan erzählte weiter: »So kam die Religion auf die Erde, und mein Dasein war die Ursache ihres Auftretens. La Wiss war der erste, der meine Grausamkeit zu seiner Berufung machte. Nach seinem Tod führten seine Kinder sein Werk fort und verfeinerten es so, daß schließlich ein vollkommenes und göttliches Amt daraus wurde, das jene ausübten, die über große Kenntnisse verfügten und deren Seele von Edelmut geprägt war, und solche, die ein reines Herz hatten und eine ausgedehnte Vorstellungskraft besaßen. In Babylon verneigte sich das Volk im Gottesdienst siebenmal vor einem Priester, der mit seinen Gesängen gegen mich antreten sollte... In Ninive huldigten sie dem Mann, der behauptete, er habe mein tiefstes Geheimnis erkannt und sei ein goldenes Bindeglied zwischen Gott und den Menschen... In Tibet nannte man die Person, die mich bekämpfte, den Sohn der Sonne und des Mondes... In Byblos, Ephesos und Antiochia brachte man sogar das Leben von Kindern dar, um meinen Widersachern zu opfern... In Jerusalem und Rom legte man sein Leben in die Hände derer, die vorgaben, mich zu hassen und mit aller Kraft gegen mich zu kämpfen.

In jeder Stadt unter der Sonne galt mein Name als die Leitlinie jeglicher Erziehung in Religion, Kunst und Philosophie. Gäbe es mich nicht, so wären keine Tempel, Türme und Paläste errichtet worden. Ich bin der Mut, der im Menschen die Entschlußkraft erzeugt... Ich bin die Quelle, die seinen Einfallsreichtum speist... Ich bin die Hand, die seinen Arm führt... Ich bin Satan — für immer. Ich bin Satan, den die Menschen bekämpfen, um sich selbst am Leben zu erhalten. Würden sie ihren Kampf einstellen, so würde die Trägheit ihren Verstand, ihr Herz und ihre Seele in Übereinstimmung mit den unheimlichen Strafen in ihren schrecklichen Mythen abstumpfen.

Ich bin der wütende Sturm und der gemäßigte Wind, der den Verstand der Männer und die Herzen der Frauen in Erregung versetzt. Und da sie mich fürchten, pilgern sie zu Opferstätten, um mich zu verdammen, oder sie begeben sich an Orte des Lasters und beglücken mich, indem sie sich meinem Willen beugen. Der Mönch, der in der Stille der Nacht betet, um mich von seiner Bettstatt fernzuhalten, gleicht der Dirne, die mich in ihre Kammer lädt. Ich bin Satan — für immer und ewig.

Ich errichte Klöster für Nonnen und Mönche auf den Grundmauern der Angst. Ich baue Spelunken und Lasterhöhlen auf den Fundamenten der Lust und des Vergnügens. Hörte ich auf zu sein, würden Furcht und Freude auf Erden verschwinden und somit auch alle Hoffnungen und Wünsche aus den Herzen der Menschen entweichen. Das Leben würde leer und kalt und gliche einer Harfe mit zerrissenen Saiten. Ich bin Satan — für immer. Ich bin der Anlaß für Falschheit, Verleumdung, Verrat, Betrug und Spott, und wenn all dies auf der Welt abgeschafft würde, entstünde aus der menschlichen Gesellschaft ein ödes Feld, auf dem nichts anderes wüchse als die Dornen der Tugend. Ich bin Satan — für immer.

Ich bin der Vater und die Mutter der Sünde, und wenn es keine Sünde mehr gäbe, so würden auch diejenigen verschwinden, die gegen sie ankämpfen, samt ihren Familien und ihrem Besitz. Ich bin das Herz alles Bösen. Möchtest du, daß die menschliche Weiterentwicklung zum Stillstand kommt, wenn dieses Herz zu schlagen aufhört? Könntest du das Ergebnis verantworten, nachdem du die Ursache für ihren Weiterbestand vernichtet hast? Ich bin diese Ursache! Würdest du zulassen, daß ich in dieser Wildnis sterbe? Willst du das Band, das zwischen dir und mir besteht, durchtrennen? Antworte mir, Priester!«

Der Satan breitete die Arme aus, streckte den Kopf nach vorne und rang nach Atem. Sein Gesicht wurde grau, und er ähnelte einer jener ägyptischen Statuen, wie sie, von der Zeit verwüstet, an den Ufern des Nils liegen. Er richtete seine glänzenden Augen auf Vater Samaan und stammelte: »Ich bin müde und schwach. Ich habe falsch gehandelt, als ich meine letzte Kraft darauf verwandte, dir von Dingen zu erzählen, die du ohnehin schon kennst. Nun verfahre, wie es dir gefällt... Trage mich in dein Haus und behandle meine Wunden oder laß mich hier an diesem Ort sterben.«

Vater Samaan zitterte und rieb sich aufgeregt die Hände. Und es klang wie eine Entschuldigung, als er sagte: »Ich habe jetzt etwas erfahren, was ich vor einer Stunde noch nicht wußte. Verzeih mir meine Unwissenheit. Ich erkenne, daß deine Anwesenheit in der Welt die Versuchung gebiert und daß diese ein Maß ist, wonach Gott den Wert der menschlichen Seele beurteilt. Sie ist die Waagschale, in welcher der Allmächtige die Kraft des Geistes wiegt. Wenn du stirbst, so stirbt auch die Versuchung, dessen bin ich sicher. Aber wenn es keine Versuchung mehr gibt, dann zerstört der Tod jene Gedankenkraft, die den Menschen emporhebt und anspornt.

Du mußt leben, denn wenn du stirbst und die Menschen davon erfahren, verschwindet ihre Furcht vor der Hölle, und sie werden zu beten aufhören, da es ja keine Sünde mehr gibt. Also mußt du leben, denn in deinem Dasein liegt die Errettung der Menschheit von Laster und Sünde. Auch ich werde meine Haßgefühle gegen dich auf dem Altar meiner Liebe zur Menschheit opfern.«

Der Satan lachte, daß die Erde bebte, und er sagte: »Wie klug du doch bist, Vater Samaan! Und wie gut du über die theologischen Dinge Bescheid weißt! Die Kraft deines Wissens hat dir den Sinn meines Daseins klargemacht, den ich selbst nie verstand, und nun merken wir beide, daß wir einander brauchen.

Komm her zu mir, mein Bruder, die Dunkelheit bricht herein! Die Hälfte meines Blutes ist bereits in den Sand dieses Tales gesickert, und von mir wird nichts zurückbleiben als der klägliche Rest eines geschlagenen Körpers, den der Tod gleich holen wird, wenn du mir nicht beistehst.«

Vater Samaan schob die Ärmel seines Talars hinauf, nahm den Satan auf den Rücken und machte sich mit ihm auf den Weg nach seinem Haus.

In der Stille der Nacht und unter dem Schleier der Dunkelheit durchquerte Vater Samaan das Tal, und mit gebeugtem Rücken näherte er sich schwerbeladen dem Dorf. Sein schwarzes Gewand und sein langer Bart waren mit Blut befleckt, doch er marschierte weiter und betete inbrünstig um das Leben des sterbenden Satans.

Zweites
Buch

Die Schöpfung

Gott trennte einen Teil seines Wesens von sich ab, stattete die neue Schöpfung mit Schönheit aus und segnete sie mit Güte und Freundlichkeit.

Dann reichte er ihr den Kelch der Glückseligkeit und sprach: »Trinke aus diesem Kelch nur dann, wenn du Vergangenheit und Zukunft vergessen hast, denn das Glück ist ein Produkt des Augenblicks.«

Und er reichte ihr den Kelch der Trauer und sprach: »Wenn du aus diesem Kelch trinkst, wirst du begreifen, warum die Freuden des Lebens so schnell vergehen, die Trauer jedoch im Überfluß vorhanden ist.«

Und Gott verlieh ihr die Liebe, die sie beim ersten Seufzer der Zufriedenheit für immer verlassen würde, und er schenkte ihr die Anmut, die beim geringsten Anzeichen von Schmeichelei schwinden sollte.

Er schenkte ihr die Weisheit des Himmels, um sie auf den rechten Weg zu führen, und in die Tiefe ihres Herzens setzte er ein Auge, um es ihr zu ermöglichen, auch das Unsichtbare zu sehen; und er weckte in ihr eine leidenschaftliche Hingabe an alle Dinge.

Er kleidete sie in das Gewand der Hoffnung, das die Engel aus den Streifen des Regenbogens gefertigt hatten; und er hüllte sie in den dunklen Mantel der Verwirrung, der den Dämmerzustand des Lebens und des Lichtes hervorruft.

Dann nahm Gott das verzehrende Feuer aus dem Schmelzofen des Zorns, den sengenden Wind aus der Wüste der Unwissenheit, rauhen Sand von der Küste der Selbstsucht und grobe Erde, die unter dem Fuß der Zeit lag — all dies mengte er zusammen und erschuf den Menschen.

Er verlieh ihm eine blinde Kraft, die wütet und in den Wahnsinn treibt und erst nach der Erfüllung eines Wunsches erlischt. Und er erweckte das Leben im Menschen mit der Vielfalt des Todes.

Und Gott lächelte und weinte. Er fühlte eine überströmende Liebe für den Menschen und gleichzeitiges Erbarmen — und deshalb stellte er ihn unter seinen Schutz.

Sklaverei

Die Menschen sind die Sklaven des Lebens, denn die Unterdrückkung ist es, die ihre Tage mit Not und Elend belastet und ihre Nächte mit Angst und Tränen überflutet.

Seit 7000 Jahren — seit dem Tag meiner ersten Geburt — beobachte ich, wie die Sklaven des Lebens ihre schweren Ketten tragen. Ich habe den Osten und den Westen der Erde durchstreift und wanderte im Licht und im Schatten des Lebens. Ich habe gesehen, wie sich die Entwicklung der Zivilisation vom Licht zum Schatten hin bewegte, und jedermann wurde von unterworfenen Seelen, die sich unter dem Joch der Versklavung krümmten, in die Hölle geschleppt. Dabei wird der Starke überwältigt und gefesselt, während der Gutgläubige sich niederkniet und vor den Götzenbildern opfert. Ich folgte den Menschen von Babylon nach Kairo, von Ayn Diwar nach Bagdad und sah den Abdruck ihrer Ketten im Sand. Ich vernahm das traurige Echo der wankelmütigen Zeiten in den Tälern und Ebenen.

Ich suchte Tempel und Altäre auf, trat in Paläste ein und stellte mich vor Throne hin. Und ich sah, wie der Lehrling vom Meister unterdrückt wurde, der Meister vom Unternehmer, der Unternehmer vom General, dieser vom Statthalter, der Statthalter vom König, der König vom Priester und dieser von dem Götzenbild, das der Satan aus Erde angefertigt und an einer Schädelstätte aufgestellt hatte.

Ich betrat die Häuser der Wohlhabenden und kam zu den Hütten der Armen. Ich sah, wie der Säugling die Milch der Knechtschaft aus der Brust seiner Mutter trank und wie die Schulkinder mit dem Alphabet auch die Unterwürfigkeit lernten.

Die Mädchen tragen die beengenden Kleider der Teilnahmslosigkeit, und die Frauen steigen unter Tränen in die Betten des Gehorsams und gesetzmäßiger Willfährigkeit.

Ich verfolgte den Lauf der Zeiten von den Ufern des Ganges bis hin an den Euphrat, von der Mündung des Nils bis in die Ebenen Assyriens, von den Stadien Athens bis in die Paläste Alexandriens. Ich sah, wie die Versklavung in einem prächtigen und prunkvollen Umzug der Unwissenheit über alles herfiel. Ich beobachtete, wie die Menschen Jünglinge und Mädchen vor einem

Götzenbild opferten, das sie als ihren Gott bezeichneten; wie sie Wein und wohlriechende Essenzen über seine Füße gossen und es ihre Königin nannten; wie sie Weihrauch davor verbrannten und es als ihr Orakel ansahen; wie sie anbetend niederknieten und es als ihr Gesetz anerkannten; wie sie dafür kämpften und starben unter dem Namen Vaterlandsliebe; wie sie sich ihm unterwarfen und es für den Schatten Gottes auf Erden hielten. Seinetwegen zerstörten sie Häuser und Institutionen und bezeichneten es als Brüderlichkeit; sie mühten sich ab, stahlen und schufteten dafür und nannten es Glück; sie töteten in seinem Namen und hießen es Gleichheit.

Die Sklaverei hat viele Bezeichnungen, doch nur eine Wirklichkeit. Sie tritt unter vielerlei Gestalten auf, besteht jedoch aus nur einem Grundstoff. In Wahrheit ist sie ein unaufhörliches Leiden, das jede Generation der folgenden hinterläßt.

Ich entdeckte die blinde Sklaverei, welche die Menschen der Gegenwart an die Vergangenheit ihrer Eltern fesselt und sie zwingt, sich deren Sitten und Gebräuchen zu unterwerfen, um so den vergangenen Geist in neue Formen zu pressen.

Ich fand die stumme Sklaverei, die das Leben eines Mannes an eine Frau kettet, die er verabscheut, und die den Körper einer Frau in das Bett eines verhaßten Ehemannes legt und somit das Leben von beiden zerstört.

Ich gewahrte die taube Sklaverei, die Herz und Seele erstickt und vom Menschen nur noch den schwachen Widerhall einer Stimme und den erbarmungswürdigen Schatten eines Körpers zurückläßt.

Ich traf auf die lahme Sklaverei, die den Nacken des Menschen unter die Herrschaft des Tyrannen beugt und den Söhnen der Begierde einen starken Körper, aber einen schwachen Geist beschert.

Ich sah die häßliche Sklaverei, die mit den Seelen der Kinder vom unendlichen Firmament ins Haus des Unglücks herabsteigt, wo die Bedürftigkeit neben der Unwissenheit wohnt und die Erniedrigung Tür an Tür mit der Verzweiflung. Diese Kinder wachsen im Elend auf, werden zu Verbrechern und sterben verachtet und ausgestoßen.

Ich begegnete der wankelmütigen Sklaverei, die bewirkt, daß die Schwachen sich aus Angst im Gegensatz zu ihren wirklichen Gefühlen äußern. Sie geben vor, ihre Versprechungen halten zu wollen, werden jedoch zu leeren Säcken, die jedes Kind mit Leichtigkeit zusammendrücken oder aufhängen kann.

Ich kam der unaufhörlichen Sklaverei auf die Spur, welche die Söhne von Herrschern zu Königen krönt, ohne sich um ihre Verdienste zu kümmern.

Ich ermittelte die unterwürfige Sklaverei, die eine Nation dazu bewegen kann, sich den Gesetzen und Vorschriften eines anderen Landes zu fügen, wobei diese Unterordnung von Tag zu Tag wächst.

Ich stieß auf die verleumdende Sklaverei, welche die unschuldigen Söhne von Verbrechern durch Mißgunst und Schande für immer brandmarkt.

Wenn man über Sklaverei nachdenkt, findet man heraus, daß sie über die teuflischen Kräfte des Fortbestands und der Ansteckung verfügt.

Als ich es müde war, die liederlichen Zeiten zu verfolgen und die Prozession der im Lauf der Geschichte zu Stein gewordenen Menschen zu betrachten, wanderte ich allein im Tal der Lebensschatten, wo die Vergangenheit versucht, sich wegen ihrer Schuld zu verstecken, und die Zukunft die Arme verschränkt und sich ausruht. Dort, am Ufer des Flusses von Blut und Tränen, der sich wie eine giftige Schlange windet und wie die Träume eines Übeltäters sich durch das Tal schleicht, flüsterten angsterfüllt die Geister versklavter Menschen; ich konnte sie hören, vermochte sie aber nicht zu sehen.

Als es Mitternacht wurde und die Trugbilder aus ihren Verstecken hervorkamen, sah ich eine leichenhafte Gestalt auf die Knie fallen und zum Mond emporstarren. Ich trat näher und fragte: »Wie heißt du?«

»Mein Name ist Freiheit«, antwortete der grausige Schatten.

»Und wo sind deine Kinder?« fragte ich weiter.

Schwach und unter Tränen flüsterte die Freiheit: »Eines starb am Kreuz, eines endete im Wahnsinn, und das dritte ist noch nicht geboren.«

Sie hinkte davon und redete noch weiter, doch wegen des Nebels vor meinen Augen und infolge der Schreie meines Herzens konnte ich sie nicht mehr sehen und auch nicht hören.

Yuhan der Wahnsinnige

Während des Sommers trieb Yuhan jeden Morgen sein Vieh auf die Weide, trug den Pflug auf der Schulter und lauschte dem Gesang der Vögel und dem Rascheln der Blätter und Gräser. Zur Mittagszeit setzte er sich an den Bach in der bunt blühenden Wiese, aß ein Stück Brot und überließ auch den Vögeln einige Krümel. Abends kehrte er dann in seine verfallene Behausung zurück, die abseits der Weiler und Dörfer im nördlichen Libanon lag. Nach dem Abendbrot setzte er sich zu seinen Eltern und hörte aufmerksam ihren Erzählungen zu, die von vergangenen Zeiten handelten; dabei wurde er meistens vom Schlaf übermannt, und die Augen fielen ihm zu.

Im Winter verbrachte er die Zeit hauptsächlich an der Feuerstelle und machte sich seine Gedanken über das Jammern des Windes, das Wüten der Elemente und den Wechsel der Jahreszeiten. Er blickte aus dem Fenster auf die schneebedeckten Felder und auf die kahlen Bäume. Sie erschienen ihm wie notleidende Menschen, die hilflos dem Zugriff bitterer Kälte und kalter Stürme ausgesetzt sind. In den langen Winternächten wartete er, bis seine Eltern zu Bett gegangen waren, holte dann aus einer hölzernen Truhe das Neue Testament hervor und las darin beim Schein der flackernden Lampe. Die Priester hatten das Studium dieses Buches verboten, und Yuhan war überaus vorsichtig bei seiner fesselnden Lektüre. Dem ungebildeten Volk war der Gebrauch der Bibel verboten, und jedem, der trotzdem darin las, wurde mit dem Kirchenausschluß gedroht.

So verbrachte Yuhan seine Jugendzeit inmitten von Gottes herrlicher Welt und mit dem Neuen Testament, das vom Lichte der Wahrheit erfüllt ist. Er war ein stiller und bedächtiger junger Mann, und wenn er der Unterhaltung seiner Eltern zuhörte, äußerte er sich mit keinem Wort und stellte auch keine Fragen.

Wenn er mit seinen Altersgenossen zusammentraf, richtete er seine Augen stets zum Horizont hin, und seine Gedanken waren so weit entfernt wie sein Blick. Jedesmal, wenn er aus der Kirche kam, war er sehr niedergeschlagen, denn die Lehren der Priester unterschieden sich wesentlich von den Unterweisungen, die er in der Bibel gefunden hatte; ebenso entsprach auch das Leben der Gläubigen hier keineswegs dem herrlichen Dasein, von dem Christus sprach.

Der Frühling kam, und der Schnee schmolz auf den Feldern und in den Tälern. Auf den Bergen setzte Tauwetter ein, und das Wasser bildete kleine Bäche, die talabwärts strebten und sich zu einem Fluß vereinigten, der mit seinem Rauschen das Erwachen der Natur verkündete. Mandel- und Apfelbäume standen in voller Blüte, Weiden und Pappeln bekamen neue Blätter, und die Natur hatte ihr prächtiges, buntes Gewand über die Landschaft gebreitet.

Yuhan, der seine Zeit nicht mehr an der Feuerstelle verbringen wollte und wußte, daß sich sein Vieh nach der Weide sehnte, führte die Tiere aus dem Stall hinaus auf die Wiesen. Er nahm auch das Neue Testament mit und versteckte es unter seinem Mantel, denn er fürchtete, es könnte entdeckt werden. So gelangte er zu einem schönen großen Garten, der an die Ländereien des Elisha-Klosters* grenzte, welches majestätisch auf einem nahegelegenen Hügel thronte. Während das Vieh zu weiden begann, lehnte sich Yuhan an einen Felsen und begann, in seinem Neuen Testament zu lesen. Er dachte an das traurige Los der Kinder Gottes auf Erden und stellte sich die Schönheit des Himmelreiches vor.

Es war ein Tag gegen Ende des Monats März, und die Dorfbewohner warteten nach der langen Fastenzeit ungeduldig auf das Osterfest. Wie für die anderen armen Bauern gab es auch für Yuhan keinen Unterschied zwischen dieser Zeit und den übrigen Monaten des Jahres, denn sein ganzes Leben war eine Fastenzeit, und seine Mahlzeiten bestanden meist nur aus dem Brot,

---

* Eine wohlhabende Abtei mit weiten Ländereien, die von den Alepoan-Mönchen verwaltet wird.

das er mit seiner Hände Arbeit erwarb, und ein paar Früchten, die er teuer kaufen mußte. Die einzige Nahrung, die Yuhan wirklich begehrte, war geistiger Natur, jenes himmlische Brot, das in seinem Herzen all die Gedanken über die Tragödie des Menschensohnes und über das Ende seines irdischen Lebens hervorrief.

Die Vögel sangen und umflatterten ihn, und Taubenschwärme kreisten am Himmel, während die Blumen im Winde schaukelten und an den warmen Strahlen der Sonne sich ergötzten.

Yuhan las selbstvergessen in seinem Buch. Nur gelegentlich unterbrach er seine Erleuchtung verheißende Lektüre, blickte auf die Kirchentürme der nahen Ortschaften und lauschte dem Geläut der Glocken. Von Zeit zu Zeit schloß er die Augen und ließ seine Gedanken in das alte Jerusalem wandern. Dort folgte er den Spuren Jesu und fragte die Menschen in der Stadt über den Nazarener aus. »Hier heilte er den Lahmen, und hier gab er dem Blinden das Augenlicht zurück; dort wand man die Dornenkrone und setzte sie ihm aufs Haupt; von dieser Säulenhalle aus sprach er in wunderbaren Gleichnissen zu den Menschen; in diesem Palast band man ihn an eine Marmorsäule und bespuckte ihn; in dieser Gasse vergab er der Dirne ihre Sünden, und an dieser Stelle fiel er nieder unter der schweren Last des Kreuzes.«

Eine Stunde verging, und Yuhan hatte alle körperlichen Qualen mit dem Gottessohn durchlitten und war im Geiste mit ihm in den Himmel aufgefahren. Schon war die Mittagszeit angebrochen, und die Herde war außer Sichtweite geraten. Yuhan blickte sich um, doch er konnte sie nicht finden; und als er an die Straße ging, die zu den angrenzenden Feldern führte, sah er einen Mann inmitten des Gartens stehen. Yuhan eilte auf ihn zu und sah, daß es einer der Mönche aus dem Kloster war. Er grüßte mit einer ehrfürchtigen Verneigung und fragte ihn, ob er seine Tiere gesehen hätte. Mit einer Stimme, in der unterdrückter Zorn mitschwang, antwortete der Mönch: »Ja, ich habe sie gesehen. Komm mit mir, ich werde sie dir zeigen.« Er führte ihn zum Kloster, und dort fand Yuhan seine Herde mit Stricken angebunden in einem Stall. Sie wurde von einem Mönch bewacht, und jedesmal, wenn sich eines der Tiere bewegte, erhielt es einen kräftigen

Stockschlag auf den Rücken. Wütend versuchte Yuhan, sie loszubinden, doch der Mönch packte ihn am Mantel, hielt ihn fest, und rief zum Kloster hinauf: »Hier ist der verbrecherische Hirte! Ich habe ihn gefunden!« Priester und Mönche liefen unter Anführung ihres Klostervorstehers herbei und umringten Yuhan, der vollkommen verwirrt war und sich wie ein Gefangener vorkam. »Was habe ich getan, daß ihr mich wie einen Schurken behandelt?« fragte er den Abt. Ärgerlich antwortete dieser: »Dein Vieh hat unsere Pflanzungen und unseren Weingarten zerstört. Und da du für den entstehenden Schaden verantwortlich bist, werden wir deine Tiere solange hierbehalten, bis du Ersatz geleistet hast.«

»Ich bin arm und habe kein Geld«, beteuerte Yuhan. »Bitte gebt mir mein Vieh zurück und seid versichert, daß ich es nie wieder in diese Gegend führen werde.« Der Abt trat vor, hob seine Hände gegen den Himmel und rief: »Gott hat uns zu Wächtern über dieses Land bestellt, welches dem heiligen Elisha gehört; und es ist unsere höchste Pflicht, es mit all unserer Kraft zu bewachen. Es ist ein heiliges Land, und gleich dem Feuer wird es jeden verbrennen, der sich daran vergeht. Und wenn du dich weigerst, für dieses Verbrechen gegen Gott zu bezahlen, wird sich das Gras, das deine Tiere gefressen haben, in Gift verwandeln und sie werden alle zugrunde gehen!«

Schon war der Abt im Begriff zu gehen, da berührte Yuhan sein Gewand, und demütig sagte er: »Ich rufe euch an im Namen Jesu und aller seiner Heiligen, laßt mich und meine Tiere frei! Seid barmherzig, denn ich bin arm, und die Schatzkammern des Klosters quellen über von Gold und Silber. Habt auch Mitleid mit meinen armen alten Eltern, die von meiner Arbeit abhängig sind. Gott wird mir vergeben, wenn ich euch Schaden zugefügt haben sollte.« Streng blickte ihn der Abt an und entgegnete: »Ob arm oder reich, das Kloster kann dir deine Schuld nicht erlassen; doch für die Summe von drei Dinaren kannst du dein Vieh zurückkaufen.« »Ich besitze nichts«, rief Yuhan, »habt doch Erbarmen mit einem armen Bauern!« Doch der Abt erwiderte: »Geh und verkaufe einen Teil deines Ackerlandes und komm mit drei Dinaren wieder, denn es ist besser, ohne Besitz in das Himmelreich zu kommen, als sich den Zorn des heiligen Elisha zuzuziehen und zur Hölle zu fahren.« Die anderen Mönche nickten zustimmend. Nach einem Augenblick der Ruhe veränderte sich Yuhans Gesichtsausdruck. Seine Augen begannen zu leuchten, als ob alle Demut von ihm gewichen wäre, und mit hocherhobenem Kopf blickte er den Abt an. Furchtlos sagte er zu ihm: »Müssen die Armen und Schwachen ihre geringe Habe, die Quelle ihres Lebensunterhaltes, verkaufen, damit der Wohlstand des Klosters noch größer wird? Ist es gerecht, wenn ein armer Mann erpreßt und noch ärmer gemacht wird, damit der heilige Elisha den Tieren ihren Fehltritt verzeiht, an dem sie ohnehin keine Schuld haben?« Der Abt richtete seinen Blick zum Himmel empor, und salbungsvoll rief er aus: »Im Buche Gottes steht geschrieben, daß dem, der hat, gegeben werden soll; doch dem, der nicht hat, soll alles genommen werden.«

Als Yuhan diese Worte vernahm, wurde er zornig, und wie ein Soldat, der sein Schwert zückt im Angesicht des Feindes, zog er das Neue Testament hervor und schrie: »So entstellt ihr Christi Lehren, ihr Heuchler! Und so mißbraucht ihr das allerheiligste Vermächtnis des Lebens, um eure Niedertracht zu verbreiten... Wehe euch! Wenn des Menschen Sohn wiederkehrt, wird er euer Kloster niederreißen, die Steine der Mauern ins Tal stürzen und eure Schreine und Altäre in Schutt und Asche legen... Wehe euch! Der Zorn des Nazareners wird über euch kommen und euch in die Tiefen der Hölle stürzen... Wehe euch, ihr Götzenanbeter, die ihr eure häßlichen Taten unter eurem schwarzen Kleid versteckt... Wehe euch, ihr Widersacher Jesu, die ihr die Lippen im Gebet bewegt, während eure Herzen voll von Wollust sind... Wehe euch! Ihr kniet vor dem Altar nieder und erhebt gleichzeitig euren Geist gegen Gott! Ihr beschmutzt euch mit der gleichen Sünde, wenn ich mich dafür bestraft, daß ich euer Land betrat, für das ich und meine Vorfahren bezahlt haben. Als ich euch im Namen Gottes um Vergebung bat, habt ihr mich verhöhnt. Nehmt dieses Buch und zeigt mir darin eine Stelle, wo Jesus nicht vergeben hätte... Lest diese Tragödie des Himmels und nennt mir eine Begebenheit, wo er ohne Mitleid und ohne Erbarmen gesprochen hat, sei es in der Bergpredigt oder im Tempel. Vergab er der Ehebrecherin nicht ihre Sünden? Breitete er nicht auf dem Kreuz seine Arme aus, um die ganze Menschheit zu umfassen? Blickt doch auf diese armseligen Hütten, in denen die Kranken auf ihren Schmerzenslagern stöhnen... Schaut in die Gefängnisse, in denen unschuldige Menschen schmachten und zu Opfern von Unterdrückung und Ungerechtigkeit werden... Und seht euch die Bettler an, wenn sie ihre Hand nach einem Almosen ausstrecken; ihr ganzes Leben ist erniedrigt und zerbrochen... Denkt an eure versklavten Jünger, die bitteren Hunger leiden, während ihr ein Leben in Wohlstand führt und die Früchte eurer Felder und Weingärten genießt. Ihr habt weder einen Kranken besucht noch einen Traurigen getröstet oder einen Hungrigen gespeist. Dem Fremdling botet ihr keine Zuflucht und dem Lahmen ward ihr keine Stütze. Und noch immer seid ihr nicht zufrieden mit dem, was ihr unseren Vätern geraubt habt; noch immer schnellt eure Hand wie der Kopf einer Viper vor, wenn es gilt, unter Androhung der Hölle auch das wenige noch zu nehmen, das sich die arme Witwe erspart hat oder der arme Bauer zusammentrug, um seine Kinder am Leben zu erhalten.«

Yuhan holte tief Luft, dann dämpfte er seine Stimme und fügte hinzu: »Ihr seid viele, und ich bin nur einer — macht mit mir, was ihr wollt. Die Wölfe zerreißen das Lamm in der Dunkelheit der Nacht, doch das Blut bleibt an den Steinen haften, und wenn der Morgen kommt, bringt die Sonne es an den Tag.«

In Yuhans Rede lag eine sonderbare Kraft, welche die Aufmerksamkeit der Mönche fesselte und gleichzeitig Zorn und Rachegedanken in ihnen erweckte. Sie bebten vor Wut und warteten nur auf den Befehl des Abtes, über Yuhan herzufallen und ihn zum Gehorsam zu zwingen. Die kurze Stille, die nach seinen Worten eingetreten war, glich der Stille nach einem Sturm, wenn alles verwüstet ist. Und der Abt befahl den Mönchen: »Fesselt diesen Verbrecher! Nehmt ihm das Buch weg und werft ihn in ein dunkles Verlies, denn demjenigen, der über die heiligen Stellvertreter Gottes lästert, wird niemals vergeben werden, weder auf Erden noch in der Ewigkeit.« Die Mönche ergriffen Yuhan, fesselten ihn und warfen ihn in eine enge Gefängniszelle.

Den Mut, den Yuhan zeigte, wird nur der zu würdigen wissen, der den Betrug und die Tyrannei in diesem Land, das die Orientalen ›Die Braut Syriens‹ oder ›Die Perle in der Krone des Sultans‹

nennen, miterlebt hat. — In seiner Zelle dachte Yuhan über das traurige Schicksal nach, das durch die Macht der Gewalt seinen Landsleuten in gleichem Maße wie ihm zugefügt worden war. Bitter lächelte er voll Mitgefühl, und sein Herz floß über vor Wehmut und Trauer. Diese Empfindungen drangen tief in ihn ein und machten seine Seele klein und eng; es waren Empfindungen, die in die Augen stürzen und haltlos als Tränen herabfallen, wenn man sich ihnen hingibt.

Dennoch stand Yuhan stolz und aufrecht in seinem Gefängnis und blickte durch eine schmale Maueröffnung auf das sonnenbeschienene Tal. Er spürte, wie eine göttliche Freude seine Seele ergriff und süße Ruhe ihn umfing. Man hatte seinen Körper eingesperrt, sein Geist aber war frei und schwebte mit dem Wind über die Hügel und Ebenen. Seine Liebe zu Jesus war unverändert geblieben, und die Hände, die ihn quälten, konnten die Ruhe nicht aus seinem Herzen vertreiben, denn Verfolgung kann dem, der auf der Seite der Wahrheit steht, keinen Schaden zufügen. War Sokrates nicht stolz darauf, daß man nur seinen Körper töten konnte? Wurde nicht auch Paulus der Wahrheit wegen gesteinigt? Es ist nur unser inneres Selbst, das uns verletzt, wenn wir es mißachten, und uns tötet, wenn wir es verraten.

Yuhans Eltern wurden von der Gefangennahme ihres Sohnes und der Beschlagnahmung des Viehs benachrichtigt, und seine alte Mutter machte sich auf den Weg zum Kloster. Sie warf sich vor dem Abt auf den Boden, küßte seine Füße und flehte um Barmherzigkeit für ihr einziges Kind. Der Abt hob seinen Blick ehrfurchtsvoll zum Himmel und sprach: »Wir wollen deinem Sohn seine Dummheit vergeben, doch der heilige Elisha wird keinem verzeihen, der sich an seinem Grund und Boden versündigt hat.« Mit Tränen in den Augen blickte ihn die alte Frau an. Dann nahm sie ihre silberne Halskette ab, gab sie dem Abt und sagte: »Dies ist mein kostbarster Besitz, das Hochzeitsgeschenk meiner Mutter... Wollt ihr sie als Sühne für die Missetat meines Sohnes annehmen?« Der Abt nahm die Kette und steckte sie ein. Dann blickte er auf Yuhans Mutter, die seine Hand zum Zeichen ihrer Dankbarkeit küßte, und rief aus: »Wehe diesem sündigen Geschlecht! Es kehrt die Lehren der Bibel ins Gegenteil; und wehe seinen Kindern! Sie essen saure Trauben, und ihre Väter haben stumpfe Zähne. Geh nun, gute Frau, bete für deinen Sohn und bitte Gott, er möge ihm seinen Verstand wiedergeben.«

Yuhan wurde aus dem Gefängnis entlassen, und an der Seite seiner Mutter schritt er gemächlich seinem Vieh voran. Als sie bei ihrer Hütte angelangt waren, führte er die Tiere in den Stall. Danach setzte er sich ans Fenster und betrachtete den Sonnenuntergang. Bald darauf hörte er, wie sein Vater der Mutter zuflüsterte: »Wie oft habe ich dir schon gesagt, Sarah, daß unser Sohn nicht ganz bei Sinnen ist, aber du hast mir nie geglaubt. Jetzt mußt du mir wohl recht geben, denn der Abt hat dir heute dasselbe gesagt, was ich dir schon jahrelang erklärte.« Yuhan blickte weiterhin nach dem fernen Horizont und beobachtete, wie die Sonne sich von diesem Teil der Welt verabschiedete.

Ostern war gekommen, und die neue Kirche von Becharré war gerade fertiggestellt worden. Wie der Palast eines Fürsten ragte diese prächtige Stätte der Andacht und des Opfers über die Hütten der armen Einwohnerschaft. Voll Eile bereitete die Bevölkerung alles für die Ankunft des Bischofs vor, der das neue Gotteshaus feierlich einweihen sollte. Die Menge stellte sich entlang der Hauptstraße auf und wartete auf das Eintreffen des hohen Gastes. Der Gesang der Priester, Zimbelklänge und Glockengeläute erfüllten den Himmel.

Endlich traf der Bischof ein. Er ritt auf einem prächtigen Pferd, dessen Sattel mit Gold beschlagen war. Als er abstieg, traten die kirchlichen und öffentlichen Würdenträger vor und hießen ihn mit schönen Worten willkommen.

Man führte ihn zu dem neu errichteten Altar, wo er sich in einen golddurchwirkten und mit funkelnden Edelsteinen geschmückten Ornat hüllen ließ. Man setzte ihm eine goldene Krone auf, und so geschmückt schritt er mit seinem juwelenbesetzten Hirtenstab um den Altar herum. Die Priester hinter ihm trugen Kerzen in den Händen und schwenkten Weihrauchfässer.

Zu dieser Stunde stand Yuhan in der Säulenhalle an der Kirche unter all den Zuschauern. Mit betrübten Augen und unter bitteren Seufzern verfolgte er das Geschehen. Es schmerzte ihn, all die kostbaren Gewänder, die wertvolle Krone, die goldenen

Geräte und Gefäße und die ganze verschwenderische Pracht ansehen zu müssen, während die arme Bevölkerung, die anläßlich der Feierlichkeiten aus den umliegenden Dörfern herbeigekommen war, die nagenden Qualen der Armut ertragen mußte. Ihr zerlumptes Äußeres und ihre vergrämten Gesichter ließen ihre erbarmungswürdige Lage erkennen. Die reichen Würdenträger standen, in Samt und Seide gekleidet, weit entfernt von den Armen, und sie predigten lauthals, während im Hintergrund die Menschen sich an die Brust klopften und in aufrichtige Gebete versunken waren, die aus der Tiefe ihrer gebrochenen Herzen kamen. Die Macht der Geistlichen glich den immergrünen Blättern der Pappeln, und das Leben der Landarbeiter war mit einem Boot zu vergleichen, dessen Kapitän ertrunken, dessen Ruder gebrochen und dessen Segel zerfetzt war; und so mußte es sich der Barmherzigkeit der aufgewühlten Tiefe und der rasenden Winde überlassen.

Tyrannei und blinde Unterwerfung… Welches ist die Voraussetzung für das andere? Ist die Tyrannei ein starker Baum, der nur auf tiefem Grund wächst, oder ist die Unterwürfigkeit ein brachliegendes Feld, auf dem nichts außer Dornen gedeiht? Solche Überlegungen marterten Yuhans Verstand während der Zeremonie. Er preßte die Arme an die Brust, denn er fürchtete, es würde ihm das Herz zerreißen, so zornig war er wegen seiner Hilflosigkeit im Hinblick auf die erbärmliche Lage des Volkes in dieser Tragödie der Gegensätzlichkeiten.

Er blickte auf die dahinsiechenden Geschöpfe einer kranken Gesellschaft, deren Herz ausgetrocknet war und deren Saat Schutz im Schoß der Erde suchte — so wie verlassene Pilger eine Wiedergeburt in einem neuen Reich ersehnen.

Als die pompöse Vorstellung ihrem Ende zuging, und die Volksmenge sich aufzulösen begann, verspürte Yuhan eine unwiderstehliche Kraft in sich, die ihn dazu drängte, zugunsten der unterdrückten Armen zu sprechen. Er trat an eine erhöhte Stelle des Platzes, hob seine Arme gegen den Himmel, und als sich das Volk um ihn scharte, rief er: »O Jesus, der du inmitten des Lichtes thronst, höre uns! Blicke von deinem hohen Himmelsgewölbe auf die Erde hinab und sieh, wie die Dornen die Blumen ersticken, die deine Wahrheit gepflanzt hat!

O guter Hirte! Die Wölfe haben das schwache Lamm, das du auf deinen Armen trugst, in Stücke gerissen. Sein unschuldiges Blut ist in die Erde gesickert, die durch deinen Schritt geheiligt wurde. Deine Feinde haben aus dieser Erde einen Kampfplatz gemacht, auf dem der Starke den Schwachen zu Boden schmettert. Diejenigen, die auf dem Throne sitzen und dein Wort verkünden, hören nicht auf die Schreie der Armen und auf die Klagen der Hilflosen. Die Lämmer, die du zur Erde gesandt hast, haben sich in Wölfe verwandelt und zerreißen nun denjenigen, den du getragen und gesegnet hast.

Das Wort des Lebens, das aus deinem Herzen zu uns kam, ist aus der Schrift verschwunden, und an seine Stelle trat ein entsetzlich leeres Geschrei, das den Geist verängstigt.

O Jesus, man hat diese Kirche gebaut, um dich zu preisen, und man hat sie mit Seide und Gold ausgestattet... Aber man hat die von dir auserwählten Armen in Lumpen gehüllt und in der kalten Nacht stehengelassen... Man erfüllte den Himmel mit dem Duft brennender Kerzen und mit Weihrauch, aber man ließ deine teuren Anhänger ohne Brot... Man erhob die Stimmen, um Lobgesänge ertönen zu lassen, doch man hatte kein Ohr für die Schreie der Waisen und für die Klagen der Witwen.

Komm wieder, o lebendiger Jesus, und treibe die Schacherer aus deinem heiligen Tempel, denn sie haben ihn in eine finstere Höhle verwandelt, in welcher die Schlangenbrut der Falschheit und Heuchelei herumkriecht und überhandnimmt.«

Yuhans starke und eindringliche Worte erregten Aufsehen; daß sich auch die Würdenträger ihm näherten, störte ihn nicht. Mit durch seine früheren Erfahrungen gesteigertem Mut rief er abermals: »Komm, o Jesus, und rechne ab mit diesen Tyrannen, die den Armen nehmen, was den Armen gehört, und Gott dessen berauben, was Gottes ist. Den Weinstock, den deine Rechte pflanzte, haben die Würmer des Neids zerfressen, und seine Trauben wurden niedergetrampelt. Die Kinder des Friedens sind unter sich gespalten und bekämpfen einander; sie hinterlassen die Seelen als Opfer auf den frostigen Feldern. Vor deinem Altar erheben sie ihre Stimmen und beten: ›Ehre sei Gott in der Höhe und Friede auf Erden, und den Menschen ein Wohlgefallen.‹ Wird unser himmlischer Vater verherrlicht, wenn leere Herzen, lasterhafte Lippen und verlogene Zungen seinen Namen nennen? Herrscht Friede auf Erden, wenn sich die Kinder der Armut auf den Feldern abrackern müssen, um die Mächtigen zu ernähren und die Bäuche von Tyrannen zu füllen? Wird jemals ein Friede kommen, der sie aus den Krallen des Elends errettet?

Was ist Friede? Findet man ihn in den Blicken der Kinder, die in kalten, dunklen Häusern an den ausgetrockneten Brüsten ihrer hungernden Mütter saugen? Oder ist er in den jämmerlichen Behausungen der Hungernden, die auf den Steinen schlafen und sich nach dem Brote sehnen, das die Mönche ihren Mastschweinen vorwerfen?

Was ist Freude, o Jesus? Gibt es sie dort, wo ein Fürst den Mut der Männer und die Ehre der Frauen für ein paar Silbermünzen kaufen kann? Oder liegt sie in der Unterwerfung und Versklavung von Körper und Seele, wobei unsere Augen durch glitzernde Orden und goldene Diademe geblendet werden? Und auf die Beschwerden derjenigen, die in deinem Namen für den Frieden eintreten, antworten sie mit ihren Soldaten, die schwerbewaffnet über unsere Frauen und Kinder herfallen und uns das Blut aussaugen.

O Jesus, der du voll Liebe und Erbarmen bist, breite deine starken Arme aus und nimm uns in Schutz vor diesen Räubern oder sende uns den Tod, auf daß er uns befreie und zu unseren Gräbern führe, wo wir unter deinem Kreuz in Frieden ruhen können; dort werden wir auf deine Wiederkehr warten.

O mächtiger Jesus, dieses Leben ist nichts anderes als ein finsterer Kerker der Knechtschaft… Es ist der Spielplatz schrecklicher Geister, eine dunkle Höhle, in der die Schattenbilder des Todes wohnen. Es ist ein scharfes Schwert, das des Nachts zwischen den Bettlaken versteckt liegt, des Morgens aber wie ein Dämon über unseren Köpfen hängt und uns an die Peitschen unserer Sklaventreiber auf den Feldern erinnert.

O Jesus, hab Mitleid mit den unterjochten Armen, die am heutigen Tage gekommen sind, um deine Auferstehung zu feiern. …Erbarme dich, denn sie sind krank und schwach!«

Yuhans Rede wurde von der Menge unterschiedlich aufgenommen. »Er spricht wahr«, rief einer, »und er spricht zu unseren Gunsten mit dem Himmel.« Ein anderer meinte: »Er ist verrückt und redet im Name eines bösen Geistes.« Ein dritter stellte fest: »Niemals noch haben wir solch schändliche Reden gehört. Laßt uns dem ein Ende machen!« Ein vierter flüsterte seinem Nachbarn ins Ohr: »Als ich ihn sprechen hörte, erwachte ein neuer Geist in mir.« Der nächste jedoch gab zu bedenken: »Aber die Priester wissen mehr über unsere Bedürfnisse als er; und es ist eine Sünde, an ihnen zu zweifeln.« Als von allen Seiten her Rufe laut wurden und wie das Gebrüll des Meeres anschwollen, erschien ein Priester, überwältigte Yuhan und übergab ihn den Wächtern. Sofort wurde er zum Verhör in den Palast des Gouverneurs gebracht.

Während der Vernehmung äußerte Yuhan kein einziges Wort, denn er dachte daran, daß auch der Nazarener vor seinen Peinigern geschwiegen hatte. Der Gouverneur ließ ihn ins Gefängnis werfen, wo er jedoch, den Kopf gegen die steinerne Wand gelehnt, friedvoll und mit ruhigem Gewissen einschlief.

Am nächsten Morgen erschien Yuhans Vater vor dem Gouverneur und bezeugte den Wahnsinn seines Sohnes. Traurig sagte er: »Ich habe oft bemerkt, wie er mit sich selbst sprach. Er redete von seltsamen Dingen, die keiner sehen oder erklären konnte. Immer wieder saß er in der Nacht da und sprach in völlig unverständlichen Worten. Ich hörte, wie er mit der Stimme eines Zauberers die Geister beschwor. Fragt die Nachbarn, die ihn oft anredeten und ohne Zweifel merkten, daß er verrückt ist. Er antwortete niemals auf ihre Fragen, doch wenn er selbst sprach, verwendete er rätselhafte Worte und sprach in Sätzen, die der Zuhörer nicht verstand und keinerlei Sinn hatten. Auch seine Mutter, die ihn genau kennt, bemerkte oftmals, wie er in die Ferne starrte und wie ein kleines Kind unaufhörlich von Bächen, Blumen und Sternen plapperte. Fragt die Mönche, deren Lehren und Glaubenssätze er während der vergangenen Fastenzeit verhöhnte und beanstandete, so daß er Streit mit ihnen bekam. Er ist verrückt, Hoheit, doch zu mir und seiner Mutter ist er gut. Er unterstützt uns, weil wir alt sind, und kümmert sich um unsere Bedürfnisse. Habt Erbarmen mit ihm und mit uns!«

Der Gouverneur begnadigte Yuhan, und die Kunde von dessen Verrücktheit verbreitete sich rasch. Wenn von ihm gesprochen wurde, setzte man seinen Namen der Lächerlichkeit und dem Spott aus. Die jungen Mädchen blickten mit traurigen Augen auf ihn und meinten: »Der Himmel verfolgt seltsame Absichten mit den Menschen... In diesem Jüngling brachte Gott Schönheit und Wahnsinn zusammen und verband das Leuchten seiner Augen mit der Dunkelheit in seiner Seele.«

Inmitten von Gottes schöner Natur, auf einer Wiese bei den Hügeln, die mit Gras und Blumen prächtig geschmückt waren, weidete Yuhan, friedlich und unbehelligt von der Hartherzigkeit der Menschen, seine Tiere. Mit traurigen Augen blickte er zu den Dörfern auf beiden Seiten des Tales, seufzte tief und sprach: »Ihr seid viele, und ich bin nur einer. Die Wölfe zerreißen das Lamm in der Dunkelheit der Nacht, doch das Blut bleibt an den Steinen haften, und wenn der Morgen kommt, bringt die Sonne es an den Tag.«

Wir und ihr

Wir sind die Söhne der Trauer,
Und ihr seid die Kinder der Freude.
Die Trauer jedoch ist das Bild eines Gottes,
Der nicht im Bereich böser Herzen wohnt.

Wir sind mit Trauer behaftete Wesen, aber diese
Ist viel zu gewaltig, um in beengten Herzen zu leben.
Und wenn ihr lächelt, dann weinen wir; derjenige aber,
Der einmal durch seine eigenen Tränen geläutert wurde,
Wird rein sein für immer.

Ihr habt kein Verständnis für uns,
Wir aber bieten euch Freundschaft an.
Ihr werdet vom Flusse des Lebens getragen
Und werft keinen Blick auf uns;
Wir jedoch sitzen am Ufer, sehen euch zu
Und lauschen auf eure fremden Stimmen.

Ihr könnt unsern Ruf nicht vernehmen,
Denn der Tumult der Tage hat eure Ohren verstopft,
Die zudem verschlossen sind durch die Gleichgültigkeit,
Mit der ihr seit Jahren die Wahrheit vertratet.
Wir hören jedoch euren Gesang, denn das Flüstern der Nacht
Hat unsere Herzen geöffnet. Wir nehmen euch
Unter dem Zeigefinger des Lichtes wahr,
Ihr jedoch könnt uns nicht sehen, denn wir stehen
In der erleuchteten Dunkelheit.

Wir sind die Söhne der Trauer,
Die Dichter, Propheten und Musiker.
Und aus den Fasern uns'rer Herzen weben wir
Den Mantel der Gottheit; und die Saat unserer Seelen
Legen wir in die Hände der Engel.

Ihr seid die Kinder des irdischen Frohsinns.
Ihr legt euer Herz in die Hände der Leere,
Denn die Berührung mit ihr
Ist sanft und verlockend.

Ihr wohnt im Hause der Unwissenheit,
Denn dort ist kein Spiegel, der euch
Den Blick in eure Seele gewährt.

Wir seufzen; und unsere Seufzer bewirken
Das Flüstern der Blumen, das Rascheln der Blätter,
Das Murmeln der Bäche.

Wenn ihr uns verspottet, klingt euer Hohn
Wie klappernde Knochen, wie rasselnde Ketten
Und wie das Gejammer der Unterwelt.
Weinen wir aber, dann fallen die Tränen
Mitten ins Herz des Lebens hinein,
So wie der Tau vom Auge der Nacht ins Herz des
    dämmernden Morgens.
Doch wenn ihr lacht, fließt euer Hohn
Wie das Gift einer Viper in eine offene Wunde.

Wir weinen und empfinden Mitleid mit dem verirrten Pilger
Und der verlass'nen Witwe; ihr aber lacht und freut euch,
Wenn ihr den Glanz des Goldes seht.

Wir weinen und vernehmen auch
Die Klagen des Betrogenen und das Gestöhn' des Unterdrückten;
Ihr aber lacht, denn ihr hört nur
Den hellen Klang der weingefüllten Becher.

Wir weinen, denn unser Geist ist gegenwärtig
Von Gott getrennt. Ihr aber lacht, und völlig unbekümmert
Haltet ihr euch an der Erde fest.

Wir sind die Söhne der Trauer,
Und ihr die Kinder der Freude... Wir wollen
Das Ergebnis uns'rer Trauer an den Taten eurer Freude
Vor dem Angesicht der Sonne messen...

Ihr habt auf den Herzen von Sklaven
Die Pyramiden errichtet; doch diese stehen
Auf Sand und erinnern für alle Zeiten
An uns're Unsterblichkeit und euer Verschwinden.

Auf den Gebeinen der Schwachen habt ihr
Babylon erbaut; und Ninives Paläste
Steh'n auf den Gräbern der Armen.
Babylon ist heute nur noch der Fußabdruck eines Kamels
In der Wüste, und seine Geschichte wird den Völkern erzählt,
Die uns verehren, euch aber verfluchen.

Wir meißelten Ishtar aus einem Marmorblock;
Und der Stein verlor seine Starrheit
Und spricht durch seine Verwandlung.

Wir schrieben und spielten sodann auf der Harfe
Die sanften Lieder des Nahawand. Und des Geliebten Seele
Kam aus den Himmelshöhen zu uns herabgeschwebt;
Mit Worten und mit Taten verklärten wir das höchste Wesen;
Wobei die Worte gleichsam zum Wort Gottes wurden
Und die Taten zu der Engel überwältigender Liebe.

Ihr folgt dem Vergnügen, von dessen Klauen
In den Arenen von Rom und in Antiochia
Tausende Märtyrer zerrissen wurden...
Wir aber folgen der Stille, deren behutsame Finger
Die Ilias schrieben sowie das Buch des Hiob
Und Jeremias' Klagen.

Ihr legt euch mit der Wollust nieder, die
Eines Weibes Seele auf tausendfache Art berührt,
Und Scham und Angst erzeugt... Doch wir
Umarmen nur die Einsamkeit, aus deren Schatten
Die Schönheiten Hamlets und Dantes erwuchsen.

Ihr sucht nur der Begierde zu gefallen,
Durch deren scharfes Schwert schon Ströme
Warmen Blutes flossen... Wir aber wünschen uns
Die Wahrheit zur Gefährtin, durch deren Hände
Wir die Kenntnis von dem großen Herzen
Des Lichtes erhielten.

Wir sind die Söhne der Trauer, und ihr seid
Die Kinder der Freude. Aber Trauer und Freude werden
Durch einen engen und steinigen Weg getrennt.
Eure geistigen Pferde können ihn nicht betreten
Und eure prächtigen Kutschen ihn nicht befahren.

Wir haben Mitleid mit eurer Verblendung in dem Maß,
Wie ihr uns're Großzügigkeit haßt.
Und zwischen Mitleid und Haß steht die Zeit völlig verwirrt.
Wir kommen zu euch als Freunde, ihr aber bekämpft uns
    wie Feinde.
Und zwischen Freundschaft und Feindschaft
Liegt eine Schlucht, in welcher nur
Blut und Tränen fließen.

Wir bauen für euch Paläste, ihr aber schaufelt nur Gräber
Für uns. Und zwischen dem schönen Palast und dem
    finsteren Grab
Wandert die Menschheit wie eine Wache
Mit eisernen Waffen auf und ab.

Wir streuen Rosen auf euren Weg, doch ihr legt
Dornen in unser Bett. Und zwischen den Dornen und den Rosen
Schläft unruhig die Wahrheit.

Seit dem Beginn dieser Welt bekämpft ihr
Mit großer Kraft uns're grundgütige Macht.
Und wenn ihr nur eine Stunde lang Oberhand habt,
Dann quakt ihr so freudig wie Frösche im Wasser.
Doch wenn wir euch besiegen und eine Zeitlang bezähmen,
Verhalten wir uns wie schweigende Riesen.

Ihr kreuzigtet Jesus, habt ihn verspottet
Und spucktet auf ihn; jedoch er kam wieder
Und überwand die Geschlechter.
Er wandelte wie ein Held unter euch
Und erfüllte das All mit Schönheit und Ehre.

Den Sokrates habt ihr vergiftet und Paulus gesteinigt,
Ihr brachtet Ali Talib um und meucheltet Madhat Pasha.
Sie wurden dennoch unsterblich
Und leben mit uns im Angesichte der Ewigkeit.

Ihr aber lebt im Gedächtnis des Menschen
Wie ein Leichnam auf Erden; ihr werdet
Keinen finden, der euch
Im Dunkel des Nichtseins und des Vergessens begräbt,
Welches ihr suchtet im irdischen Sein.

Wir sind die Söhne der Trauer,
Und die Trauer ist eine satte Wolke, aus welcher
Wissen und Wahrheit auf die Menschheit strömen.
Ihr seid die Kinder der Freude,
Aber wie weit eure Freude auch reichen mag,
Das Gesetz Gottes wird sie mit den himmlischen Winden
Zerstreuen und in nichts auflösen.
Denn sie ist nur eine dünne Säule aus Rauch.

Das Haus des Glücks

Betrübt sagte mir mein Herz Lebewohl und machte sich auf den Weg nach dem Hause des Glücks. Als es in der geheiligten Stadt, die der Seele geweiht ist, ankam, staunte es sehr, denn es konnte das, was es dort erwartet hatte, nicht finden.

In dieser Stadt gab es weder Macht noch Geld und auch keinerlei Amtsgewalt.

Da sprach mein Herz zur Tochter der Liebe: »Sage mir, wo ich die Zufriedenheit finden kann. Ich hörte, sie sei hierher gekommen, um sich mit dir zu treffen.«

Die Tochter der Liebe antwortete:

»Die Zufriedenheit ist schon gegangen, um dort ihre Botschaft zu verkünden, wo Neid und Bestechung herrschen. Hier bedürfen wir ihrer nicht.«

Das Glück strebt nicht nach Zufriedenheit, denn es ist eine irdische Erwartung, und seine Wünsche stehen im Einklang mit seinen Zielen; die Zufriedenheit jedoch ist eine tiefe Empfindung.

Die irdische Seele ist niemals zufrieden, denn immerzu strebt sie nach Höherem.

Mein Herz blickte auf das Leben der Schönheit und sprach: »Du bist allwissend, erkläre mir das Geheimnis der Frau.« Und das Leben der Schönheit sagte: »O Menschenherz! Die Frau ist dein eigenes Spiegelbild, und was immer du bist, ist auch sie. Wo immer du lebst, da wird auch sie leben. Sie ist wie die Religion, wenn diese nicht von Unwissenden ausgelegt wird; sie ist wie der Mond, sobald er sich nicht hinter Wolken versteckt; und sie ist wie ein sanfter Wind, der von unreinen Stoffen noch nicht vergiftet ist.«

Nun ging mein Herz hin zur Erkenntnis, welche die Tochter von Liebe und Schönheit ist, und bat sie: »Schenke mir Weisheit, damit ich sie mit den Menschen teilen kann.« Die Erkenntnis jedoch antwortete:

»Sprich nicht von Weisheit, sondern von Glück, denn das wahre Glück kommt nicht von außen, sondern hat seinen Ursprung im Allerheiligsten des Lebens. Bringe dich deshalb selbst den Menschen dar!«

Zwei Kinder

Ein König stand auf der Empore seines Palastes und sprach zu einer großen Menschenansammlung: »Laßt mich euch und dem gesamten Land die Geburt eines Prinzen mitteilen. Er wird den Namen meiner altehrwürdigen Familie tragen, und ihr werdet gewiß stolz auf ihn sein. Da er der Stammhalter eines großen und bedeutenden Geschlechts ist, hängt von ihm die glückliche Zukunft dieses Reiches ab. Singt nun und freuet euch!« Und mit Lob- und Dankgesängen ließen die Menschen ihre Stimmen empor zum Himmel steigen. Sie hießen den neuen Tyrannen willkommen, der ihre Nacken unter das Joch der Gewalt beugen, ihre Leiber auszehren und ihre Seelen niedermetzeln würde. Dieses Schicksals wegen sang das Volk und trank ausgelassen auf das Wohl des neuen Herrschers.

Zur gleichen Zeit trat ein anderes Kind ins Leben und in dieses Königreich. Während die Menge der Gewalt huldigte und sich durch das Absingen von Lobliedern auf einen kommenden Despoten selbst erniedrigte, und während die Engel des Himmels über die Schwäche der Menschen und ihre Versklavung weinten, hing eine kranke Frau ihren Gedanken nach. Sie wohnte in einer alten, herabgekommenen Hütte, und das Neugeborene, das in zerfetzten Windeln neben ihr auf der harten Bettstatt lag, war am Verhungern. Die junge Frau lebte in Armut und Elend, denn die Menschen hatten sich nicht um sie gekümmert, nachdem ihr Mann unter der Gewaltherrschaft des Königs gestorben war. Sie war allein geblieben, bis Gott ihr in dieser Nacht einen kleinen Gefährten gesandt hatte, auf daß dieser ihr dereinst die Arbeit abnehmen und ihr eine Stütze im Leben sein würde.

Als sich die Menschenmenge aufgelöst hatte und wieder Ruhe eingekehrt war, nahm die arme Witwe ihr Kind auf den Arm, blickte es an und ließ ihre Tränen über sein Gesicht laufen, als ob sie es damit taufen wollte. Und mit kraftloser Stimme sprach sie zu ihm: »Weshalb hast du die jenseitige Welt verlassen und bist herabgestiegen, um mit mir die Bitterkeit des irdischen Lebens zu teilen? Warum hast du dich von den Engeln und dem unendlichen Firmament getrennt und bist in dieses erbärmliche Land der Menschen gekommen, wo Unterdrückung, Angst und Hartherzigkeit herrschen? Außer meinen Tränen habe ich nichts, was ich dir geben könnte. Willst du, daß ich dich mit ihnen anstatt mich Milch stille? Ich habe keine seidenen Kleider, die ich dir anziehen könnte. Werden dich meine zitternden nackten Arme wärmen? Die Tiere weiden auf den Wiesen und kehren in ihren sicheren Stall zurück, und die Vögel picken die Samen auf und schlafen friedlich in den Bäumen; doch du, mein geliebtes Kind, hast nichts außer einer liebenden, aber notleidenden Mutter.«

Sie legte das Kind an ihre vertrocknete Brust und umschlang es mit den Armen, als wollte sie den vorherigen Zustand wiederherstellen und aus zwei Körpern einen machen. Sie richtete ihre brennenden Augen zum Himmel und rief: »Gott, habe Erbarmen mit meinen unglückseligen Landsleuten!«

In diesem Augenblick rissen die Wolken auseinander und gaben das Angesicht des Mondes frei. Seine Strahlen durchdrangen die Balken des armseligen Hauses und fielen auf zwei entseelte Körper.

Mein Geburtstag

An diesem Tag vor fünfundzwanzig Jahren
Gab meine Mutter mich der Welt.
An diesem Tage senkte mich die große Stille
In die Arme eines Seins, das voll von
Klagen, Tränen und Konflikten ist.

Und fünfundzwanzig Male habe ich
Die Sonne nun umrundet.
Doch öfter noch tat dies der Mond bei mir.
Ich weiß nichts über die Geheimnisse des Lichts
Und habe auch noch nicht die rätselhafte Dunkelheit begriffen.

Ich reiste fünfundzwanzig Jahre lang
Zusammen mit der Erde, mit Sonne, Mond und Sternen
Durch die Unendlichkeit; doch meine Seele
Wartet noch darauf, die ewigen Gesetze zu verstehen,
So wie die Meeresgrotte vom Klang der Wogen widerhallt,
Sich aber nie mit Wasser füllt.

Das Leben ist im Sein der Himmelsordnungen
Verwoben, doch achtet es nicht
Auf die ungebund'ne Macht des Firmaments.
Die Seele singt das Lob von Ebbe und von Flut
Mit einer wunderbaren Melodie,
Erkennt jedoch seine Bedeutung nicht.

Durch fünfundzwanzig Jahre hat die Hand der Zeit
Mein Leben aufgezeichnet;
Ich bin ein lebend' Blatt im Buche der Unendlichkeit,
Und doch soviel wie nichts; vielleicht ein vages Wort
Von schwieriger Bedeutung, das einmal nichts,
Dann wieder viel verheißt.

In jedem Jahr an diesem Tag
Ist meine Seele voll Gedanken und Erinnerungen;
Und sie gebieten Halt dem Schritt des Lebens,
Enthüllen mir die Schreckensbilder böser Nächte

Und fegen sie hinweg, so wie das Wolkenfeld
Am Horizont vom Wind verblasen wird.
Und sie verschwinden dann im fernsten Winkel meines Hauses,
So wie das Rauschen eines nah geleg'nen Flusses
Im fernen Tal verebbt.

Und jedes Jahr an diesem Tag
Besuchen mich die Geister, die meine Seele schufen.
Sie kommen aus der Ewigkeit, versammeln sich um mich
Und singen Trauerlieder der Erinnerung.
Dann ziehen sie sich flink zurück, entschwinden meinem Blick
Wie Vögel, die auf dem leeren Tennenboden
Kein Futter finden und voll Enttäuschung
Nach einem lohnenderen Ort entschweben.

An diesem Tag gedenk' ich der Vergangenheit,
Durch die mein Sinn verwirrt und mein Herz unruhig wurde.
Ich seh' auf sie, wie ich in einen trüben Spiegel schaue,
In dem ich nichts erblicke als totenähnliche Gesichter,
Wie sie im Lauf der Jahre mir begegneten.
Ich blicke wieder hin und sehe, wie mein Ich
Mich selbst in meiner Trauer anstarrt,
Und möchte Antwort von der Trauer, doch sie bleibt stumm.
Wär' sie imstand zu sprechen, erwiese sich ihr Wort
Noch süßer als das Lied der Freude.

In fünfundzwanzig Lebensjahren
Liebte ich sehr viele Dinge.
Oft war es das, was and're Menschen haßten,
Doch was sie liebten, wies ich weit von mir.

Was ich seit den Kindertagen liebte,
Lieb' ich heute noch und werd' es immer lieben.
Denn die Liebe ist Gottes größtes Geschenk
An die Menschheit:
Sie wird dem, der mit ihr gesegnet wurde,
niemals genommen.

Ich liebe den Tod und gebe ihm schöne Namen,
Mit Liebesworten verkläre ich ihn,
Doch heimlich und leise nur,
Denn der Zuhörer Spott wär' mir gewiß.

Obgleich ich dem Tod gegenüber
Zuneigung hege, habe ich mich
Auch in das Leben verliebt, denn Leben und Tod
Bedeuten mir gleich viel hinsichtlich
Reiz, Zauber und Anziehungskraft.
Sie arbeiten beide Hand in Hand,
Wenn sie meine Sehnsucht und Zuneigung nähren
Und Liebe und Leid mit mir teilen.

Ich liebe die Freiheit, und meine Liebe zu ihr
Wuchs mit dem Wissen darüber,
Daß alle Menschen der Knechtschaft,
Der Unterdrückung und der Gewalt angehören,
Und daß sie den schreckenerregenden Götzenbildern gehorchen,
Die in vergangenen Zeiten errichtet
Und mit den Lippen von Sklaven glattgeküßt wurden.

Bei all meiner Liebe zur Freiheit
Hege ich eine Zuneigung zu diesen Sklaven.
Sie küßten, von Blindheit geschlagen, in seliger Unachtsamkeit
Die Klauen von reißenden Bestien.
Auch das Gift der lächelnden Schlangen spürten sie nicht;
Und ohne es zu bemerken, schaufelten sie sich
Ihr Grab mit eigener Hand.

Die Liebe zur Freiheit ist meine bedeutendste Liebe,
Sie gleicht einem Mädchen voll Schönheit und Anmut,
Das in der Einsamkeit aber verwelkt und verblüht.
Unerkannt und ohne willkommen zu sein
Wandelt sie wie ein Gespenst
Zwischen den Menschen umher;
Und wenn sie am Straßenrand steht
Und den Reisenden zuruft,
Schenkt man ihr keine Beachtung.

Ich habe in fünfundzwanzig Jahren gewiß auch
Das Glück geliebt — so wie alle.
Ich war auf der Suche danach, konnte es aber
Auf menschlichen Pfaden nicht finden.
Auch nicht die Spur seiner Tritte
Sah ich im Sand vor den prächtigen Häusern der Menschen.
Ich hörte auch nicht den Widerhall seiner Stimme
Aus den hohen Fenstern der Tempel.

Ich suchte das Glück in der Einsamkeit,
Und als ich ihm nahekam, hörte ich
Meine Seele leise sagen:
»Das Glück, das du suchst, gleicht einer Jungfrau,
Die in der Tiefe des Herzens geboren und aufgezogen wird;
Sie verläßt aber niemals den Ort ihrer Geburt.«
Und als ich mein Herz weit auftat,
Um endlich das Glück zu finden,
Sah ich in seiner Wohnung
Nur seinen Spiegel, sein Bett und sein Kleid;
Das Glück selbst war nicht da.

Ich liebe die Menschheit und liebe in gleichem Maße
Alle drei Arten menschlicher Wesen...
Die, welche das Leben schmähen,
Diejenigen, die es segnen,
Und schließlich die, welche darüber nachsinnen.
Ich liebe die erste Art um ihrer Nöte willen,
Die zweite ob ihrer Großzügigkeit,
Die dritte in ihrer Friedfertigkeit und Erkenntniskraft.

Und so vergingen fünfundzwanzig Jahre in Liebe
Und finden ihr Ende im Nichts.
Die Tage und Nächte eilten dahin
Und kamen vom Wege des Lebens ab.
Sie flatterten fort, so wie im Herbst
Die trockenen Blätter der Bäume
Vom Winde verblasen werden.

Heut' hielt ich inne auf meinem Weg:
Ein müder Wanderer, der zwar noch nicht
Den vorgegeb'nen Ort erreicht hat,
Jedoch versucht, herauszufinden, wo er steht.
Ich sende meinen Blick in jede Richtung,
Doch finde ich von der vergang'nen Zeit nicht eine Spur,
Von der ich sagen könnte: »Das ist meine.«

Ich kann auch nicht die Früchte meiner Lebensjahre ernten,
Denn meine Vorratskästen sind lediglich
Mit Pergamenten angefüllt, auf denen man
Die Spuren schwarzer Tinte sieht,
Sowie mit Zeichnungen, die Linien und Farben präsentieren.

Mit diesen Blättern und mit diesen Bildern
Versuchte ich nur, meine Liebe, meine Träume
Und mein Denken zu umhüllen,
So wie der Sämann den Samen
Im Herzen der Erde vergräbt.

Und hat er die Saat in die Erde gelegt,
Kehrt er am Abend nach Hause zurück
Und wartet und hofft auf den Zeitpunkt der Ernte.
Ich aber habe die Saat meines Herzens
In die Verzweiflung gestreut,
Und alles Hoffen und Warten ist zwecklos.

Nun aber, nach meiner fündundzwanzigsten Reise
Um die Sonne herum, blicke ich
Durch einen Schleier von Seufzern und Sorgen
Auf die vergangene Zeit; und die lautlose Zukunft
Enthüllt sich mir nur durch den getrübten Blick
Auf das Gewesene.

Durch das Dach meiner Hütte schaue ich in das All
Und seh' die Gesichter der Menschen;
Ich höre, wie ihre Stimme emporsteigt
Und wie ihr Schritt auf den Steinen verhallt.

Ich fühle die Schwingungen ihres Geistes
Und die Aufdeckung all ihrer Wünsche;
Und spüre ihr klopfendes Herz.

Ich sehe die Kinder springen und laufen,
Wie sie spielen, lachen und weinen;
Und ich betrachte die Jünglinge,
Wie sie stolz auf- und abgehen,
Als wollten sie das Loblied der Jugend anstimmen;
Ihre Augen strahlen wie Sonnen.

Und ich erblicke die Mädchen,
Die sich voll Anmut bewegen
Und schwingen wie zarte Äste.
Sie lächeln wie Blumen und schau'n ihre Freunde
Mit liebevoll zitternden Augen an.

Und ich sehe die Greise
Gebückt und mit langsamen Schritten gehen,
Sie stützen sich auf ihren Stock und blicken zur Erde,
Als suchten sie einen Schatz, der in der Jugend verlorenging.

Ich nehme all diese Trugbilder wahr,
Die in den Straßen und Gassen der Stadt
Sich herumtreiben.

Sodann betrachte ich die Umgebung der Stadt
Und mache mir meine Gedanken
Über die Schönheit und Stille der freien Natur.
Ich betrachte die Hügel, die Täler und Bäume,
Die bunten Blumen, die munteren Bäche
Sowie die Schar der singenden Vögel.

Und hinter dem Festland erstreckt sich
Die See mit all ihren Wundern
Und den Geheimnissen ihrer Tiefe.
Auf ihrer Oberfläche schäumen die Wogen,
Am Grunde aber herrscht Ruhe.

Dann blicke ich über das Meer hinaus
Und sehe den Himmel mit all den glitzernden Sternen,
Mit seinen Sonnen und Monden und den Planeten,
Mit seinen gewaltigen Kräften und zahllosen Atomen.
All das ist zweifellos einem großen Gesetz unterworfen,
Das weder Anfang noch Ende kennt.

Über all diese Dinge denke ich nach —
Und vergesse die Zeit seit meiner Geburt
Und alle Jahre davor sowie die Jahrhunderte,
Die noch kommen.

In diesem Augenblick gleicht mein Sein
Und alles, was mich umgibt,
Dem schwachen Schrei eines Kindes,
Das zitternd in der Tiefe und endlosen Leere
Eines hohen, unbegrenzten Raumes steht.

Dieses Wesen ohne Bedeutung,
Dieses Selbst, welches dasjenige ist,
Dessen Geschrei und Gejammer ich ständig höre,
Erhebt sich nun mit starkem Flügelschlag
Hinan zum grenzenlosen Firmament.
Es streckt die Hand nach allen Richtungen
Und schwingt sich über diesen Tag,
Der es ins Leben brachte und
Den das Leben ihm verlieh.

In meinem tiefsten Innersten
Erhebt sich eine laute Stimme,
Die ruft: »Der Friede sei mit dir, o Leben!
Friede sei mit dir, Erweckung!
Und Friede mit dir, Offenbarung!

Friede sei mit dir, o Tag!
Mit deinem hellen Licht
Vertreibst auf Erden du die Dunkelheit!

Friede sei mit dir, o Nacht!
Die Lichter des Himmels funkeln
Durch deine Finsternis!

Friede mit euch, ihr Jahreszeiten!
Frühling, der Friede sei mit dir!
Du bringst der Erde die Jugend zurück.
Sommer, Friede mit dir!
Du bringst uns Kunde vom Ruhm der Sonne.
Herbst, es sei Friede mit dir!
Du schenkst uns die Früchte der Arbeit
Und bist der Lohn aller Mühen.
Winter, der Friede sei auch mit dir!
Dein Stürmen und Toben bringt der Natur neue Kraft,
Während sie schläft.

Friede mit euch, ihr Jahre!
Nun enthüllt ihr, was bislang verborgen war.
Friede mit euch, ihr Zeiten!
Ihr stellt wieder auf, was ihr einstens zerstörtet.
Friede mit dir, o Leben!
Du geleitest uns zur Erfüllung im Tode.
Friede mit dir, mein Herz!
Du pochst beharrlich weiter,
Auch wenn dich Tränen überschwemmen.
Friede mit euch, ihr Lippen!
Ihr schenkt uns freundliche Worte,
Auch wenn ihr den galligen Apfel
Und die Essigsäure des Lebens schmeckt. —
Und Friede mit dir, o Seele!
Du lenkst unser Leben und unseren Tod,
Während die Sonne dich unseren Blicken entzieht.«

Drittes
Buch

Der Verbrecher

Ein junger Mann von stattlichem Wuchs, jedoch vom Hunger geschwächt, saß am Straßenrand, streckte seine Hand nach Almosen aus und erzählte den Vorübergehenden von der Tragik seines Lebens, von Hunger und Demütigung.

Als die Nacht hereinbrach, waren seine Lippen und seine Zunge trocken und ausgedörrt, seine Hände und sein Magen waren aber immer noch leer.

Er stand auf und ging hinaus vor die Stadt. Dort setzte er sich unter einen Baum und weinte bitterlich. Er richtete seine Augen himmelwärts, und während der Hunger seine Eingeweide beinahe aufzehrte, sprach er: »O Herr, ich ging zu den Reichen hin und bat um Arbeit, doch wegen meiner schäbigen Kleider wandte man sich ab von mir; ich klopfte an die Pforte der Kirche, doch auch da gewährte man mir keinen Trost, weil ich mit leeren Händen kam. Ich wollte jede Gelegenheit ergreifen, um mir mein Brot zu verdienen, aber es war zwecklos. In meiner Verzweiflung fing ich zu betteln an, doch deine Diener sagten bloß: ›Das ist ein fauler Kerl, der sollte lieber arbeiten anstatt nach Almosen zu schielen!‹

O Herr, es ist dein Wille, daß meine Mutter mich gebar und daß mich die Erde dir nun vorzeitig zurückgibt.«

Mit einem Male aber änderte sich sein Gesichtsausdruck. Er stand auf, und seine Augen funkelten vor Entschlossenheit. Er brach einen starken Ast ab, deutete damit auf die Stadt und rief: »Mit der ganzen Kraft meiner Stimme bat ich um Brot, doch man wies mich zurück. Jetzt werde ich es mir mit der Kraft meiner Muskeln holen! Im Namen der Barmherzigkeit und der Liebe flehte ich um Brot, aber die Menschen achteten nicht auf mich. Nun werde ich es mir im Namen des Bösen nehmen!«

In den folgenden Jahren wurde der junge Mann ein Räuber und Mörder, und in seiner Zerstörungswut schmetterte er alle nieder, die sich ihm in den Weg stellten. Er häufte gewaltige Reichtümer an, so daß er sogar auf die Mächtigen des Landes Einfluß gewann. Seine Kumpane bewunderten ihn, und die anderen Diebe waren neidisch, aber die meisten hatten Angst vor ihm.

Sein Reichtum und sein ungerechtfertigtes Ansehen veranlaßten den Fürsten, ihn zum Abgeordneten der Stadt zu ernennen; und dieser Plan wurde auch von den nichtsahnenden Gouverneuren unterstützt. Auf solche Weise wurde der Diebstahl legalisiert und die Erpressung von der Regierung gefördert. Die Unterdrückung der Schwachen wurde öffentlich geduldet, aber die Menschen ergingen sich in schmeichlerischen Lobhudeleien.

So macht die menschliche Selbstsucht aus Anhängern der Demut Verbrecher und aus Kindern des Friedens Mörder; und so erwächst schon früh bei den Menschen der Neid und schlägt tausendfach auf sie zurück!

Hab Erbarmen mit mir, meine Seele!

Weshalb weinst du, meine Seele?
Kennst du nicht meine Schwachheit?
Deine Tränen sind scharf und verletzend,
Und ich bin mir keines Unrechts bewußt.
Wie lange noch willst du weinen?
Ich habe nur meine Worte,
Um deinen Traum zu erklären,
Deinen Wunsch und deinen Befehl.

Blicke auf mich, meine Seele!
Ich habe mein ganzes Leben verbraucht,
Um deinen Lehren zu folgen.
Denke daran, wie ich litt!
Ich war völlig erschöpft,
Als ich dir folgte.

Mein Herz saß ruhmreich auf einem Thron,
Jetzt aber ist es versklavt.
Die Geduld hat mich immer begleitet,
Nun stellt sie sich mir entgegen.
Meine Jugend war meine Hoffnung,
Nun tadelt sie meine Nachlässigkeit.

Warum, meine Seele, forderst du alles von mir?
Ich habe mich selbst gerne verleugnet
Und auf die Freuden des Lebens verzichtet,
Indem ich der Richtung folgte,
Die einzuschlagen du mir befahlst.
Behandle mich recht oder rufe den Tod herbei,
Um mich zu befreien,
Denn die Gerechtigkeit ist ein Teil deines Ruhms.

Hab Erbarmen mit mir, meine Seele!
Du hast mich so sehr mit Liebe beladen,
Bis ich die Last nicht mehr tragen konnte.

Du und die Liebe, ihr seid nicht zu trennen
In eurer Macht. Ich und mein irdisches Sein
Sind aufgrund uns'rer Schwachheit untrennbar.
Wird der Kampf zwischen Starken und Schwachen je enden?

Hab Erbarmen mit mir, meine Seele!
Du hast mir gezeigt, wie das Schicksal
Sich meinem Zugriff entzieht.
Du lebst mit ihm auf dem Gipfel des Berges,
Mein Elend und ich aber
Sind in die Tiefen des Tales verbannt.
Werden sich Berg und Tal je vereinen?

Hab Erbarmen mit mir, meine Seele!
Du hast mir die Schönheit gezeigt,
Sie dann aber vor meinen Augen verborgen.
Du und die Schönheit, ihr lebt im Licht,
Die Verblendung und ich
Sind in der Finsternis aneinandergekettet.
Wird das Licht je über die Dunkelheit siegen?

Die Wonnen schenkst du erst mit dem Ende;
Im Augenblick weidest du dich daran,
Mir einen Vorgeschmack nur zu bieten.
Doch dieser Körper leidet am Leben,
Während er mitten im Leben steht.
Dies, meine Seele, bestürzt mich.

Du treibst in Eile der Ewigkeit zu,
Mein Körper strebt langsam dem Ende entgegen;
Du hast nicht die Absicht, auf ihn zu warten,
Er aber kommt nicht schneller voran.
Dies, meine Seele, betrübt mich.

Du bist imstande, den Himmel zu stürmen,
Die irdische Schwerkraft jedoch
Hält den Körper zurück.
Du spendest ihm keinen Trost,
Und er ist dir deswegen gram.
Dies, meine Seele, verdrießt mich.

Du bist an Weisheit sehr reich,
Mein Körper jedoch ist arm an Verstand.
Du bist nicht auf Ausgleich bedacht,
Und er will dir nicht gehorchen.
Dies, meine Seele, ertrage ich schwer.

In der Stille der Nacht suchst den Geliebten du auf,
Und seine Anwesenheit macht dir Freude.
Dieser Körper jedoch verbleibt stets
Das traurige Opfer von Hoffnung und Trennung.
Dies, meine Seele, ist eine tödliche Qual.
Hab Erbarmen mit mir, meine Seele!

Die Witwe und ihr Sohn

Die Nacht fiel auf den Norden des Libanon und auf die schneebedeckten Dörfer des Kadeesha-Tales. Die Felder und Wiesen glichen einer ausgebreiteten Pergamentrolle, auf der die ungestüme
Natur ihre Taten verzeichnet hatte. Die Menschen strebten ihren
Häusern zu, und die Stille der Nacht umfing sie.

In einem einsamen Haus in der Nähe dieser Dörfer wohnte
eine Frau. Sie saß an der Feuerstelle und spann Wolle. Neben
sich hatte sie ihr einziges Kind, das bald zur Mutter, bald zum
Feuer hinsah.

Ein schrecklicher Donnerschlag ließ plötzlich das Haus erzittern und jagte dem kleinen Knaben Angst ein. Er schlang die
Arme um seine Mutter und suchte an ihrer Brust Schutz von den
Naturgewalten. Die Frau drückte ihn an sich, setzte ihn auf
ihren Schoß und sagte: »Fürchte dich nicht, mein Sohn, die
Natur mißt nur ihre Kraft an der Schwäche des Menschen. Hinter den dichten Schneeflocken, den schweren Wolken und dem
tobenden Wind gibt es ein allerhöchstes Wesen. Es kennt die Bedürfnisse der Erde, denn sie wurde von ihm geschaffen. Mit
Augen voll Mitleid blickt es nun auf die schwachen Menschen.

Sei tapfer, mein Kleiner! Die Natur lächelt im Frühling, im
Sommer lacht sie, und im Herbst gähnt sie vor Müdigkeit; aber
jetzt im Winter weint sie. Und mit ihren Tränen schenkt sie dem
Leben, das sich unter der Erde versteckt, Wasser.

Schlafe, mein liebes Kind! Dein Vater blickt von der Ewigkeit
auf uns herab. Der Schnee und der Donner bringen uns ihm nur
näher.

Schlafe, mein Liebling! Dieses weiße Laken, das uns frieren
läßt, hält die Samen warm, aus denen im Frühling die schönen
Blumen sprießen.

Und ebenso, mein Kind, kann auch der Mensch keine Liebe
ernten, wenn er nicht die Schmerzen der Trennung, die Schwie-
rigkeit der Ausdauer und die Hoffnungslosigkeit der Unterdrückung kennengelernt hat.

Schlafe, mein Sohn! Süße Träume werden deine Seele aufsuchen, und sie wird sich dann vor der dunklen Nacht und der
beißenden Kälte nicht fürchten.«

Schlaftrunken blickte der Knabe die Mutter an und sagte: »Ich bin müde, Mutter, aber ohne Gebet kann ich nicht einschlafen.« Die Frau blickte in das engelgleiche Gesicht ihres Kindes, doch ihre von Tränen getrübten Augen nahmen es wie durch einen Schleier hindurch nur undeutlich wahr. Und sie sagte: »Sprich mir nach, mein Kind! ›O Gott, erbarme dich der Armen, schütze sie vor dem Winter und erwärme sie mit deiner gütigen Hand. Blicke auf die Waisen, die in verfallenen Hütten leben und unter Hunger und Kälte leiden. Vernimm, Herr, die Schreie der hilflosen Witwen, die Angst um ihre Kinder haben, öffne, o Gott, die Herzen der Menschen, auf daß sie das Elend der Schwachen wahrnehmen! Hab Erbarmen mit den Bedürftigen, die an die Tür klopfen und leite die Obdachlosen an einen geschützten Ort! Wache über die kleinen Vögel und beschütze die Bäume und die Äcker vor dem Rasen des Sturms; denn du bist gnädig und voll Liebe.«

Als der Schlummer den Knaben übermannt hatte, legte ihn die Mutter in sein Bett. Mit zitternden Lippen küßte sie ihn auf die Augen. Dann ging sie wieder zurück an die Feuerstelle, setzte sich nieder und spann weiter die Wolle für sein Gewand.

Am Abend des Festes

Die Nacht war hereingebrochen, und Dunkelheit legte sich über die Stadt. In den Palästen, Häusern und Läden wurden die Lichter angezündet, und festlich gekleidete Menschen strömten auf die Straßen; alle schienen in feierlicher und glücklicher Stimmung zu sein. Ich mied die lärmende Menge und hielt mich abseits, denn ich wollte über jenen Mann nachdenken, an dessen Größe und Ansehen heute erinnert wurde; über jenen bedeutenden Geist, der in Armut geboren wurde, in höchster Tugend gelebt hatte und dennoch am Kreuze starb.

Ich sann über die brennende Fackel nach, die in einem ärmlichen syrischen Dorf durch den Heiligen Geist entzündet worden war..., von jenem Heiligen Geist, der über allen Zeiten schwebt und einen Kulturkreis nach dem anderen durchdringt.

Als ich den Stadtpark erreicht hatte, ließ ich mich auf einer Holzbank nieder, blickte zwischen den kahlen Bäumen auf die dicht bevölkerten Straßen und lauschte den Gesängen und Liedern der Feiernden.

Nachdem ich etwa eine Stunde so dagesessen hatte, blickte ich seitwärts und bemerkte zu meiner Überraschung, daß ein Mann neben mir saß. Er hielt einen kleinen Ast in der Hand und zeichnete damit seltsame Figuren auf den Boden. Ich war erschrocken, denn ich hatte ihn nicht kommen sehen, aber als ich mich beruhigt hatte, dachte ich mir: »Er ist genauso einsam wie ich.« Nachdem ich ihn einer gründlichen Betrachtung unterzogen hatte, war mir bewußt, daß er trotz seines altmodischen Gewandes und seines langen Haares ein Mann von großer Würde war, den man gewiß nicht unbeachtet lassen konnte. Offenbar hatte er meine Gedanken erraten, denn er sagte plötzlich mit tiefer, ruhiger Stimme: »Guten Abend, mein Sohn!« »Ich wünsche Euch auch einen guten Abend«, antwortete ich voll Ehrerbietung. Er fuhr fort, weiterzuzeichnen, und während seine sonderbar sanft anmutende Stimme noch in meinen Ohren klang, fragte ich ihn: »Seid Ihr fremd in dieser Stadt?«

»Ja, ich bin ein Fremder, hier und überall«, gab er zurück. Ich versuchte, ihn zu trösten und meinte: »Ein Fremder sollte während dieser Festtage vergessen, daß er nicht hierher gehört, denn jetzt regieren Freundlichkeit und Großzügigkeit die Herzen der Menschen.«

»Ich bin ein Fremder, sowohl an diesen Tagen als auch an allen anderen«, antwortete er müde. Nach diesen Worten blickte er in den klaren Nachthimmel hinauf, seine Augen suchten die Sterne ab und seine Lippen zitterten, als hätte er am Firmament das Bild eines weit entfernten Landes entdeckt. Seine sonderbare Rede erregte meine Neugier, und ich sagte: »An diesen Tagen des Jahres sind die Menschen zu allen anderen sehr freundlich. Die Reichen gedenken der Armen, und die Starken fühlen Mitleid mit den Schwachen.«

Aber er antwortete: »Gewiß, doch das gegenwärtige Erbarmen der Reichen mit den Armen wird mit Bitterkeit empfunden, und die Milde der Starken gegenüber den Schwachen erinnert nur an ihre Überlegenheit.«

»Was Ihr sagt, ist richtig«, stimmte ich zu, »aber der schwache Arme kümmert sich doch nicht darum, was im Herzen des Reichen vor sich geht, und der Hungrige denkt gewiß nicht an die Art und Weise, wie das ersehnte Brot geknetet und gebacken wird.«

Der Mann sprach: »Derjenige, der empfängt, achtet nicht darauf, doch der, welcher gibt, muß darauf bedacht sein, daß seine Tat auch den Eindruck brüderlicher Liebe und freundlichen Beistands hinterläßt und nicht als Selbstzweck erscheint.«

Ich staunte über seine Weisheit und begann, über seine altertümliche Erscheinung und seine sonderbare Kleidung nachzudenken. Schließlich sagte ich: »Es sieht so aus, als bedürftet Ihr der Hilfe. Darf ich Euch etwas Geld anbieten?« Mit traurigem Lächeln antwortete er: »Ich bedarf der Hilfe, aber nicht in Form von Gold oder Silber.«

Verwirrt fragte ich: »Aber was braucht Ihr dann?«

»Ich brauche einen Ort, wo ich mein Haupt hinlegen und meine Gedanken ausruhen lassen kann.«

»Nehmt bitte diese zwei Dinare und sucht die nächste Herberge auf«, bat ich ihn.

Voll Schwermut sagte er: »Ich habe es in jeder Herberge versucht und klopfte an jede Tür, doch es war umsonst. Ich betrat jeden Laden, doch niemand wollte mir helfen. Ich bin nicht hungrig, aber verletzt; ich bin nicht müde, doch sehr enttäuscht; und ich suche kein Obdach, sondern menschlichen Schutz.«

Da dachte ich: »Was für ein merkwürdiger Mensch er doch ist! Einmal spricht er wie ein Weiser und gleich darauf wie ein Narr.« Als ob er meine Gedanken gelesen hätte, blickte er mich lange an und sagte dann traurig: »Ja, ich bin ein Narr, doch auch ein Narr fühlt sich ohne Schutz als Fremdling und ohne Speise als ein Hungernder; aber die Herzen der Menschen sind leer.«

»Ich bitte um Verzeihung wegen meiner dummen Gedanken«, sagte ich. »Möchtet Ihr meine Gastfreundschaft annehmen und Zuflucht in meinem Hause suchen?«

»Ich klopfte tausendmal auch an deine Tür so wie an all die anderen, doch niemand öffnete mir«, erwiderte er ernst.

Nun war ich überzeugt, daß er verrückt war, und ich schlug vor: »Laßt uns jetzt zu meinem Haus gehen!«

Langsam hob er den Kopf und sprach: »Wenn du wüßtest, wer ich bin, würdest du mich nicht einladen.«

»Wer seid Ihr denn?« fragte ich ängstlich.

Und mit einer Stimme, die wie das Brausen der Meereswogen tönte, rief er schmerzlich: »Ich bin der Aufruhr, der alles zerstört, was die Völker aufgebaut haben... Ich bin der Sturm, der das, was im Lauf der Zeiten gewachsen ist, entwurzelt... Ich bin derjenige, der kam, um auf Erden den Krieg an die Stelle des Friedens zu setzen, denn der Mensch ist nur im Unglück zufrieden!« Tränen liefen über seine Wangen, als er sich erhob und plötzlich im Licht verklärt dastand. Er streckte seine Arme aus, und ich sah die Male von Nägeln an den Innenflächen seiner Hände. Zitternd warf ich mich vor ihm nieder und rief: »Du bist Jesus, der Nazarener!« Und er sprach: »Die Menschen feiern mir zu Ehren und sie folgen der Überlieferung, welche die Zeit an meinen Namen gehängt hat. Jedoch ich selbst bin ein Fremder, der auf Erden von Osten nach Westen wandert und von keinem erkannt wird. Die Füchse haben ihre Höhlen und die Vögel ihre Nester, aber der Menschensohn hat keinen Platz, auf den er sein Haupt legen könnte.«

In diesem Augenblick öffnete ich meine Augen und schaute um mich, doch ich nahm nichts wahr außer einer Rauchsäule neben mir; und ich hörte nur die zitternde Stimme der Nacht, die aus den Tiefen der Ewigkeit kam. Ich faßte mich und blickte wieder auf die singende Menschenschar in der Ferne, und eine Stimme in mir sprach: »Die Kraft, die das Herz vor dem Unrecht bewahrt, ist die gleiche, die es daran hindert, zu seiner vorgesehenen Größe heranzuwachsen. Der Gesang der Stimme ist Wohllaut, doch der Gesang des Herzens ist die reine Stimme des Himmels.«

Das Lied der Woge

Mein Geliebter ist das Gestade,
Und ich bin das Glück seines Herzens.
Wenn wir endlich in Liebe vereint sind,
Zieht mich der Mond von ihm fort.
Erneut eile ich rasch auf ihn zu
Und weiche zögernd zurück;
Oft rufe ich lebe wohl!

Schnell schleiche ich mich von ferne heran
Und bedecke mit silbernem Schaum
Seinen goldenen Sand.
Und glitzernd verschmelzen wir ineinander.

Ich stille den Durst ihm
Und überschwemme sein Herz,
Er beruhigt meine Stimme,
Und macht mich sanft und weich.
Des Morgens flüst're ich ihm
Worte der Liebe ins Ohr
Und er umarmt mich voll Sehnsucht.

Am Abend singe ich ihm das Lied
Der Hoffnung vor und drücke sanfte Küsse
Auf sein Gesicht.
Ich bin in Eile und voller Furcht,
Er ist geduldig, ruhig und besonnen,
Und seine Brust besänftigt die Unrast in mir.
Und wenn die Flut naht, umarmen wir uns,
Weicht sie zurück, falle ich ihm
Anbetend zu Füßen.

Steigen die Meerjungfrau'n aus der Tiefe empor,
Umtanze und wiege ich sie,
Wenn sie die Sterne betrachten.
Oft höre ich auch den Klagen der Liebenden zu
Und unterstütze dann ihre Seufzer.

Ich necke die großen Felsen und lächle sie an,
Doch niemals erhielt ich ein Lächeln zurück.
Oft muß ich die sinkenden Seelen heben
Und lege sie zärtlich in des Geliebten Arme.
Er gibt ihnen Kraft in dem Maße
Wie er die meine mir nimmt.

Aus der Tiefe hole ich Perlen herauf
Und schenke sie dem Geliebten.
In Ruhe nimmt er sie an
Und heißt mich immer willkommen.

Ich erhebe mich in der dunklen Nacht,
Wenn alle Geschöpfe den Schlummer suchen,
Und mein Gesang löst meine Seufzer ab,
Denn wach bin ich stets.

O weh, Schlaflosigkeit hat mich entkräftet!
Ich bin aber ein Liebender,
Und die Wahrheit der Liebe ist stark:
Ich mag ermüden, doch sterben werde ich nie.

Iram, die Stadt der Hohen Säulen

Vorbemerkung von Martin L. Wolf

»Hast du nicht gesehen,
Wie dein Herr mit Ad, dem Volke von Iram verfuhr,
Wo Säulen waren, dergleichen es
Im ganzen Lande nirgends gab?«
Koran; aus der 89. Sure

Häufig werden im Koran der Stamm Ad und sein Prophet Hud genannt, und die Erzählungen über sie gehören zu den Überlieferungen Altarabiens. Ad*, welcher dem Stamm seinen Namen gab, lebte in der vierten Generation nach Noah. Er war der Sohn des Aus, der wiederum der Sohn des Aram und dieser der Sohn von Noahs erstem Sohn Sem.

Der Stamm Ad besiedelte einen großen Teil Südarabiens, der sich von Oman an der Mündung des Persischen Golfs bis nach Hadramaut und den Yemen am südlichen Ende des Roten Meeres hinzieht. Das langgestreckte Tal des Sandes, ›Al-Ahkaf‹, das in seinem Herrschaftsgebiet lag, wurde durch Kanäle bewässert.

Die Menschen dieses Stammes waren von mächtiger Statur und galten als hervorragende Baumeister und Maurer. Und wie so oft entstammte auch ihr enormer Fortschritt der Suche nach dem wahren Gott. Die Anführer aber quälten das Volk und unterdrückten es mit aller Härte.

Eine dreijährige Hungersnot brach über den Stamm herein, doch die Warnung wurde nicht beachtet, bis schließlich eine furchtbare Dürreperiode die gesamte Bevölkerung und alle ihre kulturellen Errungenschaften vernichtete. Die wenigen Überlebenden gründeten einen neuen Stamm, der als der Zweite Ad oder Thamud bekannt wurde, doch auch ihm widerfuhr — vermutlich wegen der Sünden seiner Angehörigen — ein ähnliches Schicksal.

---

* Die Geschichte des Stammes Ad und seines Propheten Hud findet sich in der 7., 11. und 46. Sure des Koran. Anm. d. Übs.

In Hadramaut kann heute noch das Grab des Propheten Hud besichtigt werden. Es liegt auf dem 16. nördlichen Breitengrad und dem Grad 49,5 östlicher Länge, etwa 90 Meilen nördlich von Mukalla. In der Umgebung findet man eine Unzahl von Ruinen und Inschriften, und alljährlich findet im Monat Rajab eine Pilgerfahrt nach diesem Orte statt.

Es scheint, daß Iram die alte Hauptstadt des Ad-Stammes in Südarabien gewesen ist und auf seine hochragenden Bauten besonders stolz war. Im Gegensatz dazu meinen einige Archäologen und Historiker, Iram sei der Name eines Helden von Ad. Wenn das stimmt, dann weisen die im Koran genannten ›hohen Säulen‹ nicht auf Bauwerke hin, sondern auf das Volk selbst, das ja groß gewachsen war.

Für viele Araber ist diese Gegend, die oft auch Arabia Felix genannt wird, von großem Interesse hinsichtlich Religion und Volkswirtschaft, denn an ihren zahlreichen antiken Fundstätten wurden viele Gegenstände von historischer, religiöser und monetärer Bedeutung ausgegraben. Es wurde ein Lager wertvoller Steine aus der Muawiya-Zeit entdeckt, und erst kürzlich kamen in Najram goldene, silberne und bronzene Teile von Statuen mit sabäischen Inschriften ans Tageslicht. Detaillierte Beschreibungen finden sich in der Vierteljahresschrift des Britischen Museums, Ausgabe 4, September 1937.

Die Quelle für die stammesgeschichtliche Entwicklung und die geographischen Verhältnisse ist der Koran. Vermutlich basiert Kahlil Gibrans Theaterstück ›Iram, die Stadt der Hohen Säulen‹ auf diesen Informationen oder auf einem ähnlichen östlichen Mythos, der sich auf das folgende kurze arabische Märchen bezieht:

»Als Shaddad, der Sohn des Ad, der Große Beherrscher der Welt wurde, erteilte er tausend Fürsten den Befehl, ein großes Land mit klarem Wasser und reiner Luft für ihn ausfindig zu machen; dort wollte er, weitab von den Bergen, eine goldene Stadt erbauen lassen. Die Fürsten suchten die ganze Welt nach solch einem Lande ab, und jeder hatte noch tausend Männer bei sich.

Und nachdem das Land gefunden war, errichteten die Baumeister und Maurer dort eine quadratische Stadt von 40 × 40 Meilen. Sie umgaben sie mit einer gewaltigen Mauer aus Onyx und verkleideten sie mit Gold, das die Augen blendete, sobald die Sonne darauf schien.

König Shaddar schickte seine Leute in alle Gegenden der Welt mit dem Befehl, nach Gold zu graben, welches dann als Bindung für die Ziegelsteine verwendet werden sollte. Innerhalb der Stadtmauern ließ er hunderttausend Paläste für die hunderttausend Beamten seines Reiches errichten. Jeder Palast stand auf goldverzierten Chrysolit- und Rubinsäulen, und jede Säule ragte hundert Ellen hoch in den Himmel. Die Flüsse wurden durch die Stadt geleitet, und ihre Nebenarme flossen durch die Paläste. Die Straßen der Stadt waren mit Gold und Edelsteinen gepflastert und die Paläste mit Gold und Silber reich geschmückt. Entlang des Flußufers wurden Bäume gepflanzt, deren Zweige aus Gold bestanden, und ihre Blätter waren aus Silber und die Früchte aus Onyx und Perlen gemacht. Die Mauern der Paläste wurden mit Moschus und Ambra besprüht.

Für sich selbst ließ König Shaddad einen Garten anlegen, dessen Bäume aus Smaragden und Rubinen angefertigt waren und auf deren Ästen Vögel aus reinem Gold saßen.«

DAS THEATERSTÜCK

Iram, die Stadt der hohen Säulen

Ort der Handlung: Ein kleiner Wald mit Walnußbäumen, Granatapfelbäumen und Pappeln. In diesem Hain, der zwischen dem Orantesfluß und dem Dorfe Hermil liegt, steht an einer Lichtung ein altes, einsames Haus.

Zeit der Handlung: Spätnachmittag eines Julitages im Jahr 1883.

Personen der Handlung:

Zain Abedeen von Nahawand, 40, ein persischer Derwisch und Mystiker.

Najeeb Rahmé, 30, ein libanesischer Gelehrter.

Die Göttliche Amena, unbekannten Alters, Seherin und Mysterikerin; in dieser Gegend nennt man sie die Paradiesjungfrau des Tales.

Der Vorhang öffnet sich, und man sieht Zain Abedeen unter einem Baum sitzen. Er hat seinen Kopf in die linke Hand gestützt und mit seinem langen Wanderstab malt er kreisförmige Gebilde auf den Boden. Kurz darauf erscheint Najeeb Rahmé auf einem Pferd. Er steigt ab, windet die Zügel um einen Baumstamm, klopft sich den Staub aus den Kleidern und geht auf Zain Abedeen zu.

NAJEEB: Friede sei mit Euch, mein Herr!

ZAIN: Friede sei auch mit Euch! (*Er dreht sich seitwärts und flüstert):* Den Frieden nehmen wir an... aber diesen Rang? Das ist etwas anderes.

NAJEEB: Ist dies die Wohnstätte der Göttlichen Amena?

ZAIN: Es ist nur eine ihrer zahlreichen Wohnungen. Sie lebt in keiner und weilt dennoch in jeder.

NAJEEB: Ich habe viel herumgefragt, doch niemand sagte mir, daß die Göttliche Amena viele Wohnungen besitzt.

ZAIN: Das beweist, daß Eure Informanten Leute sind, die nur mit den Augen sehen und nur mit den Ohren hören können. Die Göttliche Amena lebt überall (*er deutet mit seinem Stab nach Osten)* und braust über die Hügel und durch die Täler.

NAJEEB: Wird sie heute hierher zurückkommen?

ZAIN: Wenn der Himmel es so will..., ja.

NAJEEB: *(Setzt sich vor Zain nieder und betrachtet ihn):* Eurer Barttracht nach seid Ihr ein Perser.

ZAIN: Richtig. Ich wurde in Nahawand geboren, wuchs in Sheezar auf und wurde in Nisabour erzogen. Ich bereiste die Welt von Ost nach West, doch ich kehrte wieder zurück, denn — wohin ich auch kam — überall fühlte ich mich als Fremder.

NAJEEB: Wir sind uns oft selbst fremd.

ZAIN: *(Achtet nicht auf Najeebs Äußerung):* Wahrlich, ich bin Tausenden von Menschen begegnet und sprach mit ihnen, doch ich konnte nur solche finden, die mit ihrer engsten Umgebung zufrieden sind und sich auf ihren kleinen Lebensraum beschränken, weil dies das einzige in der weiten Welt für sie darstellt, was sie sehen und kennen.

NAJEEB: *(Von Zains Worten verwirrt):* Zieht es den Menschen nicht von Natur aus an den Ort seiner Geburt hin?

ZAIN: Wenn jemand im Herzen und im Geist beschränkt ist, neigt er dazu, das zu lieben, was auch im Leben eingegrenzt ist, und wenn einer schlechte Augen hat, kann er auf dem beschrittenen Pfad nicht weiter als eine Elle sehen, und nicht mehr als eine Elle von jener Wand, an der er sich ausruht.

NAJEEB: Nicht jeder von uns ist befähigt, mit dem inneren Auge in die Tiefen des Lebens zu blicken, und es wäre grausam zu verlangen, daß jemand mit schlechten Augen das erkennt, was im Zwielicht liegt oder weit entfernt ist.

ZAIN: Ihr habt recht, aber ist es nicht ebenso grausam, wenn man aus unreifen Trauben Wein preßt?

NAJEEB: *(Nach einer kurzen Weile des Nachdenkens):* Viele Jahre lang hörte ich über die Göttliche Amena erzählen. Diese Berichte beeindruckten mich so nachhaltig, daß ich mich entschloß, sie aufzusuchen und nach ihren Geheimnissen und Wundern zu befragen.

ZAIN: Kein Mensch auf dieser Welt ist imstande, sich die Geheimnisse der Göttlichen Amena anzueignen, genausowenig wie es jemand fertigbringt, auf dem Meeresgrund wie in einem Garten spazierenzugehen.

NAJEEB: Ich bitte um Vergebung, mein Herr, offenbar habe ich meine Absicht nicht ganz klar ausgedrückt. Ich weiß, daß ich nicht in den Besitz der unerforschlichen Geheimnisse der Göttlichen Amena gelangen kann. Meine vornehmliche Hoffnung ist nur, von ihr zu erfahren, wie sie nach Iram, der Stadt der Hohen Säulen gelangte, und was sie in dieser Goldenen Stadt vorgefunden hat.

ZAIN: Ihr müßt bloß voll Aufrichtigkeit vor dem Tor ihres Traumes stehen. Öffnet es sich, werdet Ihr Euer Ziel erreichen; bleibt es verschlossen, so müßt Ihr Euren Mißerfolg Euch selbst zuschreiben.

NAJEEB: Euren seltsamen Worten vermag ich nicht zu folgen.

ZAIN: Sie sind aber ganz einfach... einfach im Vergleich zu dem, was Ihr vorhabt. Die Göttliche Amena weiß mehr über die Menschen, als diese von sich selbst wissen, und mit einem Blick kann sie das erfassen, was in ihnen verborgen liegt. Erachtet sie Euch für würdig, wird sie glücklich sein, sich mit Euch zu unterhalten; dann wird sie Euch den rechten Weg zum Licht weisen.

Anderenfalls wird sie Euch gar nicht wahrnehmen, so als gäbe es Euch überhaupt nicht.

NAJEEB: Was soll ich denn tun oder sagen, um mich als würdig zu erweisen?

ZAIN: Es ist völlig sinnlos, sich der Göttlichen Amena nur mit Worten oder Taten zu nähern, da sie weder hinsieht noch zuhört. Aber durch das Ohr ihrer Seele wird sie vernehmen, was Ihr nicht sagt, und durch das Auge ihrer Seele wird sie das sehen, was Ihr nicht tut.

NAJEEB: Wie weise und schön sind Eure Worte!

ZAIN: Würde ich ein Jahrhundert lang über die Göttliche Amena sprechen, so wäre alles, was ich sagte, dem Gestammel eines Stummen gleichzusetzen, falls er versuchen würde, ein Lied auf die Schönheit zu singen.

NAJEEB: Wißt Ihr, wo diese sonderbare Frau geboren wurde?

ZAIN: Ihr Leib kam in der Gegend von Damaskus zur Welt, doch alles andere, das mehr ist als der Körper hier auf Erden, entstammt Gottes Schoß.

NAJEEB: Was weiß man über ihre Eltern?

ZAIN: Ist das von Bedeutung? Kann man einen Stoff gründlich erforschen, wenn man nur seine Oberfläche begutachtet? Kann man etwas über den Geschmack des Weines sagen, wenn man nur auf den Krug blickt?

NAJEEB: Was Ihr sagt, stimmt. Und dennoch muß es ein Band zwischen Geist und Körper geben, genauso wie eine Verbindung zwischen dem Körper und seiner unmittelbaren Umgebung existiert. Da ich nicht an Zufall glaube, meine ich, daß die Kenntnis über die Herkunft der Göttlichen Amena für mich wertvoll wäre, wenn ich dem Geheimnis ihres Lebens nachgehen möchte.

ZAIN: Gut gesprochen! Was ihre Mutter betrifft, so weiß ich nur, daß sie bei der Geburt Amenas, ihres einzigen Kindes, starb. Ihr Vater war Scheich Abdul Ghany, jener berühmte blinde Seher, den man wie eine Gottheit verehrte und der zu seiner Zeit als Hoherpriester der Mystik galt. Möge Gott seiner Seele gnädig sein! Er liebte seine Tochter über alles, er ließ ihr eine sorgfältige Erziehung angedeihen und legte das, was er im Herzen trug, in das ihre. Und als sie heranwuchs, war es sein Wunsch, daß sie all sein Wissen und seine Kenntnisse übernahm. In Wirklichkeit war sein Wissen gering im Vergleich zu dem, was Gott Amena bereits verliehen hatte. Und über seine Tochter sagte er: »Aus dem Schmerz meiner Finsternis trat ein großes Licht, das meinen Lebensweg erhellte.« Als Amena dreiundzwanzig Jahre alt war, nahm ihr Vater sie auf eine Pilgerreise mit. Nachdem sie Damaskus verlassen hatten und die Lichter der Stadt verschwunden waren, gelangten sie in die Wüste. Dort wurde der blinde Vater von einer fiebrigen Krankheit heimgesucht, und bald darauf starb er. Amena übergab ihn der Erde und wachte an seinem Grabe sieben Tage und sieben Nächte. Sie rief seinen Geist und versuchte, in die verborgenen Geheimnisse seiner Seele einzudringen. In der siebenten Nacht entließ sie der Geist des Vaters von der Totenwache und trug ihr auf, nach Südosten zu reisen, was sie daraufhin auch tat. *(Zain unterbricht seine Rede, starrt auf den weit entfernten Horizont und spricht nach einer Weile):* Sie setzte die Reise fort und kämpfte sich durch, bis sie am Mittelpunkt der Wüste ankam, der Rabh el Khali genannt wird. Meines Wissens ist noch nie eine Karawane dorthin gekommen; nur in der Frühzeit des Islam sollen einige Wanderer diesen Ort erreicht haben. Die Pilger dachten, Amena habe sich verirrt, und trauerten um sie, als wäre sie Hungers gestorben; und bei ihrer Rückkehr nach Damaskus berichteten sie den Einwohnern von der Tragödie. Alle, die Scheich Abdul Ghany und seine wundersame Tochter gekannt hatten, weinten um sie, doch mit der Zeit gerieten sie in Vergessenheit. Fünf Jahre später tauchte die Göttliche Amena plötzlich in Musil auf, und ihre übernatürliche Weisheit, ihre Kenntnisse und ihre Schönheit versetzten die Menschen in Begeisterung wie silberne Sternschnuppen, die vom nächtlichen Himmel fallen.

NAJEEB: *(Unterbricht, obwohl er offensichtlich von Zains Erzählung gefesselt ist):* Hat sich Amena dem Volk zu erkennen gegeben?

ZAIN: Sie verbarg nichts, was ihre Person betraf. Ohne Schleier stellte sie sich vor die Priester und Schriftgelehrten hin und redete von den göttlichen und unsterblichen Dingen. Sie beschrieb die Stadt der Hohen Säulen mit solch einer Beredsamkeit, daß ihre Zuhörer überrascht und gebannt waren, und mit jedem Tag wuchs die Zahl ihrer Anhänger.

Die Weisen in der Stadt wurden neidisch und beschwerten sich beim Fürsten, der Amena daraufhin zu sich befahl. Als sie erschien, bot er ihr einen Sack voll Gold unter der Bedingung, Musil zu verlassen. Amena aber weigerte sich, das Gold anzunehmen, ging jedoch unter dem Schutz der Nacht aus der Stadt. Sie reiste nach Konstantinopel, Damaskus, Homs und Tripolis, und in jeder Stadt brachte sie Licht in die Herzen der Menschen, die sich — angezogen von ihrer wundersamen Kraft — in Scharen um sie versammelten. Jedoch die Priesterschaft widersetzte sich überall, und stets war die Verbannung Amenas Los.

Vor einigen Jahren endlich, beschloß sie, ein Leben in Abgeschiedenheit zu führen und gelangte hierher an diesen Ort. Sie versagte sich alles, nur nicht ihre Liebe zu Gott und ihre Gedanken um seine Geheimnisse.

Dies ist nur ein kurzer Abriß der Geschichte der Göttlichen Amena. Aber die Segenskraft, die mir Gott verlieh, um etwas von ihrem vollkommenen Wesen zu verstehen, ist die gleiche Kraft, die mich durch ihre überwältigende Berauschung außerstand setzt, die Wundertaten der Göttlichen Amena mit irdischen Worten zu beschreiben.

Welches menschliche Geschöpf wäre fähig, die gesamte Wahrheit, welche diese Welt in vielen Gefäßen umgibt, in einem einzigen Kelch aufzufangen?

NAJEEB: Ich danke Euch, mein Herr, für dieses fesselnde und aufschlußreiche Gespräch. Mein Verlangen, die Göttliche Amena zu sehen, ist nun größer als je zuvor!

ZAIN: *(Blickt Najeeb durchdringend an):* Ihr seid ein Christ, nicht wahr?

NAJEEB: Ja, ich wurde als Christ geboren. Doch bei aller Hochachtung vor meinen Ahnen, die mir ihre Religion ebenso wie ihren Namen vererbten, muß ich hinzusetzen, daß bei Abschaffung der verschiedenen Religionen wir uns vereinen und uns dann eines gemeinsamen Glaubens und eines Bekenntnisses erfreuen könnten.

ZAIN: Ihr sprecht sehr weise; aber über einen gemeinsamen Glauben weiß niemand besser Bescheid als die Göttliche Amena. Sie ist im Hinblick auf alle Glaubensrichtungen und Überlieferungen wie der Morgentau, der vom Himmel herabfällt und zu glitzernden Perlen auf den bunten Blättern *aller* Blumen wird. Ja,... sie ist wie der Morgentau...

(Hier hält Zain inne, blickt nach Osten hin und lauscht. Dann erhebt er sich, bedeutet Najeeb, wachsam zu sein und flüstert): Die Göttliche Amena naht! Möge das Glück mit Euch sein!

NAJEEB: *(Flüstert ebenfalls):* Die lange Zeit der Sorge wird bald belohnt werden! *(Er legt die Hand auf die Stirn, als wolle er seine flatternden Nerven beruhigen. Er spürt eine Veränderung innerhalb der gegenwärtigen Situation und denkt an Zains Worte über ein mögliches Versagen. Sein Ausdruck wandelt sich von Vorfreude zu tiefer Beunruhigung, doch er verharrt bewegungslos wie eine Marmorstatue.)*

(Die Göttliche Amena tritt auf und steht vor den beiden Männern. Sie ist in ein langes seidenes Gewand gehüllt, und infolge ihrer Erscheinung, ihrer Bewegungen und ihrer Kleidung sieht sie mehr wie eine Göttin aus vergangenen Zeiten als eine Orientalin der Gegenwart aus. Es ist unmöglich, ihr Alter auch nur annähernd zu bestimmen, denn ihr Gesicht verrät es nicht, obwohl es jugendlich wirkt; in ihren Augen jedoch liegen Jahrtausende an Weisheit und Leiden. Najeeb und Zain verharren bewegungslos wie in der Anwesenheit eines göttlichen Propheten.)

AMENA: *(Blickt Najeeb mit ihren wunderbaren Augen durchdringend an, und mit selbstbewußter Stimme spricht sie):* Ihr seid hier, um etwas über mich in Erfahrung zu bringen, doch werdet Ihr nicht mehr über mich erfahren als über Euch selbst, und Ihr werdet nur das zu hören bekommen, was Ihr von Euch selbst hört.

NAJEEB: *(Verwirrt, nervös und ängstlich):* Ich habe bereits gesehen, gehört und geglaubt... Ich bin zufriedengestellt.

AMENA: Gebt euch nicht mit Stückwerk ab, denn wer den Frühling des Lebens in einen leeren Krug schüttet, wird mit zwei gefüllten Krügen weggehen. *(Amena streckt die Hand nach ihm aus: er ergreift sie ehrerbietig und küßt ihre Fingerspitzen. Ein starkes, ihm bislang unbekanntes Gefühl drängt ihn dazu. Nun reicht Amena ihre andere Hand dem Zain Abedeen, der sie ebenfalls küßt. Najeeb scheint glücklich zu sein, die Anstandsregeln als erster korrekt befolgt zu haben. Langsam entzieht Amena sich ihnen wieder.)*

AMENA: *(Läßt sich auf einem glatten Felsen nieder und spricht zu Najeeb):* Dies sind die Sitze Gottes. Nehmt Platz. *(Najeeb läßt sich an ihrer Seite nieder, Zain ebenfalls. Amena fährt fort, mit Najeeb zu sprechen):* In Euren Augen sehe ich das wahre Licht Gottes, und wer auf dieses Licht blickt, wird in mir die innere Wirklichkeit wahrnehmen. Ihr seid aufrichtig und liebt die Wahrheit, und deshalb wünscht Ihr mehr über sie zu erfahren. Wenn Ihr etwas zu sagen habt, so tut es, und ich werde aufmerksam zuhören, und wenn Euch im Herzen eine Frage bewegt, so fragt, und ich werde Euch der Wahrheit gemäß antworten.

NAJEEB: Ich kam hierher, um nach etwas zu fragen, was die Gemüter der Menschen schon lange bewegt. Sobald ich mich aber in Eurer Gegenwart wiederfand, erkannte ich, wie unendlich groß die Bedeutung Gottes, des Lebens und der Wahrheit ist, und nun erscheint mir alles andere unwichtig. Ich fühle mich wie der Fischer, der sein Netz ins Meer wirft und hofft, für einen Tag seinen Lebensunterhalt herauszuholen, doch wenn er es einholt, findet er eine Menge unvergänglicher Edelsteine darin.

AMENA: Ich sehe in Eurem Herzen, daß Ihr von meinem Aufenthalt in Iram, der Stadt der Hohen Säulen, gehört habt, und daß Ihr jetzt mehr über die Goldene Stadt hören wollt.

NAJEEB: *(Beschämt, aber sehr wißbegierig):* Ja, seit meiner Kindheit hält der Name Iram meine Träume gefangen. Seine geheimnisvolle und außerordentliche Bedeutung bewegt mein Herz und meine Gedanken.

AMENA: *(Hebt ihr Haupt und schließt die Augen, und mit einer Stimme, die aus den Tiefen des Alls zu kommen scheint, spricht sie feierlich):* Ja, ich war in der Goldenen Stadt und lebte dort; und sie erfüllte meine Seele mit ihrem Duft, mein Herz mit ihren Geheimnissen und meine Taschen mit ihren Perlen und Edelsteinen. Meine Ohren waren voll von ihrer Musik und meine Augen erfüllt von ihrer Schönheit. Und wer das, was ich dort gesehen, gehört und gefunden habe, anzweifelt, zweifelt an sich selbst vor Gott und den Menschen.

NAJEEB: *(Langsam, stockend und demütig):* Ich bin nur ein stammelndes Kind, das sich nicht auszudrücken vermag. Wollt Ihr so freundlich sein und mir Näheres berichten und mir meine Fragen verzeihen?

AMENA: Fragt, was Euch in den Sinn kommt, denn Gott hat viele Türen geschaffen, die zur Wahrheit führen; und er öffnet sie allen, die mit gläubiger Hand anklopfen.

NAJEEB: Weiltet Ihr in Iram, der Stadt der Hohen Säulen, körperlich oder geistig? Besteht diese Goldene Stadt aus den glitzernden Elementen dieser Welt und wurde an einem bestimmten Ort der Erde aufgebaut, oder ist sie eine Stadt der Phantasie und des Geistes, die nur von göttlichen Propheten im Zustand der Entrückung betreten werden kann, sobald die Vorsehung den Schleier der Ewigkeit über ihre Seele breitet?

AMENA: Alles auf Erden, Sichtbares oder Unsichtbares, besteht nur aus Geist. Ich betrat die Goldene Stadt mit meinem Körper, der aber nur der irdische Ausdruck meines höheren geistigen Wesens und — wie bei allen Menschen — eine Kammer mit zeitlicher Begrenzung ist, um den Geist sicher einzuschließen. Ich betrat Iram mit meinem Körper, der meinen Geist birgt, denn beide sind auf Erden stets gegenwärtig; und derjenige, der bestrebt ist, den Körper vom Geist oder den Geist vom Körper zu trennen, lenkt sein Herz von der Wahrheit weg. Die Blume und ihr Duft gehören zusammen; und der Blinde, der Farbe und Bild einer Blume ableugnet, weil er glaubt, daß sie nur einen die Luft durchziehenden Geruch besitzt, gleicht denen, deren Nasenlöcher verstopft sind und deshalb glauben, die Blumen seien nur Bilder und Farben und besäßen keinen Duft.

NAJEEB: Dann ist also Iram, die Stadt der Hohen Säulen, nur ein Ort des Geistes?

AMENA: *(Mit Nachsicht):* Zeit und Raum sind geistige Gegebenheiten, und alles, was man sehen und hören kann, ist geistig. Wenn Ihr Eure Augen schließt, werdet Ihr alles durch die Tiefen Eures inneren Wesens erkennen und könnt die stoffliche und die geistige Welt in ihrer festgelegten Ganzheit wahrnehmen. Ihr werdet Euch mit ihren unerläßlichen Gesetzen und Vorschriften vertraut machen und die Großartigkeit verstehen, die sie jenseits ihrer Grenzen besitzt. Ja... wenn Ihr Eure Augen schließt und Euer Herz und Eure Aufnahmefähigkeit erweitert, dann könnt Ihr den Anfang und das Ende des Seins entdecken... jenen Anfang, der zu seinem Ende führt, und jenes Ende, das gewiß wieder ein Anfang werden muß.

NAJEEB: Ist ein jeder Mensch in der Lage, durch Schließen der Augen die nackte Wahrheit des Lebens und Seins zu sehen?

AMENA: Gott ermächtigte den Menschen zu hoffen, und zwar so inbrünstig zu hoffen, bis das, worauf er hofft, den Mantel des Vergessens von seinen Augen wegzieht und ihm ermöglicht, sein wahres Selbst zu entdecken. Und wer sein wahres Selbst sehen kann, erkennt auch die Wahrheit des wirklichen Lebens in bezug auf das, was ihn selbst, die ganze Menschheit und alles andere betrifft.

NAJEEB: *(Legt beide Hände auf die Brust):* Dann existiert also alles, was ich in diesem Universum sehen, hören, berühren und bedenken kann, genau hier — in meinem eigenen Herzen!

AMENA: Alles in diesem unendlichen Universum lebt in Euch, mit Euch und für Euch.

NAJEEB: So kann ich wahrheitsgemäß sagen, daß Iram, die Stadt der Hohen Säulen, nicht weit weg in der Ferne liegt, sondern daß sie in *mir* zu finden ist, in mir, jenem Wesen, das als Najeeb Rahmé lebt!

AMENA: Jedes Ding dieser Schöpfung lebt in Euch, und alles, was in Euch ist, lebt in der Schöpfung. Es gibt keine Grenze zwischen Euch und den nächsten Dingen und keine Entfernung zwischen Euch und dem, was weit weg liegt. Und alles, vom Niedrigsten bis zum Höchsten, vom Kleinsten bis zum Größten, besitzt den gleichen Rang in Euch. In einem einzigen Atom finden sich alle Elemente der Erde, in einer Regung des Verstandes der Lauf aller Lebensgesetze. — Ein Tropfen Wasser trägt die Geheimnisse des unendlichen Ozeans in sich, und in einem Teil von Euch findet Ihr alle Bestandteile des Seins.

NAJEEB: *(Überwältigt von der ungeheuren Thematik der irdischen Materie, nach einer kurzen Pause, während der er sich gestattet, das eben Gehörte zu verarbeiten):* Man erzählte mir, daß Ihr viele Tage gereist seid, ehe Ihr die Mitte der Wüste, Rabh el Khali, erreichtet, und daß Euch der Geist Eures Vaters erschien und Eure Wege lenkte, bis Ihr zur Goldenen Stadt kamt. Wenn nun jemand ebenfalls in diese Stadt reisen möchte, muß er dann in derselben geistigen Verfassung sein wie Ihr zur damaligen Zeit, und ist es erforderlich, Euer Wissen zu besitzen, um in diesen himmlischen Ort eingelassen zu werden?

AMENA: Bevor ich die Mauern der Goldenen Stadt erblickte, durchquerte ich die Wüste und litt Hunger und Durst. Ich fürchtete mich vor dem Tag und hatte Angst vor der Nacht und der schrecklichen Stille der Ewigkeit. Doch es gibt viele, die vor mir die Stadt Gottes erreichten, ohne einen Schritt gegangen zu sein, und sie ergötzten sich an ihrer Schönheit und ihrem Glanz, ohne Körper oder Geist belastet zu haben. Wahrlich, ich sage Euch, viele haben die heilige Stadt besucht, obgleich sie den Ort ihrer Geburt nie verließen. *(Die Göttliche Amena hält einen Augenblick inne. Dann deutet sie auf die Bäume und Blumen um sich herum und fährt fort):* Bei jedem Saatkorn, das der Herbst in das Herz der Erde legt, gibt es eine andere Art, die Hülse vom Mark zu trennen; dann wachsen die Blätter, danach die Blüten und schließlich die Früchte. Doch abgesehen von der Art, wie dies stattfindet, müssen die Pflanzen eine einmalige Pilgerfahrt auf sich nehmen, und ihre große Aufgabe liegt darin, vor dem Angesicht der Sonne zu bestehen.

ZAIN: *(Geht beschwingt auf und ab; durch die Worte Amenas fühlt er sich in eine andere Welt versetzt; und mit salbungsvoller Stimme ruft er aus):* Gott ist groß! Es gibt keinen Gott außer Allah, dem Barmherzigen, der all unsere Bedürfnisse kennt!

AMENA: Allah ist groß!… Es gibt keinen Gott außer Allah… Es gibt nichts als Allah!

ZAIN: *(Wiederholt voll Inbrunst, aber kaum hörbar, Amenas Worte. Man sieht, wie er zittert.)*

NAJEEB: *(Blickt wie in Trance auf die Göttliche Amena und sagt mit kraftvoller, trotziger Stimme):* Es gibt keinen Gott außer *Gott!*

AMENA: *(Überrascht):* Es gibt keinen Gott außer *Allah*… es gibt nichts außer *Allah.* Ihr könnt diese Worte sprechen und trotzdem ein Christ bleiben, denn ein Gott, der gut ist, kennt keine Unterscheidungen bei Worten oder Namen; und gäbe es einen Gott, der seinen Segen denen verweigerte, die einen anderen Pfad zur Ewigkeit hin verfolgen, so gäbe es keinen Menschen, der ihn anbeten würde.*

---

* Den zelotischen Christen des Nahen Ostens ist es verboten, ein islamisches Gebet nachzusprechen. (Anm. d. Hg.)

NAJEEB: *(Senkt den Kopf und wiederholt mit geschlossenen Augen Amenas Gebet an Allah. Dann blickt er auf und spricht):* Ich werde diese Worte dem Gott sagen, der mir den rechten Weg zu sich zeigt, und ich werde nicht aufhören, sie vor ihm zu sprechen bis zum Ende meines Lebens, denn ich bin auf der Suche nach der Wahrheit. Und meine Gebete sind an *diesen* Gott gerichtet, wo immer er auch sein mag und wie immer er genannt wird. Ich liebe Gott... mein ganzes Leben lang werde ich ihn lieben.

AMENA: Euer Leben hat kein Ende, Ihr werdet ewiglich leben.

NAJEEB: *Wer* bin ich und *was* bin ich, daß ich leben werde in alle Ewigkeit?

AMENA: Ihr seid *Ihr*, und als solcher seid Ihr ein Geschöpf Gottes, und deshalb seid Ihr alles.

NAJEEB: Göttliche Amena, ich weiß, daß das, woraus mein eigenes *Selbst* zusammengesetzt ist, so lange bestehen wird, wie auch ich bestehe, doch wird jener *Gedanke,* den ich als mein *Ich* bezeichne, ebenfalls bleiben? Wird sich dieses neuerliche Erwachen in der Schlaftrunkenheit der Morgendämmerung halten können? Und was ist mit meinem Hoffen und Wünschen, mit meiner Trauer und meiner Freude? Werden diese zitternden Trugbilder meines gestörten Schlafes andauern und Glanz vom Licht der Wahrheit bekommen?

AMENA: *(Blickt gen Himmel, als ob sie etwas in der Weite des Alls suchen würde. Mit klarer, fester Stimme spricht sie):* Jedes Ding, das besteht, bleibt für immer erhalten, und das wahre Wesen des Seins ist ein Beweis für seinen ewigen Bestand. Doch ohne diese Verwirklichung, die das Wissen vom vollkommenen Sein darstellt, wüßte der Mensch niemals, ob es ein Sein oder ein Nicht-Sein ist. Wenn das ewige Sein sich verändert, muß es noch schöner werden; wenn es schwindet, muß es unter einem noch erhabeneren Bild wiederkehren; und wenn es schläft, muß es von einem besseren Erwachen träumen, denn durch jede Wiedergeburt wird es noch vollkommener.

Ich fühle Mitleid mit denen, die den ewigen Bestand eines Auges zugeben, gleichzeitig jedoch die Unvergänglichkeit der verschiedenen sichtbaren Dinge, die das Auge als Mittler benutzen, anzweifeln.

Ich bedaure denjenigen, der sein Leben in zwei Hälften teilt und an die eine Hälfte glaubt, die andere aber zur selben Zeit anzweifelt.

Traurig macht mich auch jener, der auf die sonnenbeschienenen Berge und Ebenen blickt, auf das Singen des Windes in den Bäumen hört und den Duft der Blumen einatmet, aber sagt: »Nein, was ich sehe und höre, wird vergehen, ebenso das, was ich weiß und fühle.« Solch eine Seele, welche die Freuden und Leiden um sich herum ehrfürchtig betrachtet und danach deren ewiges Sein ableugnet, muß sich auflösen wie Rauch im Wind, denn sie sucht die Finsternis und wendet der Wahrheit den Rücken zu. Wahrlich, es ist eine lebendige Seele, die *ihr* eigenes Sein leugnet, und somit leugnet sie auch alles *andere*, was von Gott kommt.

NAJEEB: *(Aufgeregt):* Göttliche Amena, ich glaube an mein Sein, und wer auf Eure Worte achtet, ihnen aber keinen Glauben schenkt, gleicht mehr einem harten Felsen als einem lebenden Menschen.

AMENA: Gott hat jeder Seele einen treuen Führer mitgegeben, der sie zum großen Licht geleiten soll. Aber der Mensch versucht, das Leben außerhalb seiner selbst zu finden, und bedenkt nicht, daß das, was er sucht, in ihm ist.

NAJEEB: Gibt es außerhalb des Körpers irgendein Licht, mit dem wir den Weg zu unseren innerlichen Tiefen beleuchten könnten? Besitzen wir nicht eine Kraft, die unseren Geist aufrüttelt, die Wirklichkeit in uns zum Erwachen bringt und uns den Weg zum ewigen Wissen zeigt?

(Er schweigt eine Weile, offenbar fürchtet er sich vor dem Weitersprechen. Doch nach Überwindung seines Widerwillens fährt er fort): Enthüllte Euch nicht der Geist Eures Vaters das Geheimnis von der irdischen Gefangenschaft der Seele?

AMENA: Wenn das Haus leer steht, klopft der Wanderer umsonst an die Tür. Der Mensch steht stumm zwischen dem Nicht-Sein in ihm selbst und der Wirklichkeit der ihn umgebenden Dinge. Würden wir das, was in uns ist, nicht besitzen, könnten wir auch nicht die Dinge haben, die wir unsere Umgebung nennen. Der Geist meines Vaters sprach zu mir, als meine Seele nach der seinen rief, und er offenbarte meinem äußeren Bewußtsein das, was mein inneres Wissen schon gekannt hatte.

Deshalb, um es auf einfache Weise zu sagen: Wären nicht Hunger und Durst in mir gewesen, hätte ich von meiner Umgebung weder Nahrung noch Wasser erhalten. Und wäre keine Sehnsucht in mir gewesen, so hätte ich niemals den Gegenstand meines Verlangens in der Goldenen Stadt gefunden.

NAJEEB: Ist es denn jedem möglich, aus den Fasern seines Verlangens einen Faden zu spinnen und ihn zwischen seine Seele und die eines Verstorbenen zu spannen? Gibt es denn irgendein begnadetes Volk, das imstande ist, mit den Geistern zu sprechen und deren Willen und Absichten verstehen kann?

AMENA: Zwischen den Kindern der Ewigkeit und den Menschen auf Erden gibt es eine ständige Verbindung, und alle fügen sich dem Willen dieser unsichtbaren Kraft. Oft handelt jemand in dem Glauben, sein Tun entstamme seinem freien Willen, aber in Wahrheit wird er ganz genau dazu getrieben. Viele bedeutende Menschen errangen ihren großen Ruhm dadurch, daß sie sich ohne Widerstreben dem Willen des Geistes unterwarfen, so wie sich auch eine Geige dem Willen eines guten Musikers vollkommen hingibt. Zwischen der geistigen und der materiellen Welt gibt es einen Weg, auf dem wir schlafwandlerisch dahinschreiten und seine Kraft nicht beachten; sobald wir aber wieder zu uns selbst zurückkehren, merken wir, daß wir Saatkörner in Händen halten, die sorgsam ins Erdreich unseres täglichen Lebens gelegt werden müssen, damit gute Taten und Worte der Schönheit daraus erwachsen. Gäbe es diesen Pfad zwischen unserem Leben und den Verstorbenen nicht, wäre weder ein Prophet noch ein Dichter oder Gelehrter jemals unter den Menschen erschienen. *(Amena senkt ihre Stimme und flüsternd fährt sie fort):* Wahrlich, ich sage Euch — und die Zeiten werden es beweisen —, es gibt ein Band zwischen der höheren und der niedrigen Welt, so sicher, wie es eine Verbindung zwischen einer Mutter und ihrem Kind gibt.

Wir sind von einer gefühlsmäßigen Atmosphäre umgeben, die unser inneres Bewußtsein anzieht, und ebenso von einem Wissen, das uns befähigt, ein Urteil abzugeben, sowie von einer Kraft, die unsere eigene Kraft bewirkt. Ich sage Euch, daß unser Zweifel dasjenige, was wir anzweifeln weder widerlegt noch bekräftigt, und daß die Tatsache unserer Freude an uns selbst uns nicht davon abhält, die Absicht des Geistes zu erfüllen. Und wenn wir uns auch vor der Wirklichkeit unseres geistigen Seins verschließen, entgeht dies jedoch nicht den Augen des Alls: Wenn wir aufhören voranzuschreiten, gehen wir dennoch weiter, solange sie gehen... wenn wir bewegungslos stehenbleiben, bewegen wir uns noch mit ihrer Bewegung... und wenn wir ruhig sind, sprechen wir noch mit ihrer Stimme.

Unser Schlaf kann nicht verhindern, daß sie unser Erwachen beeinflussen, und unser Wachwerden kann ihre Träume nicht von unseren Phantasiebildern ablenken, denn wir und sie stellen zwei Welten dar, die von einer einzigen Welt umfaßt werden... Wir und sie bilden zwei Geistwesen in einem einzigen Geist. Wir sind zwei Existenzen, die das höchste und ewige Bewußtsein vereint, das über allem steht und ohne Anfang und ohne Ende ist.

NAJEEB: *(Strahlend, denn nun denkt und fühlt er nach den Richtlinien von Amenas Offenbarungen):* Wird je der Tag kommen, an dem der Mensch mit Hilfe von Wissenschaft, Erfahrung und irdischer Beweisführung das herausfindet, was der Geist durch Gott schon immer wußte und unsere Herzen bereits infolge ihrer Sehnsucht kannten? Müssen wir auf den Tod warten, damit die Ewigkeit unseres vollkommenen Selbst bestätigt wird? Wird je der Tag kommen, an dem wir mit unseren Fingern an jene großen Geheimnisse rühren können, an die wir gegenwärtig nur zu glauben vermögen?

AMENA: Ja, dieser Tag wird kommen. Doch wie verblendet sind jene, die zweifellos das abstrakte Sein mit *einigen* ihrer Sinne erfassen, aber darauf bestehen, es solange anzuzweifeln, bis es sich *allen* ihren Sinnen offenbart. Ist das, was das Herz glaubt, nicht genauso wahr wie das, was das Auge sieht? Und wie engstirnig ist derjenige, der das Lied der Amsel hört, und beobachtet, wie sie über die Büsche fliegt, der aber trotzdem das, was er gesehen und gehört hat, anzweifelt, solange er den Vogel nicht mit den Händen ergriffen hat. Wäre nicht ein *Teil* seiner Sinne ausreichend? Wie seltsam ist auch derjenige, der von einer herrlichen Wirklichkeit träumt und sich dann bemüht, ihr eine Form zu geben, was ihm aber nicht gelingt. Er zweifelt deshalb an seinem Traum, lästert die Wirklichkeit und mißtraut der Schönheit!

Wie blind ist jemand, der bei seinen Vorstellungen und Plänen alles Notwendige bedenkt, aber nicht vollständig mit Messungen und Versuchen beweisen kann und dann meint, seine Überlegungen seien falsch. Hätte er aber gewissenhaft nachgedacht, wäre er zu der Überzeugung gelangt, daß seine Idee ebenso wirklich ist wie der Vogel am Himmel, aber eine Wirklichkeit darstellt, die nur noch keine Gestalt angenommen hat. Er hätte verstanden, daß diese Idee ein Teil des Wissens ist, das nicht mit Ziffern und Worten überprüft werden kann, da es zu ausgedehnt ist, um eingesperrt werden zu können, und zu gewaltig in seiner geistigen Anlage, um sich schon in die Wirklichkeit einzufügen.

NAJEEB: *(Überzeugt, aber weiterhin wißbegierig):* Gibt es in jeder Vorstellung ein wahres Sein und in jeder Idee ein wirkliches Wissen?

AMENA: Dem Spiegel der Seele ist es nicht möglich, der Vorstellungskraft etwas zu zeigen, was nicht vor ihm steht. Auch der still daliegende See kann einen Berg, einen Baum oder eine Wolke nicht widerspiegeln, wenn sie nicht in seiner Nähe sind. Das Licht kann den Schatten eines Gegenstandes, den es gar nicht gibt, nicht auf die Erde werfen. Man kann also nichts sehen, hören oder anderweitig wahrnehmen, was nicht tatsächlich *da ist.* Wenn man etwas *kennt*, dann *glaubt* man es, aber der wahrhaft Gläubige erkennt mit seinem geistigen Scharfblick das, was nicht einmal der Forscher mit den Augen seines Kopfes sieht; und durch sein *inneres* Denken begreift er das, was einer, der rein äußerliche Untersuchungen anstellt, nicht verstehen kann, denn dieser überlegt und fragt in erlernten Gedankengängen. Der Gläubige macht sich selbst durch seine tiefer reichenden Sinne, die sich von denen unterscheiden, welche die anderen gebrauchen, mit den geheiligten Wirklichkeiten vertraut. Er blickt auf diese Sinne wie auf eine ihn umgebende hohe Mauer, und wenn er den Pfad betritt, sagt er: »Diese Stadt hat keinen Ausgang, aber innen ist sie vollkommen.« *(Amena erhebt sich, geht auf Najeeb zu und spricht nach einer Pause):* Das Leben des Gläubigen überdauert alle Tage und alle Nächte, der Ungläubige jedoch lebt nur wenige Minuten. Wie erbärmlich ist das Leben dessen, der seine Hände vor das Gesicht legt und nichts anderes sieht als die Linien ihrer Innenflächen!

Wie ungerecht zu sich selbst sind jene, die sich von der Sonne abwenden und nichts als den Schatten ihres Körpers auf dem Erdboden erblicken!

NAJEEB: *(Steht auf und macht sich zum Gehen bereit):* Soll ich den Menschen erzählen, daß Iram, die Stadt der Hohen Säulen, eine geistige Stadt der Träume ist und daß die Göttliche Amena aufgrund ihrer Sehnsucht und ihres Verlangens durch das Tor des Glaubens dahin gelangte?

AMENA: Sagt ihnen, daß es Iram, die Stadt der Hohen Säulen, tatsächlich gibt, und daß sie genauso sichtbar ist wie das Meer, die Berge, die Wälder und die Wiesen, denn alles in der Ewigkeit ist wirklich. Sagt ihnen, daß die Göttliche Amena dorthin gekommen ist, nachdem sie die große Wüste durchquert, quälenden Hunger und Durst und die Schrecken der Einsamkeit erlitten hat. Sagt ihnen, daß die Goldene Stadt von den Giganten der Zeiten aus den funkelnden Elementen des Seins errichtet wurde und daß sie die Stadt nicht vor den Menschen versteckten, sondern daß diese sich von ihr abwandten. Und sagt ihnen auch, daß derjenige, der vom Weg abkommt, bevor er Iram erreicht hat, nicht die steinige Straße dafür verantwortlich machen soll, sondern seinen Führer, und daß er eine dunkle und unbegehbare Straße vorfinden wird, wenn er sich auf den Weg macht, ohne die Lampe der Wahrheit zu entzünden. *(Amena blickt voll inniger Liebe zum Himmel, und ihr Antlitz nimmt einen milden und friedlichen Ausdruck an.)*

NAJEEB: *(Nähert sich Amena mit gesenktem Haupt. Er nimmt ihre Hand in die seine und flüstert):* Es wird Abend, und ich muß heimkehren, bevor die Dunkelheit die Straße verhüllt.

AMENA: Unter der Führung Gottes werdet Ihr Euren Weg im Licht finden.

NAJEEB: Ich werde im Lichte der großen Fackel wandern, die Ihr mir in die Hand gabt.

AMENA: Geht hin im Lichte der Wahrheit, das kein Sturm auszulöschen vermag. *(Amena blickt Najeeb lange Zeit wie eine Mutter liebevoll an. Dann wendet sie sich nach Osten, betritt den Wald und verschwindet hinter den Bäumen.)*

ZAIN: Darf ich Euch wieder zurück zu den Menschen begleiten?

NAJEEB: Mit Vergnügen. Ich glaubte, Ihr würdet in der Nähe der Göttlichen Amena leben, und beneidete Euch darum, denn ich dachte mir: »Hier würde ich auch gerne bleiben.«

ZAIN: Wir können weitab von der Sonne leben, aber nicht in ihrer Nähe; und dennoch brauchen wir sie. Ich komme oft hierher, um gesegnet zu werden und mir einen Rat zu holen, und gehe danach wieder in Zufriedenheit weg. (*Najeeb ergreift die Zügel seines Pferdes und geht mit Zain ab.*)

(*Vorhang*)

Der Gekreuzigte

(Geschrieben am Karfreitag)

Heute und am gleichen Tag eines jeden Jahres erwacht der Mensch aus seinem tiefen Schlaf und steht vor den Geschehnissen der Vergangenheit. Mit Tränen in den Augen blickt er zum Kalvarienberg hin und wird Zeuge der Kreuzigung Jesu, des Nazareners… Aber wenn der Tag vorüber ist und der Abend einbricht, kehrt er zurück und kniet betend vor den Götzenbildern nieder, die auf jedem Hügel, an jeder Wiese und an jedem Weizenfeld aufgestellt sind.

Heute lassen sich die Christen von den Schwingen der Erinnerung tragen und fliegen nach Jerusalem. Dort stehen sie dann in Gruppen beisammen, schlagen sich an die Brust und blicken auf ihn, den Dornengekrönten, der seine Arme zum Himmel hebt und durch den Schleier des Todes in die Tiefen des Lebens sieht…

Doch wenn der Vorhang der Nacht vor die Bühne des Tages fällt und das kurze Trauerspiel zu Ende ist, gehen die Christen in Scharen wieder zurück, legen sich im Schatten des Vergessens nieder und hüllen sich in die Decken ihrer Unwissenheit und Trägheit.

Jedes Jahr an diesem Tag verlassen die Philosophen ihre Stuben, die Gelehrten kriechen aus ihren Zellen und die Dichter aus den Lauben ihrer Phantasie; und alle stehen sie andächtig vor jenem stillen Berg und hören auf die Worte eines jungen Mannes, der für seine Mörder bittet: »Vater, vergib ihnen, denn sie wissen nicht, was sie tun.«

Sobald aber die dunkle Stille die Stimmen des Tages vertreibt, kehren die Philosophen, die Gelehrten und die Dichter in ihre engen Schlupfwinkel zurück und verhüllen ihre Seelen mit nichtssagenden Worten, die sie dann auch noch niederschreiben.

Die Frauen, die sich sonst nur mit den glanzvollen Dingen des Lebens beschäftigen, erheben sich an diesem Tag von ihren Ruhelagern, um auf die trauernde Mutter zu blicken, die wie ein schwacher Baum im Sturm vor dem Kreuz steht. Wenn sie sich ihr nähern, nehmen sie tiefen Schmerz und quälende Trauer wahr. Sogar die jungen Männer und Frauen, die mit dem Strom der Zivilisation wettschwimmen, halten heute für einen Augenblick inne. Sie blicken zurück und sehen die jugendliche Magdalena, die mit ihren Tränen das Blut von den Füßen eines zwischen Himmel und Erde hängenden heiligen Mannes wegwäscht. Aber wenn ihre oberflächlichen Augen dieses Anblicks müde sind, machen sie kehrt und lachen bald wieder.

An diesem Tag des Jahres erwacht die Menschheit — gemeinsam mit dem Frühling — und steht weinend unter dem sterbenden Mann aus Nazareth. Aber danach schließt sie die Augen wieder und überläßt sich einem tiefen Schlaf. Doch der Frühling bleibt wach, er lächelt und schreitet vorwärts, bis er in den Sommer übergeht, der in ein goldenes Gewand gekleidet ist.

Die Menschheit ist eine Trauergemeinde, die mit Freuden die Geschehnisse und die Helden der Vergangenheit beweint. Besäße sie Verstand, so würde sie frohlocken über deren Herrlichkeit. Aber sie gleicht einem Kind, das über ein verwundetes Tier lacht; und sie freut sich über den reißenden Strom, der die trockenen Äste der Bäume mit sich trägt und alles, was nicht fest verankert ist, wegschwemmt.

Die Menschheit sieht auf Jesus den Nazarener als auf einen in Armut Geborenen und einen, der wie alle Schwachen Not und Erniedrigung erfuhr. Man bemitleidet ihn, weil man glaubt, daß er unter Schmerzen gekreuzigt wurde... Doch alles, was man ihm anzubieten hat, sind Tränen und Klagen. Jahrhundertelang hat die Menschheit der Schwäche in der Gestalt des Erlösers gehuldigt. Aber der Nazarener war nicht schwach! Er war stark und ist stark! Doch die Menschen weigern sich, auf die wahre Bedeutung von Stärke zu achten.

Jesus lebte niemals ein Leben in Angst; er starb auch nicht unter Jammern und Wehklagen... Er lebte wie ein Führer; er wurde gekreuzigt wie ein Kämpfer; und er starb wie ein Held, was denjenigen, die ihn mißhandelten und töteten, Furcht einjagte. Jesus war kein Vogel mit gebrochenen Schwingen. Er war ein tosender Sturm, der alle krummen Flügel brach. Er fürchtete sich weder vor seinen Feinden noch vor seinen Mördern. Er war frei, tapfer und mutig. Er trotzte allen Gewaltherrschern und Unterdrückern. Er sah die ansteckenden Geschwüre und schnitt sie weg... Er ließ das Böse verstummen, zerschmetterte die Falschheit und schüttelte den Verrat ab.

Jesus verließ nicht das Innerste des Lichts, um Häuser zu zerstören und auf ihren Überresten Klöster und Abteien aufzubauen. Er überredete die Starken nicht, Priester zu werden, sondern er kam, um auf dieser Welt einen neuen Geist zu verbreiten, der die Kraft besitzt, die Fundamente einer jeden Herrschaft, die auf Menschengebein errichtet wurde, zu zermalmen... Er kam, um die prunkvollen Paläste, die auf den Gräbern der Schwachen stehen, in Schutt und Asche zu legen, und um die Götzenbilder, die auf den Leibern der Armut erbaut worden sind, zu stürzen. Jesus ward nicht hierher gesandt, um den Menschen beizubringen, wie man großartige Kirchen und Tempel mitten unter kalten und verfallenen Hütten aufbaut... Er kam, um aus dem menschlichen Herzen einen Tempel zu machen, aus der Seele einen Altar und aus dem Geist einen Priester. Dieses waren die Aufgaben, die Jesus von Nazareth zu erfüllen hatte, und dieses sind die Lehren, deretwegen er gekreuzigt wurde. Wäre die Menschheit klug, so würde sie am heutigen Tage kraftvoll einen Siegesgesang und eine Triumphhymne anstimmen.

O gekreuzigter Jesus, der du voll Wehmut vom Kalvarienberg herab auf den Trauerzug der vergangenen Zeiten blickst, der du das Geschrei der verblendeten Völker hörst und die Träume der Ewigkeit verstehst!... Am Kreuz bist du herrlicher und würdiger als tausend Könige auf tausend Thronen in tausend Reichen...

In deinem Todeskampf bist du stärker als tausend Generäle in tausend Schlachten...

Mit deiner Trauer bringst du mehr Freude als der Frühling mit seinen Blumen...

In deinem Leiden bist du tapferer und stiller als die weinenden Engel im Himmel...

Bei der Geißelung bist du standhafter als ein Felsengebirge...

Deine Dornenkrone ist erhabener in ihrem Glanz als die Krone des Fürsten von Bahram... Und die Nägel, die deine Hände durchbohren, sind schöner als Jupiters Zepter...

Die Blutstropfen an deinen Füßen sind strahlender als das Geschmeide an Ishtars Hals...

Vergib den Schwachen, die dich heute beklagen, denn sie wissen nicht, daß sie sich selbst bejammern...

Vergib ihnen, denn sie wissen nicht, daß du durch deinen Tod den Tod besiegtest und den Toten dadurch das Leben verliehen hast...

Vergib ihnen, sie wissen nicht, daß deine Kraft noch immer auf sie wartet...

Vergib ihnen, sie wissen nicht, daß jeder Tag nur dein Tag ist.

Viertes
Buch

Meine Landsleute

Wonach strebt ihr, Menschen meines Landes?
Soll ich euch prächtige Häuser bauen,
Mit leeren Worten verziert?
Wollt ihr Tempel, mit Träumen gedeckt?
Befehlt ihr mir, zu zerstören, was einst
Von Lügnern und Tyrannen errichtet wurde?
Soll ich mit bloßen Händen entwurzeln,
Was Heuchler und Gotteslästerer pflanzten?
Sagt mir euren Wahnsinnswunsch!

Menschen meines Landes, was soll ich für euch tun?
Soll ich wie ein Kätzchen schnurren,
Damit ihr dann zufrieden seid?
Soll ich wie ein Löwe brüllen,
Um mir selbst zu imponieren?
Ich habe schon für euch gesungen,
Doch ihr tanztet nicht.
Sogar geweint hab' ich vor euch,
Doch eure Augen blieben trocken.
Soll ich singen und weinen zu gleicher Zeit?

Eure Seelen leiden Hungerqualen,
Obgleich des Wissens Früchte
In größeren Mengen vorhanden sind
Als Steine im Tal.

Eure Herzen leiden Durst,
Obwohl die Lebensquellen
Um eure Häuser sprudeln.
Warum trinkt ihr denn nicht?
Das Meer hat seine Ebbe und die Flut,
Der Mond nimmt zu und ab,
Das Jahr hat seinen Winter und den Sommer;
Und wie der Schatten eines neuen Gottes,
Der ungeboren zwischen Erd' und Himmel sich bewegt,
Verändern sich die Dinge.

Die Wahrheit aber wird sich nicht verändern
Und wird nicht sterben.
Weshalb versucht ihr dann,
Ihr Antlitz zu entstellen?

Ich rief euch in der stillen Nacht,
Um euch die Herrlichkeit des Mondes
Und die Erhabenheit der Sterne aufzuzeigen.
Ihr aber fuhrt vom Schlummer auf,
Faßtet furchtsam nach dem Schwert
Und rieft: »Wo ist der Feind?
Wir müssen ihn erschlagen!«
Am nächsten Morgen, als der Feind erschien,
Rief ich euch wieder;
Doch es war vergebens:
Ihr erwachtet nicht;
Ihr kämpftet mit der Schattenwelt
In euren Träumen.

Ich sprach zu euch:
»Laßt uns den Gipfel des Berges besteigen,
Wir wollen die Schönheit der Welt betrachten.«
Aber die Antwort war:
»Einst lebten in diesem Tale die Väter,
Sie starben in seinem Schatten
Und wurden in seinen Höhlen begraben.
Wie könnten wir uns an einen Ort begeben,
Dem sie die Ehre versagten?«
Ich sagte zu euch:
»Laß uns hinaus in die Ebene ziehen,
Die ihre Gabe der See vermacht.«
Doch ihr meintet voll Furcht:
»Der Lärm der Brandung
Wird unseren Geist erschrecken
Und die Gewalt der Tiefe
Wird unseren Körper töten.«

Ich liebte euch sehr, ihr Menschen meines Landes,
Doch diese Liebe war schmerzhaft für mich
Und ohne Nutzen für euch.
Aber heute hasse ich euch,
Und mein Haß ist wie die Flut,
Welche die dürren Äste und morschen Häuser verschlingt.

Ich habe ob eurer Schwäche Mitleid empfunden,
Doch mein Erbarmen hat diese Schwäche
Leider nur größer gemacht
Und hat eine Trägheit geschaffen,
Die euer Leben nur leerer machte.
Heute erkenne ich diese Schwachheit;
Sie lastet auf meiner Seele
Und macht ihr Angst.

Die euch widerfahrene schimpfliche Unterdrückung
Brachte tiefes Leid über mich,
Und meine Tränen flossen in Strömen.
Sie konnten zwar eure ständige Schwäche nicht tilgen.
Zogen jedoch den Schleier von meinen Augen weg.

Meine Tränen vermochten auch nicht,
Eure versteinerten Herzen zu erreichen,
Befreiten aber mein Inneres von der Dunkelheit.
Heute lache ich über euer Gejammer,
Doch dieses Lachen ist wie ein Donnerschlag,
Der dem Sturme vorausgeht
Und niemals hernach kommt.

Was wünscht ihr euch denn, ihr Menschen meines Landes?
Möchtet ihr, daß euch der Widerschein eurer Miene
Auf der stillen Fläche des Wassers gezeigt wird?
Kommt nur und seht, wie häßlich ihr seid!

Blickt euch an und denkt nach!
Die Angst hat euch — der Asche gleich —
Grau werden lassen, und die Verschwendung
Hat sich auf eurer Stirne breitgemacht;
Sie ließ eure Augen zu finstern Höhlen werden.
Und weil die Feigheit an eure Wangen gerührt hat,
Erscheinen sie jetzt wie dunkle Höhlen
Am Grunde des Tals.
Und der Tod hat eure Lippen geküßt;
Sie färbten sich gelb
Wie die Blätter im Herbst.

Was sucht ihr noch, ihr Menschen meines Landes?
Was wünscht ihr euch denn von einem Leben,
Das euch nicht länger mehr
Zu seinen Kindern zählt.

Eure Seelen erfrieren
In den gierigen Griffen der Priester
Und Magier; und eure Leiber erzittern
Unter der Faust der Tyrannen
Und Strömen von Blut.
Euer Land bebt unter dem Marschtritt
Der siegreichen Feinde.
Was erwartet ihr denn, wenn ihr euch nun
Stolz vor der Sonne Angesicht stellt?
Eure Schwerter sind schon mit Rost bedeckt,
Die Speere zerbrochen, die Schilde durchlöchert.
Weshalb zieht ihr noch in die Schlacht?

Euer Bekenntnis heißt Heuchelei,
Und Falschheit ist euer Leben;
Das Nichts wird euer Ende sein.
Weshalb also lebt ihr?
Ist nicht der Tod
Der einzige Trost für die Elenden?

Das Leben besteht aus Entschlossenheit
— sie begleitet die Jugend —,
Ferner aus Fleiß — er steht den Erwachsenen zu,
Und schließlich aus Weisheit — welche dem Alter gehört.
Ihr aber seid bereits alt und schwächlich geboren,
Eure Haut wurde welk und eure Köpfe schrumpften zusammen,
Dann wurdet ihr kindisch, stapftet im Schlamm herum
Und bewarft einander mit Steinen.

Das Wissen ist wie ein Licht:
Es macht das Leben wärmer,
Und wer nach ihm strebt,
Wird seiner teilhaftig.
Ihr aber sucht nur die Dunkelheit
Und flieht vor dem Licht.
Ihr wartet darauf, daß das Wasser
Vom Felsen zu euch kommt.
An der Not eures Volkes
Tragt allein ihr die Schuld.
Eure Sünden kann ich euch nicht vergeben,
Denn ihr wißt wohl, was ihr tut.

Die Menschheit ist ein heller Fluß,
Der singend seinen Lauf verfolgt
Und die Geheimnisse der Berge
Ins Herz der See trägt.
Doch ihr, die Menschen meines Landes,
Seid tiefe Sümpfe,
In denen es von Schlangen und Insekten wimmelt.

Der Geist ist eine heilige, tiefblaue Fackel,
Welche die trockenen Pflanzen verbrennt und verzehrt.
Sie wird durch den Sturmwind genährt
Und vom Antlitz der Gottheit erleuchtet.
Doch eure Seelen, Bewohner meines Landes,
Gleichen der Asche, welche der Wind auf den Schnee wirft
Und der Sturm in den Tälern verstreut.

Habt keine Angst vor dem Tod!
Seine Größe und sein Erbarmen
Wird eurem Stumpfsinn nicht in die Nähe kommen.
Fürchtet euch nicht vor dem Dolch!
Er wird es vermeiden,
Sich in so törichte Herzen zu bohren.

Ich hasse euch, ihr Menschen meines Landes,
Denn ihr könnt Ruhm und Größe nicht ertragen.
Ich kann euch nicht in Ehren halten,
Weil ihr euch selbst nicht achtet.
Ich bin jetzt euer Feind,
Denn ihr wollt nicht begreifen,
Daß ihr der Göttin Feinde seid.

Jenseits des Schleiers

Um Mitternacht wachte Rachel auf und starrte gebannt auf die Decke ihres Schlafzimmers. Sie vernahm eine Stimme, die sanfter klang als das Flüstern des Lebens, schauriger als das Wehklagen aus der Hölle, zarter als der Schlag weißer Flügel und tiefer als das Rauschen der Meereswogen... In dieser Stimme lagen gleichzeitig Hoffnung und Verzweiflung, Freude und Trauer, Lebenslust und Todessehnsucht. Rachel schloß die Augen und seufzte tief. Sie rang nach Luft, als sie sprach: »Die Dämmerung hat gerade das äußerste Ende des Tales erreicht; wir sollten uns auf den Weg machen, um der Sonne zu begegnen.« Ihre Lippen verzerrten sich und gaben Kunde von einer tief verletzten Seele.

In diesem Augenblick trat der Priester an ihr Bett und berührte ihre Hände — sie waren kalt wie Eis. Und als er seine Hand auf ihr Herz legte, mußte er feststellen, daß es reglos war wie die Vergangenheit und still wie das Geheimnis seines eigenen Inneren.

In tiefer Verzweiflung senkte er sein Haupt. Seine Lippen zitterten, als wollten sie eine Beschwörung aussprechen, um nächtliche Trugbilder in weit entfernte Gegenden zurückzuschicken.

Der Priester kreuzte die Arme der Frau über ihrer Brust und blickte dann zu einem Manne hin, der in einer dunklen Ecke des Zimmers saß. Voll Mitleid sprach er zu ihm: »Deine geliebte Frau hat den großen Kreis des Lichtes erreicht. Komm, mein Bruder, laß uns niederknien und beten.«

Der trauernde Mann hob den Kopf und starrte mit leeren Augen ins Nichts. Doch plötzlich änderte sich sein Gesichtsausdruck, so als ob er mit einem Male den Geist eines unbekannten Geistes begreifen würde. Er raffte sich auf und trat voll Ehrfurcht an das Bett seiner Frau. Dort kniete er neben dem Geistlichen nieder, der ein Gebet sprach und über der Toten das Zeichen des Kreuzes machte. Der Priester legte dem gramgebeugten Ehemann die Hand auf die Schulter und sprach mit ruhiger Stimme zu ihm: »Geh ins Nebenzimmer, Bruder, du bedarfst dringend der Ruhe.«

Der Mann gehorchte, ging ins Zimmer nebenan und legte sich dort erschöpft auf ein schmales Bett. Einige Augenblicke später befand er sich bereits in der Welt des Schlafes wie ein kleines Kind, das in den Armen seiner liebevollen Mutter Zuflucht sucht.

Der Priester aber stand wie eine Statue in der Mitte des Zimmers, und ein sonderbarer Zwiespalt hatte ihn erfaßt. Mit Tränen in den Augen blickte er zunächst auf den kalten Körper der jungen Frau, dann sah er durch den Vorhang, der die beiden Zimmer voneinander trennte, auf ihren Gatten, der sich dem Schlafe hingegeben hatte. Eine Stunde, die länger als ein Zeitalter zu dauern schien und schrecklicher war als der Tod selbst, verging, und noch immer stand der Geistliche zwischen den beiden weggetretenen Seelen. Die eine träumte von einem Feld, das nach einem harten Winter auf den kommenden Frühling wartet, die andere ruhte bereits in der Ewigkeit.

Der Priester näherte sich dem Leichnam der jungen Frau und kniete nieder wie vor einem Altar. Er nahm ihre kalte Hand in die seine und führte sie an seine zitternden Lippen. Dann blickte er auf ihr Gesicht, über dem bereits der leichte Schleier des Todes lag. Und mit einer Stimme, die zugleich ruhig war wie die Nacht, tief wie ein Abgrund und stockend wie des Menschen Hoffen, sprach er unter Tränen: »O Rachel, Braut meiner Seele, höre mich an! Endlich vermag ich es auszusprechen! Der Tod hat mir die Lippen geöffnet, so daß ich dir nun ein Geheimnis enthüllen kann, das tiefer ist als das Mysterium des Lebens selbst. Der Schmerz hat meine Zunge gelöst, und ich vermag dir meine Qual mitzuteilen, die schrecklicher ist als die größte Pein. Höre den Schrei meiner Seele, o reiner Geist, der du nun zwischen Himmel und Erde schwebst! Denke zurück an den jungen Mann, der auf dich wartete, wenn du vom Felde kamst, und der dich, hinter den Büschen versteckt, anblickte, da er sich vor deiner Schönheit fürchtete. Höre den Priester, der Gott dient und nun ohne Scham nach dir ruft, jetzt, da du die Stadt der Ewigkeit erreicht hast. Meine Liebe zu dir war so groß, daß es mir sogar möglich war, sie vor dir zu verbergen!«

Nach dieser Offenbarung seiner Gefühle beugte sich der Priester hinab und drückte ihr drei lange, innige Küsse auf Stirne, Augen und Mund.

In diese Küsse ließ er das ganze Geheimnis seiner Liebe strömen, aber auch den Schmerz und die Qual der vergangenen Jahre. Dann zog er sich in eine Ecke zurück, warf sich auf den Boden, und ein Schütteln erfaßte ihn wie einen Baum im Herbstwind. Es schien, als hätte die Berührung mit dem kalten Antlitz der Frau den Geist der Reue in ihm erweckt. Er vergrub sein Gesicht in den Händen und flüsterte: »Gott, vergib mir meine Sünde! Vergib mir meine Schwachheit, Herr! Ich konnte nicht länger widerstehen, das, was du ohnehin schon weißt, zu offenbaren. Sieben Jahre lang vergrub ich dieses Geheimnis in meinem Herzen, bis der Tod kam und es mir entriß. Hilf mir, o Gott, diese furchtbare und zugleich schöne Erinnerung zu ertragen, die mir die Wonne des Lebens schenkte und mir zugleich deinen Zorn zuzog. Vergib mir, Herr, und verzeihe mir meine Schwäche!«

Ohne nochmals auf den Leichnam der jungen Frau zu blicken, setzte er seine Klagen fort, bis der einbrechende Abend einen rosigen Schimmer auf die beiden stillen Gestalten warf und der einen den Zwiespalt von Liebe und Religion klarmachte, der anderen aber den Frieden des Lebens und des Todes zeigte.

Friede

Nachdem der Sturm die Äste der Bäume abgebrochen und das Korn auf den Feldern verwüstet hatte, kam er allmählich zur Ruhe. Am Nachthimmel funkelten die Sterne wie Splitter von Blitzen, und über allem herrschte Stille. Es schien, als wäre in der Natur nie ein Krieg ausgetragen worden.

Um diese Zeit betrat eine junge Frau ihre Kammer, kniete an ihrem Lager nieder und weinte bitterlich. Ihr Herz war voll Angst, und als sie endlich ihre Lippen auftat, sprach sie: »O Herr, bringe ihn sicher nach Hause! Ich habe keine Tränen mehr, Gott der Liebe und der Barmherzigkeit! Meine Ausdauer läßt nach, und das Unheil sucht Oberhand über mich zu gewinnen. Befreie ihn, Herr, aus den eisernen Klauen des Krieges und rette ihn vor einem gnadenlosen Tod; denn er ist schwach und wird von den Mächtigen beherrscht. O Herr, rette ihn vor dem

Feind, der auch dein Feind ist! Halte ihn ab von dem Wege, der zum Tor des Todes hinführt! Laß mich ihn wiedersehen oder komm und bringe mich zu ihm!«

Ohne ein Wort zu sprechen, betrat ein junger Mann den Raum. Um seinen Kopf trug er einen Verband, der mit Blut durchtränkt war. Er näherte sich der jungen Frau und begrüßte sie mit einem Lächeln unter Tränen. Dann nahm er ihre Hand, führte sie an seine heißen Lippen, und mit einer Stimme, die alles vergangene Leid in sich trug, aber dennoch die Freude des Wiedersehens verriet, sprach er, ohne über die Wirkung seiner Worte sicher zu sein: »Fürchte dich nicht vor mir! Ich bin der Gegenstand deiner Bitte. Freue dich, denn der Friede hat mich dir wiedergegeben, und die Menschheit hat das zurückbekommen, was ihr die Gier entreißen wollte. Sei nicht mehr traurig, sondern lächle, meine Geliebte! Lasse dich nicht verwirren, die Liebe verfügt über eine Kraft, die den Tod vertreibt; und sie besitzt einen Zauber, der den Feind besiegt. Ich bin es wirklich, dein Geliebter. Glaube nicht, daß ich nur ein Trugbild bin, das sich aus dem Haus des Todes aufmachte und der Heimat der Schönheit einen Besuch abstattet.

Fürchte dich nicht, ich bin die Wirklichkeit, die ohne Feuer und Schwert gekommen ist, um den Menschen vom Triumph der Liebe über den Tod zu berichten. Ich bin das Wort, das den Beginn von Frieden und Glück verheißt.«

Der junge Mann verstummte, und anstelle seiner Worte sprachen nun die Tränen seines Herzens. Die Engel der Freude schwebten über dem Haus, und zwei liebende Herzen wurden wieder eins.

Als es dämmerte, gingen die beiden hinaus auf die Felder. Sie betrachteten die Schönheit der Natur, die vom Sturm angeschlagen war. Nach einer Weile des Schweigens blickte der Soldat nach Osten und sprach zu seiner Geliebten: »Sieh nur, die Dunkelheit bringt die Sonne hervor.«

Das Lied der Seele

In den Tiefen meiner Seele
Liegt ein Lied, das keine Worte hat,
Ein Lied, das aus dem Samen meines Herzens lebt.
Und nicht mit Tinte auf Papier geschrieben wird.
Es hüllt in einen leichten Mantel meine Liebe ein
Und fließt dahin; es tritt jedoch nicht über meine Lippen.

Soll ich in einen Seufzer es verwandeln?
Ich habe Angst, es würde sich dann mit der Luft vermischen.
Vor wem soll ich es also singen?
Es wohnt im Hause meiner Seele
Und fürchtet sich vor strengen Ohren.

Mein ganzes Tun hält sich an seine Gegenwart,
So wie der See den Glanz der Sterne spiegelt.
Von meinen Tränen wird es aufgeweckt,
So wie der helle Tau des Morgens
Der welkenden Rose Geheimnis enthüllt.

Es ist ein Lied, von der Tiefe ersonnen,
Von der Stille verbreitet,
Von Wahrheit umhüllt.
Es wird von den Träumen wiedergegeben
Und von der Liebe verstanden.
Es wird von der Seele gesungen
Und verbirgt sich, wenn man es weckt.

Es ist das Lied der Liebe allein.
Könnte Kain oder Esau es singen?

Es duftet besser als der Jasmin,
Und keine Stimme kann es behalten.

Es ist ans Herz gebunden wie das Geheimnis einer Jungfrau;
Welche Saite könnte es zum Zittern bringen?

Wer würde wagen, das Brüllen der See
Mit der Nachtigall Lied zu vereinen?
Wer würde den pfeifenden Sturm
Mit dem kindlichen Seufzen vergleichen?
Wer wollte mit lauter Stimme die Worte sprechen,
Die zu sagen dem Herzen allein bestimmt sind?
Und welcher Mensch würde so kühn sein,
Gottes Lied zu singen?

Eine Träne und ein Lächeln

Als die Sonne dem Garten ihre Strahlen entzog und das Mondlicht sanft auf die Blumen fiel, setzte ich mich unter einen Baum und genoß das Wunder der Abendstimmung. Ich sah durch Zweige und Äste hindurch die Sterne am Himmel glänzen; sie glichen Silbertalern, die auf einen blauen Teppich gestreut waren. In der Ferne hörte ich einen Bach, der munter plätschernd ins Tal hinabfloß.

Als die Vögel ihre Nester aufgesucht und die Blumen ihre Blütenblätter zusammengefaltet hatten, senkte sich eine beängstigende Stille herab. Da vernahm ich ein Rascheln im Gras und sah ein junges Paar herankommen. Es ließ sich unter einem Baum in der Nähe nieder. Ich konnte die beiden sehen, ohne daß sie mich wahrnahmen.

Nachdem der junge Mann in jede Richtung geblickt hatte, sagte er: »Komm her zu mir, Geliebte, und höre meinem Herzen zu! Lächle, denn dein Glück ist ein Unterpfand für unsere Zukunft! Sei fröhlich, denn der strahlende Tag freut sich mit uns!

Meine Seele warnt mich davor, an deiner Zuneigung zu zweifeln, denn ein Zweifel an der Liebe bedeutet Sünde.

Bald wird dieses weite Land, das jetzt der Mond bescheint, dein eigen sein. Bald wirst du in meinem Palast die Herrin sein, und alle Diener und Mägde werden dir gehorchen.

Lächle, meine Geliebte, lächle wie das Gold in meines Vaters Schatztruhen!

Mein Herz kann sein Geheimnis nicht mehr zurückhalten. Höre also: Zwölf Monate voll Luxus, ein angenehmes Leben und eine schöne Reise warten auf uns. Ein Jahr lang werden wir uns — es ist ein Geschenk meines Vaters — an den blauen Seen der Schweiz aufhalten, und wir werden die Bauwerke Italiens und Ägyptens bewundern, bis wir uns dann unter den Heiligen Zedern des Libanon ausruhen. Du wirst Prinzessinnen treffen, die dich um deinen Schmuck und deine Kleider beneiden werden.

All dies tue ich nur für dich; wirst du auch zufrieden sein?« Bald darauf gingen sie weiter und zertrampelten die Blumen auf dem Boden, genauso wie ein Reicher die Herzen der Armen mit

Füßen tritt. Als sie meiner Sicht entschwunden waren, stellte ich einen Vergleich zwischen Liebe und Geld an, um herauszufinden, welchen Platz sie in meinem Herzen einnehmen.

Geld! Die Quelle unaufrichtiger Liebe, der Brunnen trügerischen Lichts und falschen Glücks; der Ursprung vergifteten Wassers; die Hoffnungslosigkeit des Alters!

Meine Gedanken bewegten sich noch immer in dem weiten Land meiner Betrachtungen, als sich ein ärmlich aussehendes Paar ebenfalls in meiner Nähe niederließ; ein junger Mann und eine junge Frau, die aus ihrer Hütte in den benachbarten Feldern gekommen waren. Nach einer Weile vollkommener Stille vernahm ich folgende Worte, die von einem tiefen Seufzer begleitet waren: »Weine nicht, Geliebte! Die Liebe öffnet uns die Augen und macht unsere Herzen frei; sie kann uns auch den Segen der Geduld schenken. Tröste dich über unsere Trennung. Wir haben uns einen ewigen Eid geschworen, als wir das Heiligtum der Liebe betraten. Unsere Liebe wird auch in bösen Zeiten Bestand haben, denn in ihrem Namen ertragen wir die Beschwernisse der Armut und die Qualen der Einsamkeit. Ich werde diese Widerwärtigkeiten besiegen, und dann lege ich eine Kraft in deine Hände, die uns über alles hinweghelfen wird, die Reise des Lebens gemeinsam zu vollenden.

Die Liebe, welche Gott selbst ist, wird unsere Seufzer und unsere Tränen entgegennehmen, als wären sie Weihrauch, den wir vor ihrem Altar verbrennen, und sie wird uns mit Stärke belohnen. Leb wohl, Geliebte! Ich muß dich verlassen, ehe der Mond schwindet.«

Eine klare Stimme, in der die verzehrende Flamme der Liebe, die hoffnungslose Bitterkeit der Sehnsucht, aber auch die entschlossene Kraft der Geduld mitschwangen, rief: »Leb wohl, mein Geliebter!« Dann trennten sie sich, und ihr Klagelied wurde vom Jammer meines weinenden Herzens verdrängt.

Ich blickte auf die schlafende Natur, und äußerst bewegend enthüllte sich mir das wahre Wesen einer unendlich weitläufigen Empfindung, die durch keine Macht zu erlangen, durch keinen Einfluß zu erwerben und mit keinerlei Reichtum zu kaufen ist. Die Tränen der Vergangenheit vermögen sie nicht auszulöschen, und die Trauer kann sie nicht töten. Sie ist weder an den blauen

Seen der Schweiz noch bei den prächtigen Bauwerken Italiens zu entdecken. Sie ist etwas, das Stärke mit Geduld verbindet, etwas, das trotz Widerstandes wächst, das im Winter wärmt, im Frühling sich entfaltet, im Sommer einen leichten Wind verursacht und im Herbst Früchte trägt: Ich meine die Liebe.

Asche der Zeiten und ewiges Feuer

Erster Teil

Im Frühjahr des Jahres 116 v. Chr.

Die Nacht war hereingebrochen, und die Stille hatte sich ausgebreitet, während sich in der Stadt der Sonne* das Leben dem Schlummer hingab. In den Häusern, die rund um die prächtigen Tempelanlagen inmitten von Oliven- und Lorbeerhainen standen, waren die Lichter erloschen. Das silberne Licht des Mondes fiel auf die weißen Marmorsäulen, die in der schweigenden Nacht wie Riesen in die Höhe ragten, die Tempel der Götter bewachten und bestürzt auf die Zedern des Libanon blickten, die windzerzaust auf den Kuppen der weit entfernten Hügel standen.

Zu dieser Stunde, da alle Seelen der Verlockung des Schlafes erlagen, betrat Nathan, der Sohn des Hohenpriesters, den Tempel der Ischtar. In seiner zitternden Hand hielt er eine brennende Fackel und entzündete damit die Lampen und Opferschalen, so daß der Duft von Myrrhe und Weihrauch den Raum bis in die hinterste Ecke erfüllte. Dann kniete er vor dem mit Elfenbein und Gold beschlagenen Altar nieder, streckte seine Hände flehend zu Ischtar empor und rief mit vor Qual erstickter Stimme:

---

* Gemeint ist Baalbek oder die Stadt des Baal, welche die Völker der Antike ›Die Stadt der Sonne‹ oder Heliopolis nannten; sie war zu Ehren des Sonnengottes Helios erbaut worden. Die Geschichtsschreiber hielten Baalbek für die schönste Stadt des Mittleren Ostens. Ihre Ruinen, die heute noch besichtigt werden, weisen in ihrer Architektur einen starken römischen Einfluß auf, der aus der Zeit der Besetzung Syriens durch die Römer stammt.

»Hab Erbarmen mit mir, o große Ischtar, du Göttin der Liebe und der Schönheit! Zeige Mitleid und nimm die Hand des Todes von meiner Geliebten, die meine Seele nach deinem Willen erwählt hat… Weder die Heilmittel der Ärzte noch die Gebete der Priester und die Beschwörungen der Magier bewirken etwas. Nun kann nur noch dein heiliger Wille Rettung bringen. Du führst mich und bist meine Hilfe. Hab Mitleid mit mir und erhöre meine Gebete!* Blicke auf mein gebrochenes Herz und meine klagende Seele! Rette das Leben meiner Geliebten, damit wir uns an dem Geheimnis deiner Liebe erfreuen und die Schönheit der Jugend rühmen können, die das Mysterium deiner Macht und deiner Weisheit offenbart. Aus tiefstem Herzen rufe ich zu dir, erhabene Ischtar, und im Dunkel der Nacht suche ich nach deiner Barmherzigkeit. Höre mich, o Ischtar! Ich bin dein treuer Diener Nathan, der Sohn des Hohenpriesters Hiram. Von deinem Altar weihe ich alle meine Taten und Worte deiner Größe.

Ich liebe ein Mädchen und bin mit ihr verlobt.

Böse Geister haben ihrem Körper eine fremdartige Krankheit eingehaucht und ihr den Boten des Todes gesandt, der wie ein Gespenst an ihrem Bett steht, seine schwarzen Schwingen über sie breitet und seine scharfen Krallen nach ihr ausstreckt. Ich komme nun zu dir, um dich um Barmherzigkeit zu bitten. Rette diese Blume, die den Sommer des Lebens noch nicht genießen konnte. Erlöse sie vom Zugriff des Todes, und wir werden dich mit Freuden preisen, dir zu Ehren Weihrauch entzünden und an deinem Altar opfern; wir wollen duftendes Öl in deine heiligen Gefäße füllen und Rosen und Veilchen vor deinem Bild ausstreuen. Rette sie, o Ischtar, Göttin der Wunder, und laß die Liebe als Siegerin hervorgehen aus diesem Kampf der Freude gegen die Trauer.«**

---

* Ischtar war die Göttin der Phönizier. Sie wurde in Tyrus, Sidon, Sur, Djabeil und Baalbek als die Überbringerin der Lebensfackel und Beschützerin der Jugend verehrt. Die Griechen nannten sie Aphrodite, die Göttin der Liebe und Schönheit, die Römer Venus.
** In der Zeit vor dem Islam glaubten die Araber, daß ein Geist, der einen Menschen liebt, imstande wäre, diesen von einer Heirat abzuhalten. Gelänge es ihm aber doch nicht, würde er die Braut verhexen und sie sterben lassen. Dieser Aberglaube hat sich in einigen kleinen Dörfern des Libanon bis heute gehalten.

Nathan wurde endlich ruhiger. Seine Augen waren voll Tränen, und er seufzte aus tiefstem Herzen, ehe er wieder sprach: »Ach, meine Träume sind erschüttert, o göttliche Ischtar, und mein Herz vergeht. Gib mich durch deine Gnade dem Leben zurück und errette meine Geliebte!«

In diesem Augenblick betrat einer seiner Diener den Tempel, ging auf ihn zu und flüsterte: »Herr, sie schlug die Augen auf und blickte umher, konnte Euch aber nicht entdecken; dann rief sie nach Euch, und ich bin so schnell wie möglich hierher gelaufen, um Euch zu holen.« Nathan eilte zurück, und der Diener folgte ihm.

Im Palast angekommen, betrat er sofort das Gemach der Kranken und beugte sich über ihr Lager. Er ergriff ihre abgemagerte Hand und küßte unentwegt ihre blassen Lippen, so als wolle er ihrem Leib Leben von seinem eigenen einhauchen. Sie bewegte ihr Haupt auf den seidenen Kissen und schlug die Augen auf.

Auf ihren Lippen zeigte sich der Abglanz eines Lächelns als schwaches Zeichen des Aufbäumens eines sich noch regenden Lebens.

Es war das Echo eines rufenden Herzens, das seinem Ende zustrebte. Und mit einer Stimme, die wie die schwachen Laute eines Kindes an der Brust seiner Mutter klang, sagte sie: »Die Göttin hat mich zu sich gerufen, o Leben meiner Seele, und der Tod ist gekommen, um mich von dir zu trennen. Aber fürchte dich nicht, der Wille der Göttin ist heilig, und was der Tod fordert, ist gerecht.

Ich gehe nun dahin und merke bereits, wie er näherkommt. Aber die Kelche unserer Liebe und Jugend sind noch gefüllt, und die blumenbestreuten Wege eines schönen Lebens liegen noch vor uns.

Mein Geliebter, ich habe die Arche des Geistes bestiegen und werde wieder in diese Welt kommen, denn die große Ischtar bringt die Seelen jener Liebenden zurück, die in die Ewigkeit aufgebrochen sind, ehe sie die Wonne der Liebe und das Glück der Jugend genießen konnten.

Wir werden uns wiedersehen, Nathan, und gemeinsam wollen wir dann den Tau aus den Kelchen der Lilien trinken, und auf den Feldern werden wir uns mit den Vögeln über die Farben des Regenbogens freuen. Bis dahin, mein Geliebter, leb wohl!«*

Ihre Stimme wurde schwächer, und ihre Lippen zitterten wie eine einsame Blume im Morgenwind. Nathan schlang die Arme um sie und benetzte ihr Antlitz mit seinen Tränen. Er preßte seinen Mund auf ihre Lippen und spürte, daß sie kalt wie Eis waren. Fürchterlich schrie er auf, zerfetzte sein Gewand und warf sich auf den Leichnam; währenddessen schwebte seine zerrissene Seele zwischen den Höhen des Lebens und dem Abgrund des Todes.

In der Stille jener Nacht erwachten die Schlafenden, und Frauen und Kinder wurden in Schrecken versetzt, denn aus dem Palast des Hohenpriesters der Ischtar drang lautes Jammern und bitteres Wehklagen. Als der Morgen anbrach, kamen die Menschen, um Nathan ihr Mitgefühl auszudrücken, doch man sagte ihnen, er sei verschwunden. Vierzehn Tage später berichtete der Anführer einer Karawane, die aus dem Osten angekommen war, er habe Nathan draußen in der Wildnis gesehen; er sei mit einer Gazellenherde gewandert.

Jahrhunderte vergingen, und mit ihren unsichtbaren Füßen zertraten sie die Errungenschaften der Vergangenheit. Die Göttin der Liebe und der Schönheit hatte das Land verlassen, und eine fremde, launenhafte Gottheit übernahm ihren Thron. Sie zerstörte die herrlichen Tempel der Sonnenstadt und machte die prächtigen Paläste dem Erdboden gleich. Die blühenden Gärten und die fruchtbaren Felder trockneten aus, und nichts blieb an diesem Platze stehen außer Ruinen, welche die Geister der Vergangenheit heraufbeschwören und das Echo längst verklungener Hymnen zurückwerfen. Doch die schweren Zeiten, welche die Werke des Menschen zerbrachen, vermochten seine Träume nicht zu zerstören. Und sie waren auch unfähig, seine Liebe zu schwächen, denn Träume und Liebe leben immerdar im ewigen

---

* Viele Asiaten sind von diesem Glaubenssatz überzeugt; sie entnehmen ihn ihren heiligen Schriften. Mohammed sagt: »Ihr waret tot, doch Er hat euch dem Leben wiedergegeben, und Er wird euch erneut töten und wird euch wieder erwecken, worauf ihr zu Ihm zurückkehren werdet.« Buddha sagt: »Gestern noch weilten wir in diesem Leben, doch heute kamen wir und werden nicht mehr aufhören, zurückzugehen, bis wir vollkommen werden wie Gott.«

Geist. Sie mögen eine Zeitlang verschwunden bleiben wie die Sonne, sobald die Nacht einbricht, oder wie die Sterne, wenn der Morgen naht; aber so sicher wie die Lichter des Himmels kehren sie wieder zurück.

Zweiter Teil

Im Frühling des Jahres 1890

Der Tag ging zur Neige, und die Natur bereitete sich auf den Schlaf vor; die Sonne zog ihre goldenen Strahlen aus der Ebene um Baalbek zurück. Ali El Husseini* führte seine Herde auf die Wiesen inmitten der Tempelruinen. Er ließ sich in der Nähe der alten Säulen nieder, die wie die Gebeine zahlloser auf dem Schlachtfeld gebliebener Soldaten anmuteten. Während Ali auf seiner Flöte spielte, weideten die Schafe friedlich um ihn herum.

Es wurde Mitternacht, und der Himmel streute die Saat des kommenden Tages in die tiefen Furchen der Dunkelheit. Alis Lider wurden schwer von den auftauchenden Traumbildern, und sein Geist ermattete unter dem Zug der Geister, die in der schrecklichen Stille aus dem verfallenen Gemäuer heraufstiegen. Er legte den Kopf auf die Arme, und der Schlaf breitete einen Schleier über seine Sinne, so wie sich ein leichter Nebel auf die Oberfläche eines stillen Sees legt. Ali vergaß sein irdisches Dasein und begegnete seinem geistigen, unsichtbaren Selbst, das voll von Träumen und Vorstellungen war, welche die Gesetze und Regeln der Menschen weit überstiegen. Vor seinen Augen erstand eine Vision, und die verborgenen Geheimnisse des Lebens offenbarten sich ihm. Seine Seele kannte keine Zeit mehr und stürzte sich in das Nichts; allein stand sie wohlgeformten Gedanken und glasklaren Empfindungen gegenüber. Zum ersten Mal in seinem Leben erkannte Ali die Ursachen des geistigen Hungers, der seiner Jugend Begleiter war. Es war ein Hunger, der alle Bitterkeit und Süße des Lebens ausglich... Ein Durst, der die Seufzer des Gefühls und die Ruhe der Genugtuung in Einklang

---

* Die Husseins sind ein Teil eines arabischen Stammes, der in der Ebene von Baalbek in Zelten wohnt.

140

brachte… Eine Sehnsucht, die aller Ruhm dieser Welt nicht zu besiegen vermochte und die der Lauf der Zeit nicht wenden konnte. Ali verspürte in sich das Wogen einer seltsamen Empfindung und einer Art von Zärtlichkeit. Es war die Erinnerung, die aufflammte wie Weihrauch, wenn er ins Feuer geworfen wird. Es war eine übernatürliche Liebe, die mit sanften Fingern an sein Herz rührte, so wie die gefühlvollen Hände eines Musikers die Saiten einer Laute streicheln. Es war eine neue Kraft, die aus dem Nichts erstand und mächtig anwuchs; sie umfing Alis Geist mit einer Liebe, die schmerzhaft brannte, aber zugleich unsagbar süß war.

Ali blickte auf die Ruinen, und seine müden Augen wurden lebhaft, als er sich vorstellte, daß diese zerstörten Altäre vor langer Zeit in mächtigen, uneinnehmbaren und unvergänglichen Tempeln gestanden waren. In seinen Blick kam Bewegung, und sein Herz schlug rascher. Wie ein Blinder, der plötzlich sehend geworden war, begann er zu erkennen und seine Gedanken zu sammeln… Er erinnerte sich an die Lampen und Silberschalen, die um die Statue einer ehrfurchtgebietenden Göttin aufgestellt waren… Er entsann sich der Priester, welche Opfergaben vor einem Altar niederlegten, der mit Elfenbein und Gold reich verziert war… Es erschien ihm ein Bild von tanzenden Jungfrauen und Tambourinspielern und auch von Sängern, die das Lob der Göttin der Liebe und Schönheit verkündeten. All dies sah er vor seinem geistigen Auge, und er spürte, wie die Eindrücke sich in den Tiefen seines Herzens aus der Dunkelheit erhoben.

Aber die Erinnerung allein bringt nichts anderes zurück als das Echo von Stimmen, die vor langer Zeit gehört worden waren. Was also bedeutet diese eigenartige Beziehung zwischen solch starken Rückblicken und dem bisherigen Leben eines einfachen jungen Mannes, der in einem Zelt geboren worden war und seine Jugend damit verbracht hatte, in den Tälern die Schafe zu weiden?

Ali stand auf und ging zwischen den Ruinen hin und her, und mit einem Mal zogen die nagenden Erinnerungen den Schleier des Vergessens von seinem Gedächtnis. Als er an den großen, ausgehöhlten Eingang des Tempels kam, hielt er an. Es war, als ob eine magnetische Kraft ihn ergriffe und seine Füße festhielte.

Als er hinabblickte, sah er eine zerbrochene Statue auf dem Boden liegen, und unter dem Druck einer unsichtbaren Macht brach er zusammen. Seine Seele wurde von Tränen überschwemmt, die wie Blut aus einer tiefen Wunde flossen, und sein Herzschlag stieg und fiel wie die Gezeiten des Meeres. Er seufzte tief und weinte bitterlich, denn er verspürte eine schmerzhafte Einsamkeit und eine bedrückende Entfernung, die sein Herz wie ein Abgrund von dem Herzen trennte, das in ihm gewohnt hatte, ehe er in dieses Leben getreten war. Er begriff, daß sein wahres Sein nichts anderes war als die Flamme jener brennenden Fakkel, die Gott vor dem Beginn der Zeiten von seinem eigenen Selbst abgetrennt hatte. Er fühlte den federleichten Flügelschlag, der sein Herz berührte, und eine große Liebe nahm von ihm Besitz... eine Liebe, deren Kraft den Geist von der Welt des Wägens und des Messens trennt... eine Liebe, die spricht, sobald die Sprache des Lebens verstummt... eine Liebe, die wie ein blaues Leuchtfeuer auf den Weg gerichtet ist und mit ihrem unsichtbaren Licht die Führung übernimmt.

Diese Liebe oder das, was Gott in dieser Stunde der Stille in Alis Herz legte, hatte in ihm Gefühle erweckt, die süß und bitter zugleich waren; sie glichen den Dornen, welche an der Seite der schönsten Blumen wachsen.

Doch was verkörpert diese Liebe und woher kommt sie? Was will sie von einem Schäfer, der inmitten von Ruinen kniet? Ist sie ein Samenkorn, das ein Beduinenmädchen unachtsam in sein Herz streute? Oder ist sie ein heller Strahl, der hinter einer dunklen Wolke hervortritt, um das Leben zu erleuchten? Ist sie ein Traum, der in der stillen Nacht heranschleicht, um ihn zu verspotten? Oder ist sie eine Wahrheit, die von Anfang an da war und bleiben wird bis an das Ende der Zeit?

Ali schloß seine tränenfeuchten Augen, streckte wie ein Bettler die Hände aus und rief: »Wer bist du, der sich meinem Herzen so sehr genähert hat, den ich aber nicht erblicken kann; der eine gewaltige Mauer zwischen mich und mein wahres Selbst stellt und meine Gegenwart mit meiner vergessenen Vergangenheit verbindet? Bist du ein Schatten aus der Welt der Ewigkeit, der mir die Leere des Lebens und die Schwäche des Menschengeschlechts aufzeigt? Oder bist du ein mächtiger Geist, der aus den

Spalten der Erde aufgetaucht ist, um mich zu unterwerfen und zum Gespött der Jünglinge meines Stammes zu machen? Wer bist du, und was bedeutet diese sonderbare Macht, die mein Herz zugleich schwächt und ermuntert? Wer bin ich, und was stellt dieses eigenartige Selbst dar, das ich ›Ich‹ nenne? Hat das Wasser des Lebens einen Engel aus mir gemacht, als ich es trank, so daß ich nun die Geheimnisse des Universums sehen und hören kann, oder habe ich nur schlechten Wein getrunken, der mich vergiftet hat und mich erblinden ließ?«

Ali wurde ruhiger, aber seine Beklemmung nahm zu, und sein Geist weitete sich aus. Dann fuhr er fort: »O du, den die Seele mir offenbart und die Nacht verbirgt… O du wunderbarer Geist, der im Himmel meiner Träume schwebt!

Du hast Gefühle in mir erweckt, die wie Saatkörner unter einer weißen Schneedecke schlafen. Du kamst zu mir wie ein frischer Wind, der meinem hungrigen Selbst den Duft der himmlischen Blumen brachte. Du hast an meine Sinne gerührt und hast sie bewegt und erzittern lassen wie das Laub an den Bäumen. Laß mich dich jetzt sehen, wenn du ein menschliches Wesen bist, oder befiehl, dem Schlaf, meine Lider zu schließen, damit ich innerlich deine Unermeßlichkeit wahrnehmen kann. Laß mich dich berühren, laß mich deine Stimme hören! Nimm den Schleier weg, der mein ganzes Sein umhüllt, und zerstöre die Mauer, die meine Göttlichkeit vor meinem forschenden Auge verbirgt. Gib mir Flügel, damit ich dir in die höchsten Regionen des Universums folgen kann, oder berühre meine Augen mit deinem Zauberstab, und ich komme mit dir in die Welt der Geister, falls du einer von ihnen bist. Und wenn du mich für würdig erachtest, so lege deine Hand auf mein Herz und nimm Besitz von mir.«

Ali flüsterte diese Worte in die unfaßbare Dunkelheit hinein, und vor ihm krochen die Geister der Nacht heran, als wären sie Dämpfe, die von seinen heißen Tränen herrührten. An den Tempelwänden erblickte er Phantasiegebilde in allen Farben des Regenbogens.

Auf diese Weise verging eine Stunde, in welcher Ali weinend seinen elenden Zustand beobachtete und auf das Pochen seines Herzens hörte. Er sah hinter die Dinge und konnte wahrnehmen, wie die Bilder des Lebens langsam entschwanden und durch einen Traum ersetzt wurden, der von fremdartiger Schönheit und furchterregender Größe war. Wie ein Prophet, der in die Sterne blickt und auf eine göttliche Eingebung wartet, stellte Ali Überlegungen an über die Kraft, die hinter diesen Vorstellungen stand. Er fühlte, wie sein Geist aus ihm heraustrat und durch den Tempel schwebte, als wäre er ein wertloses, unbekanntes Stück von ihm, das in den Ruinen verlorengegangen war.

Es dämmerte, und durch die Stille brauste der Morgenwind. Die ersten Strahlen der Sonne brachen hervor und erleuchteten jedes Teilchen der Luft; und der Himmel lächelte wie ein Schläfer, der im Traum das Bild seiner Geliebten erblickt. Die Vögel schlüpften aus den Mauerritzen und sangen in der Säulenhalle ihr Morgenlied.

Ali hielt die Hand vor die Stirn und blickte mit glasigen Augen auf das, was vor ihm lag. Wie Adam, nachdem ihm der Atem des Allmächtigen die Augen geöffnet hatte, sah er neue und absonderliche Dinge. Er rief seine Schafe herbei, und sie folgten ihm ruhig auf die saftigen Wiesen. Während er sie leitete, betrachtete er den Himmel; dabei glich er einem Philosophen, der über die Geheimnisse des Universums nachdenkt. Als er zu einem Bach kam, dessen Plätschern seinen Geist besänftigte, setzte er sich am Ufer unter einer Weide nieder. Ihre Zweige hingen weit in das Wasser hinein, als wollten sie aus den kühlen Tiefen trinken. Und der Morgentau glänzte auf dem Fell der Schafe, während sie inmitten von Blumen und Gras weideten.

Nach kurzer Zeit fühlte Ali, wie sein Herz erneut schneller schlug, und er begann sichtlich unruhig zu werden. Wie eine Mutter, die vom Schreien ihres Kindes aus dem Schlaf gerissen wird, sprang er auf. Und wie unter einem Zwang richtete er seine Augen auf die andere Seite des Baches und erblickte ein Mädchen, das einen irdenen Krug auf der Schulter trug. Langsam kam sie näher, und als sie das Ufer erreicht hatte, beugte sie sich nieder, um den Krug zu füllen. Dabei blickte sie zum anderen Ufer hinüber, und ihre Augen begegneten Alis Blicken. Sie schrie auf, ließ den Krug zu Boden fallen und wich zurück. Dann aber trat sie wieder vorwärts und starrte Ali ängstlich und von Zweifeln gequält an.

Eine Minute verging, und die Sekunden wurden zu glitzernden Lampen, die Herzen und Geist erleuchteten; und die Stille brachte verschwommene Erinnerungen zurück und deckte Bilder und Schauplätze auf, die weit entfernt von diesem Bach und diesen Bäumen lagen. Die beiden vernahmen einander in der lautlosen Stille, und jedes achtete auf die Seufzer des anderen Herzens, bis vollständiges Erkennen zwischen ihnen aufkam.

Ali, den eine geheimnisvolle Kraft ergriffen hatte, sprang über den Bach, näherte sich dem Mädchen und umarmte und küßte es. Bewegungslos stand die junge Frau da, als hätte ihr Alis sanfte Berührung jeden Willen genommen und alle Energie geraubt. Sie gab sich hin wie der Duft des Jasmins sich dem Wind überläßt, der ihn hinauf an das weite Firmament trägt.

Sie legte den Kopf an Alis Brust wie das Opfer einer Folterung, das endlich Ruhe findet. Sie seufzte tief… es war ein Seufzer aufkommenden Glücks in einem gequälten Herzen; er gab Kunde von sich wieder regendem Leben, das auferstanden war, nachdem es verletzt und der Erde übergeben worden war.

Das Mädchen hob den Kopf und blickte Ali mit den Augen der Seele an. Es war der Blick eines menschlichen Wesens, das die herkömmliche Sprache für gering erachtet, aber einen Ausdruck besitzt, der unzählige Gedanken in den unausgesprochenen Worten des Herzens darreicht. Es war der Blick von jemandem, der die Liebe nicht als einen Geist in einer Hülle von Worten ansieht, sondern als die Wiederbegegnung von zwei Seelen nach langer Zeit, nachdem sie durch irdische Geschehnisse getrennt und nun durch Gott wieder zusammengeführt worden waren.

Die beiden Liebenden wandelten unter den Weidenbäumen, und die Gesondertheit von beiden brachte ihre Einheit zum Ausdruck. Sie waren *ein* Auge, das den Glanz der Glückseligkeit erschaute, und waren *ein* Ohr, das den Offenbarungen der Liebe lauschte.

Die Schafe weideten, und die Vögel schwebten am Himmel und sangen das Lied des Morgens, der die Nacht verdrängt hatte. Als Ali und seine Geliebte ans Ende des Tals gelangten, ging gerade die Sonne auf und legte ein goldenes Gewand über die Hügel und Höhen. Die Liebenden setzten sich an einen Felsen, an dem Veilchen wuchsen. Das Mädchen blickte in Alis dunkle Augen, und der Wind liebkoste ihr Haar, als wolle er die schimmernden Flechten küssen. Sie spürte, wie ein geheimnisvolles, starkes Gefühl ihre willenlosen Lippen berührte, und mit bezaubernder, ernster Stimme sprach sie: »Ischtar hat unser beider Seelen aus einem anderen Leben in dieses zurückgeführt, so daß uns nun die Freuden der Liebe und der Glanz der Jugend nicht länger verwehrt sind, mein Geliebter.«

Ali schloß die Augen, denn der Klang ihrer Stimme hatte ihm die Bilder eines Traumes hergebracht, und er fühlte, wie er auf unsichtbaren Schwingen in ein fremdartiges Gemach getragen wurde. Dort sah er sich vor einem Bett stehen, auf dem der Körper eines Mädchens lag, dessen Schönheit der Tod an sich gerissen hatte. Ali stieß einen angsterfüllten Schrei aus, doch als er die Augen öffnete, sah er dasselbe Mädchen an seiner Seite sitzen. Auf ihren Lippen lag ein Lächeln, und in ihren Augen glänzte das Licht des Lebens. Alis Gesicht erhellte sich, und sein Herz wurde leicht. Die Trugbilder lösten sich langsam auf, und er vergaß die Vergangenheit samt ihren Schrecken. Die Liebenden umarmten einander und leerten gemeinsam den Kelch der Liebe, bis sie berauscht waren. Dann schliefen sie — jeder in den Arm des anderen gebettet —, bis der letzte Rest der Schatten zurückgewichen war vor der ewigen Macht, die sie erweckt hatte.

Zwischen der Nacht und dem Morgen

Sei ruhig, mein Herz,
Das All kann dich nicht hören.
Sei ruhig, die Luft ist voller Klagen
Und hat für deine Lieder keinen Raum.

Sei ruhig, die nächtlichen Phantome
Beachten dein geflüstertes Geheimnis nicht;
Und auch die Reigen dunkler Schatten
Halten nicht vor deinen Träumen.

Sei ruhig, mein Herz, es dämmert bald;
Denn wer geduldig auf den Morgen wartet,
Wird ihn auch finden, und wer das Licht liebt,
Wird vom Lichte auch geliebt.

Sei ruhig, mein Herz, und hör mir zu!
Im Traume sah ich eine Nachtigall,
Die über dem Feuerschlund eines Vulkans
Ihr Lied sang; und ich erblickte eine Lilie,
Die aus dem Schnee heraus ihr Haupt erhob.
Ich nahm eine Paradiesjungfrau wahr,
Die nackt inmitten der Gräber tanzte.
Ich sah ein Kind mit Totenschädeln spielen;
Und dabei lachte es.

All diese Bilder konnte ich in meinem Traum erkennen.
Als ich jedoch erwachend um mich schaute,
Merkte ich, daß der Vulkan noch immer rauchte,
Die Nachtigall jedoch war nicht zu hören,
Und auch zu sehen war sie nicht.

Ich sah den Himmel Schnee auf Felder
Und auf Täler streuen, und unter seiner weißen Decke
Versteckte er die Lilien. Und in der Stille der
Vergangenheit entdeckt' ich eine Reihe Gräber,
Doch niemand tanzte oder betete in ihrer Mitte.
Auch einen Haufen Knochen konnt' ich finden,
Jedoch es lachte nur der Wind.

Als ich erwachte, sah ich Gram und Leid.
Was war denn mit der Freude und der Süße
Meines Traums geschehen? Wohin war seine Schönheit
Nun entschwunden? Auf welche Weise
Haben sich die Bilder aufgelöst?

Kann eine Seele denn geduldig sein,
Solange sie der Schlaf mit Phantasien
Voll Hoffnung und Verlangen stärkt?

Gib acht, mein Herz, vernimm meine Geschichte:
Gestern noch glich meine Seele einem Baum,
Der seine Wurzeln tief ins Erdreich streckte
Und dessen Äste die Unendlichkeit erreichten.
Im Frühling blühte meine Seele
Und trug im Sommer Früchte.

Sobald der Herbst kam, sammelte ich diese Früchte ein
Und legte sie auf eine Silberschale.
Ich stellte sie für die Passanten an den Straßenrand;
Ein jeder, der vorüberkam, nahm eine Frucht
Und ging zufrieden weiter.

Doch als der Herbst vergangen war,
Und als aus seiner Wonne Klage wurde,
Sah ich, daß in der Schale noch eine Frucht geblieben war.
Ich nahm sie mir und aß sie auf.
Jedoch sie schmeckte bitterer als Galle
Und war so sauer wie ungereifte Trauben.
Da sagte ich: »Weh mir, ich habe einen Fluch
Den Menschen in den Mund gelegt und ihnen Leid gebracht!
Was hast du mit dem süßen Saft gemacht, o Seele,
Den deine Wurzeln aus der Erde sogen?
Und mit dem Duft, den du vom Himmel nahmst?«
Voll Zorn riß ich den alten, starken Baum
Mit allen seinen Fasern aus der tiefen Erde.

Ich riß ihn fort von der Vergangenheit
Und nahm ihm die Erinnerung an tausend Lenze
Und tausendfachen Herbst. Ich pflanzte ihn

An eine and're Stelle. Da stand er nun
In einem Feld weitab vom Pfad der Zeit.
Am Tag und in der Nacht war ich in Kümmernis
Um ihn und sagte mir: »Die Wachsamkeit
Wird uns den Sternen näher bringen.«

Mit Blut und Tränen goß ich ihn und sagte:
»Würzig ist das Blut und süß die Tränen.«
Und als der Frühling wiederkam,
Begann mein Baum zu blühen.
Im Sommer trug er Früchte, und im Herbste
Sammelte ich alle in einer gold'nen Schale.
Und wieder stellte ich sie an die Straße;
Doch keiner, der vorbeiging, wollte eine haben.

Da nahm ich eine Frucht und führte sie an meine Lippen
Und stellte fest, daß sie so süß wie Honig war,
Berauschend wie der Wein aus Babylon und duftend wie Jasmin.
Ich rief: »Die Menschen wollen keine Wohltat haben
In ihrem Munde und im Herzen keine Wahrheit,
Denn die Wohltat ist der Tränen Tochter,
Und die Wahrheit ist der Sohn des Blutes.«

Ich verließ die laute Stadt und setzte mich
Im Schatten des Baumes meiner Seele nieder,
Der einsam auf dem Felde wuchs, das weit entfernt
Vom Pfad des Lebens liegt.

Sei ruhig, mein Herz, bis sich der Morgen naht;
Sei ruhig und vernimm meine Geschichte:
Meine Gedanken waren gestern noch einem Boote gleich,
Das auf den Wogen des Meeres dahinfuhr;
Es ließ sich vom Wind von einer Küste zur anderen tragen.
Auf meinem Boot gab es nichts außer sieben Gefäßen,
Und in jedem davon war eine Farbe des Regenbogens enthalten.
Als ich es leid war, mich auf dem Antlitz der See
Fortzubewegen, sprach ich zu mir:
»Ich will mit dem leeren Boot meiner Gedanken
Zurückkehren auf die Insel meiner Geburt.«

Und ich bestrich mein Boot so gelb wie die Sonne
Und grün wie das Herz des Frühlings.
Es bekam ein Blau wie der Himmel
Und das Rot einer Anemone.
Auf den Mast und die Ruder malte ich bunte Figuren,
Sie sollten die Aufmerksamkeit fesseln und das Auge blenden.
Als ich mit meiner Arbeit fertig war,
Schien mein Boot die Vision eines Sehers zu sein,
Die zwischen zwei endlosen Räumen segelte,
Zwischen Himmel und Meer.

Endlich betrat ich die Insel, wo ich geboren war.
Im Hafen schon wurd' ich mit fröhlichen Liedern empfangen.
Die Menschen führten mich in die Stadt,
Sie sangen und schlugen das Tamburin.

Diesen Empfang gab es nur,
Weil mein Boot schön bemalt war;
Doch keiner kam, um das Inn're zu sehen.
Es fragte auch keiner, was ich gebracht
Von jenseits der See.
Und niemand nahm wahr, daß das Schiff leer war,
Denn der äußere Schmuck blendete alle.
Daraufhin sagte ich mir:
»Ich habe das Volk in die Irre geführt;
Mit sieben Töpfen voll Farbe täuschte ich es.«

Ich bestieg das Boot meiner Gedanken erneut
Und setzte die Segel.
Ich besuchte die Inseln des Ostens
Und sammelte Myrrhe, Weihrauch und Sandelholz;
Und alles brachte ich auf mein Boot...
Ich durchstreifte die Inseln des Westens
Und fand kostbares Elfenbein,
Rubine, Smaragde und seltene Steine...
Ich fuhr zu den Inseln des Südens und nahm
Glänzende Schwerter, Speere und allerlei Waffen mit...
Ich belud das Boot meiner Gedanken
Mit den erlesensten und kostbarsten Dingen der Welt.

Dann segelte ich wieder zurück
Zu der Insel meiner Geburt und dachte:
»Die Menschen werden mich abermals rühmen,
Aber diesmal mit ehrlichem Grund,
Und sie werden mich in die Stadt führen
Und meine Leistungen würdigen.«

Doch als ich den Hafen erreichte,
War niemand erschienen, der mich willkommen hieß...
Ich ging durch die Straßen meines früheren Ruhms,
Doch keiner würdigte mich eines Blicks...
Ich stellte mich auf den Marktplatz
Und sprach zu den Menschen von den Schätzen
Auf meinem Boot; doch sie lachten mich aus
Und nahmen keine Notiz von mir.

Ich kehrte zum Hafen zurück,
Tief enttäuscht und mit verwirrtem Herzen.
Und als ich mein Boot in Augenschein nahm,
Bemerkte ich etwas, das mir während der Reise
Entgangen war. — »Die Wogen der See«, rief ich,
»Haben die Farben und die Figuren,
Mit denen das Schiff verziert war, weggeschwemmt;
Nun sieht es aus wie ein Skelett!«
Tatsächlich hatten Wind und Wellen und die Sonnenglut
Bewirkt, daß des Bootes bunte Farben verschwanden.
Es sah nun aus wie ein zerlumptes graues Kleid.
Inmitten der Schätze hatte ich die Veränderung
Gar nicht bemerkt, denn durch den Inhalt des Schiffes
War dieses Mal *ich* geblendet worden.

Ich hatte die wertvollsten Dinge der Erde gesammelt,
Setzte sie in einer schwimmenden Kiste aufs Meer
Und war damit zu meinem Volke gesegelt.
Doch die Menschen verachteten mich
Und konnten mich nicht sehen, denn ihre Augen
Waren zuvor mit leerem Glanz geblendet worden.

Zu dieser Stunde verließ ich das Boot meiner Gedanken
Und suchte die Stadt der Toten auf.
Dort setzte ich mich inmitten der Gräber nieder
Und versenkte mich in ihr Geheimnis.

Sei ruhig, mein Herz, bis die Dämmerung kommt.
Sei ruhig, denn der rasende Sturm lacht
Über dein Flüstern, und die Höhlen der Täler
Verschlucken das Echo deiner schwingenden Saiten.

Sei ruhig, mein Herz, bis der Morgen sich naht.
Denn wer sein Kommen geduldig erwartet,
Wird bei Anbruch des Tages
Den Lohn der Liebe erhalten.

Es dämmert bereits. Sage mir,
Ob du bereit bist, mein Herz?
Der Morgen naht... Weshalb sprichst du nicht?
Hat nicht die Stille der Nacht
Ein Lied in dir hinterlassen,
Mit dem du den Morgen begrüßt?

Hier erheben sich nun Schwärme von Tauben,
Und die Nachtigall fliegt in das Tal zurück.
Bist du imstand, mit den Vögeln zu fliegen
Oder hat dir die schreckliche Nacht
Deine Flügel gebrochen?
Die Schäfer lassen die Herden aus ihren Zäunen heraus;
Hat dir das nächtliche Trugbild noch Kraft gelassen,
Um ihnen hinaus auf die saftigen Wiesen zu folgen?
Die jungen Männer und Frauen eilen bereits in den Weinberg;
Wirst du es ihnen auch gleichtun können?
Steh auf, mein Herz, und geh mit dem Morgen,
Denn die Nacht ist vorbei, und die Furcht vor der Dunkelheit
Hat sich mitsamt ihren schwarzen Gedanken
Und ihren gespenstischen Träumen verflüchtigt.

Steh auf, mein Herz, und singe,
Denn wer den Morgen nicht mit einem Lied begrüßt,
Ist und bleibt ein Kind der Dunkelheit.

Süßes Gift

Ein Morgen von majestätischer Schönheit lag über dem Nordlibanon, als sich die Einwohner des Dorfes Tula im Innenhof ihrer kleinen Kirche, die mitten unter den Wohnhäusern stand, versammelten. Aufgeregt sprachen sie über das plötzliche und unerwartete Weggehen von Farris Rahal, der seine junge Frau, mit der er kaum ein halbes Jahr verheiratet war, verlassen hatte.

Scheich Farris Rahal war das Oberhaupt der Dorfgemeinschaft. Er hatte seine Ehrenstellung von seinen Vorfahren geerbt, die schon Jahrhunderte hindurch die Geschicke von Tula gelenkt hatten. Obwohl er noch nicht einmal siebenundzwanzig Jahre alt war, besaß er hervorragende Fähigkeiten, die ihm die Bewunderung und Hochachtung aller Fellachen eintrugen. Als Farris Rahab Susanna heiratete, meinten die Leute: »Welch ein glücklicher Mann ist doch dieser Farris Rahal. Er hat alles erreicht, was sich ein Mensch vom Leben erhoffen kann — und dabei ist er noch so jung!«

An dem Morgen aber, als die Einwohner von Tula aufwachten und merkten, daß der Scheich all sein Geld zusammengerafft hatte, auf sein Pferd gestiegen und ohne Abschied fortgeritten war, kam Verwirrung auf, und man fragte sich, weshalb er seine Frau, sein Heim, seine Ländereien und seinen Besitz verlassen hatte.

Aus Gründen der Tradition und der geographischen Lage leben die Stämme des Libanon in engem Kontakt miteinander. Sie teilen ihre Freuden und ihre Sorgen, und bei jeder Gelegenheit kommen die Dorfbewohner zusammen, um über alles mögliche zu sprechen. Man hilft einander so gut es geht und kehrt wieder zur Arbeit zurück, bis das Schicksal ein erneutes Zusammentreffen ermöglicht.

Eine solche Gelegenheit bot sich den Leuten von Tula an diesem Tag. Man hatte einen Grund, sich bei der Kirche zu treffen und über die Abreise des Scheichs zu sprechen, und es gab verschiedene Ansichten über seinen außergewöhnlichen Schritt.

Zur gleichen Zeit kam auch Vater Estephan, das Oberhaupt der örtlichen Kirchengemeinde, an, und auf seinen erschöpften

Zügen konnte man untrügliche Zeichen tiefer Sorge erkennen. Er betrachtete die Versammlung einen Augenblick, dann sagte er: »Fragt nicht... Stellt mir keine Fragen! Heute vor Tagesanbruch klopfte Scheich Farris an meine Tür. Er führte sein Pferd mit sich und war tief bekümmert. Als ich über die ungewohnte Zeit seines Besuchs eine Bemerkung machte, gab er zur Antwort: ›Vater, ich komme, um mich zu verabschieden, denn ich werde über den Ozean segeln und niemals wieder in dieses Land zurückkehren.‹ Er übergab mir einen versiegelten Brief, der an seinen besten Freund, Nabih Malik, gerichtet war und bat mich, ihm diesen auszuhändigen. Dann bestieg er sein Pferd und brach nach Osten hin auf. Ich hatte keinerlei Gelegenheit, den Grund seiner ungewöhnlichen Abreise zu erfahren.«

Einer der Dorfbewohner bemerkte hierzu: »Ohne Zweifel wird uns sein Schreiben das Geheimnis seines Weggehens enthüllen, denn Nabih Malik ist sein engster Vertrauter.« Ein anderer fügte hinzu: »Habt Ihr seine Frau schon gesehen, Vater?« Der Priester antwortete: »Ich suchte sie nach dem Morgengebet auf. Sie stand am Fenster und starrte mit leeren Augen auf etwas Unsichtbares. Sie kam mir vor wie jemand, dem alle Sinne geschwunden sind; und als ich versuchte, sie über Farris auszufragen, sagte sie nur: ›Ich weiß es nicht! Ich weiß es nicht!‹ Dann weinte sie wie ein kleines Kind, das plötzlich zur Waise geworden ist.«

Als der Priester seine Erzählung beendet hatte, wurde die Menge von einem Gewehrschuß aufgeschreckt, der offenbar im südlichen Teil des Dorfes gefallen war. Gleich darauf war das bitterliche Weinen einer Frau zu vernehmen. Einen Augenblick standen die Leute wie gelähmt da, dann aber rannte alles zum Ort des Geschehens. Furcht und eine böse Vorahnung hatte die Menschen ergriffen. Als sie den Garten am Haus des Scheichs erreicht hatten, wurden sie Augenzeugen eines schrecklichen Bildes, das den Tod zum Urheber hatte: Nabih Malik lag auf dem Boden, und aus seiner Brust floß Blut. Susanna, die Frau von Scheich Farris Rahal, stand neben ihm, raufte sich die Haare, zerriß ihre Kleider, warf die Arme hoch und schrie: »Nabih... Nabih... warum hast du das getan?« Die Umstehenden wunderten sich, und es war, als hätte die unsichtbare Hand des Schicksals mit eisigen Fingern an ihre Herzen gerührt. In Nabihs rechter Hand fand der Priester den Brief, den er ihm am Morgen ausgehändigt hatte. Ohne daß die Leute es merkten, steckte er ihn flink unter seinen Talar.

Man trug Nabih zu seiner unglücklichen Mutter, die vor Schreck über den Tod ihres Sohnes einen Schock erlitt und ihm kurz darauf in die Ewigkeit nachfolgte. Susanna wurde langsam ins Haus geleitet; auch sie schwebte zwischen Leben und Tod.

Tief gebeugt vor Gram kehrte Vater Estephan heim. Er schloß die Tür hinter sich, holte seine Brille und begann mit leiser, zitternder Stimme den Brief zu lesen, den er dem toten Nabih aus der Hand genommen hatte:

»Mein teuerster Nabih,

Ich muß das Dorf meiner Väter verlassen, denn meine dauernde Anwesenheit bringt Dir, meiner Frau und mir selbst nur Kummer. Du bist von edler Gesinnung und verdammst den Verrat eines Freundes oder Nachbarn. Obwohl ich weiß, daß Susanna unschuldig und tugendhaft ist, weiß ich auch, daß die aufrichtige Liebe, die Dein Herz und das ihre verbindet, über Deine Kraft und über mein Vertrauen geht. Ich vermag nicht länger mehr gegen Gottes Willen anzukämpfen, so wie ich auch das Fließen des mächtigen Kadeesha-Stroms nicht aufhalten kann.

Du warst mein bester Freund, Nabih, seit wir als Kinder auf den Feldern spielten. Und bei Gott, glaube mir, Du bleibst mein Freund. Ich bitte Dich, auch in Zukunft so gut von mir zu denken wie bisher. Sage Susanna, daß ich sie liebe, und daß ich ihr Unrecht tat, als ich sie in eine ungewollte Ehe führte. Sage ihr, daß mein Herz jedesmal blutete, wenn ich in der Nacht aufwachte und sah, wie sie vor dem Jesusbild kniete, weinte und sich vor Qual an die Brust schlug.

Es gibt keine schlimmere Strafe für eine Frau, als zwischen einem Manne, den sie liebt, und einem anderen, von dem sie geliebt wird, zu stehen. Susanna litt an diesem ständigen schmerzlichen Zwiespalt, aber sie erfüllte ihre ehelichen Pflichten still und mit großer Würde. Sie versuchte, ihre Liebe zu Dir zu unterdrücken, aber es gelang ihr nicht.

Ich ziehe nun in ein fernes Land und werde niemals wiederkehren, denn ich kann einer wahren und ewigen Liebe, die von Gottes ausgebreiteten Armen umfangen wird, nicht im Wege stehen. Möge er Euch beide in seiner unerforschlichen Weisheit segnen und bewahren.

FARRIS«

Vater Estephan faltete den Brief zusammen und steckte ihn in die Tasche. Dann setzte er sich an das Fenster, das sich gegen das weit entfernte Tal hin öffnete. Er versank in tiefes Grübeln und stellte kluge und angestrengte Überlegungen an. Plötzlich sprang er auf, als hätte er hinter seinen verworrenen Gedankengängen ein schreckliches Geheimnis gefunden, das mit teuflischer Schlauheit und List ersonnen war. Er rief aus: »Wie scharfsinnig du doch bist, Farris! Wie ungeheuerlich und doch wie einfach ist dein Verbrechen! Du sandtest ihm Honig, der mit dem tödlichen Gift vermischt war, und stecktest den Tod in einen Brief! Als Nabih die Waffe auf sein Herz richtete, war es dein Finger, der abdrückte; und es war deine Willenskraft, die ihn in den Abgrund stürzte... Wie klug du doch bist, Farris!«

Zitternd setzte er sich wieder, schüttelte das Haupt und strich sich den Bart glatt. Auf seine Lippen trat ein Lächeln, das in seiner Tiefsinnigkeit schrecklicher war als das Geschehene. Er schlug sein Gebetbuch auf und begann darin zu lesen. Gelegentlich hielt er inne, hob den Kopf und hörte auf das Weinen und Klagen der Frauen, das von Tula, dem Dorf in der Nähe der Heiligen Zedern des Libanon, bis zu ihm drang.

Fünftes
Buch

Madame Rose Hanie

Erster Teil

Erbarmenswert ist der Mann, der eine Frau liebt, sie heiratet, ihr den Schweiß seiner Stirn, das Blut seines Leibes und das Leben seines Herzens zu Füßen legt und ihr auf diese Weise die Früchte seiner Arbeit und den Lohn seines Fleißes überläßt, jedoch allmählich merkt, daß das Herz, welches er zu kaufen bestrebt war, sich aufrichtig und freiwillig einem anderen Manne zugewandt hat und sich nun mit diesem an den verborgenen und tiefen Geheimnissen der Liebe erfreut.

Zu bedauern ist aber auch die Frau, die nach einer vernachlässigten und rastlosen Jugend sich im Hause eines Mannes wiederfindet, der sie mit glänzendem Gold und wertvollen Geschenken überhäuft und ihr alle Auszeichnung und Gunst der Verschwendung zuteil werden läßt, aber nicht fähig ist, ihre Seele mit dem himmlischen Wein zu beglücken, den Gott aus den Augen eines Mannes in das Herz einer Frau fließen läßt.

Ich kannte Bei Rashid Namaan seit meiner frühesten Jugend. Er war im Libanon geboren und in Beirut aufgewachsen. Als Mitglied einer reichen und alten Familie, welche die Tradition und den Ruhm ihrer Vorfahren aufrechterhielt, hatte sich Rashid hauptsächlich um Dinge zu kümmern, die mit dem Adel seiner Vorväter zusammenhingen. Im täglichen Leben hielt er sich an ihre Glaubensgrundsätze und an die Sitten, wie sie zu jener Zeit im Mittleren Osten vorherrschend waren.

Bei Rashid Namaan war ein großzügiger und offenherziger Mann, doch wie viele Syrer sah er nur die Oberfläche der Dinge und nicht ihre wahren Wurzeln. Er achtete niemals darauf, was ihm sein Herz vorschrieb, sondern war bestrebt, das zu befolgen, was seine Umgebung von ihm verlangte. Er ergötzte sich an Sachen, deren betörender Glanz seinen Augen und seinem Herzen den Zugang zu den Geheimnissen des Lebens verwehrte. Seine Seele hatte sich vom Verständnis für die Natur entfernt und einer zeitweiligen Selbstgefälligkeit hingegeben. Rashid war einer jener Menschen, die völlig übereilt ihre Zuneigung oder ihren Widerwillen anderen gegenüber äußern, sich über ihr Ungestüm ärgern, wenn es für einen Widerruf längst zu spät ist und schließlich schämen und für lächerlich halten, anstatt um Vergebung oder nachträgliche Billigung zu ersuchen.

Diese Charaktereigenschaften trieben Bei Rashid Namaan dazu, Rose Hanie zu heiraten, lange bevor seine Seele die ihre im Schatten jener wahren Liebe umarmt hatte, die aus der Einheit zweier Menschen ein Paradies schafft.

Nach einigen Jahren Abwesenheit kehrte ich nach Beirut zurück. Als ich Bei Rashid Namaan besuchte, fand ich ihn blaß und abgemagert vor. Auf seinem Gesicht spiegelte sich tiefe Enttäuschung, und seine Augen kündeten voll Trauer von einem gebrochenen Herzen und einer schwermütigen Seele. Ich war begierig, den Grund seines erbarmungswürdigen Zustands zu erfahren und zögerte nicht, nach einer Erklärung zu forschen. »Was ist dir widerfahren, Rashid?« fragte ich. »Wo ist dein strahlendes Lächeln geblieben, und was wurde aus der glücklichen Miene, die dich seit deiner Kindheit begleitete? Hat dir der Himmel einen teuren Freund entrissen oder haben dir dunkle Mächte dein Gold geraubt, das du in besseren Zeiten angesammelt hast? Im Namen unserer Freundschaft, sag mir die Ursache deiner Trauer und deiner körperlichen Schwäche!«

Er blickte mich wehmütig an, als hätte ich die Bilder glücklicherer Tage in ihm wiedererweckt. Mit trauriger und zitternder Stimme antwortete er: »Wenn jemand einen Freund verliert, dann tröstet er sich mit seinen vielen anderen Freunden, und wenn jemand um sein Gold gebracht wird, denkt er noch eine Weile daran und verbannt danach das Mißgeschick aus seinem Gedächtnis, vor allem dann, wenn er gesund und voll Unternehmungsgeist ist. Wenn der Tod in deiner Nähe zuschlägt, wirst du leiden, aber sobald Tag und Nacht vergangen sind, fühlst du wieder die sanfte Berührung des Lebens und kannst wieder lächeln und Freude empfinden.

Aber wenn ein Mann die Ruhe seines Herzens verloren hat, wo soll er Trost finden und wie kann er sie zurückholen? Welche Haltung vermag sie zu bezwingen? Das Schicksal tritt plötzlich an dich heran und versetzt dich in große Unruhe. Mit fürchterlichen Augen starrt es dich an, drückt dir mit scharfen Krallen die Kehle zu, wirft dich zu Boden und trampelt mit eisenbeschlagenen Füßen auf dir herum. Dann lacht es und verschwindet wieder. Später bereut es sein Tun und bittet dich über den Umweg des Glücks um Verzeihung. Es streckt seine seidenweiche Hand nach dir aus, hebt dich empor, singt dir das Lied der Hoffnung vor und läßt dich deine Sorgen vergessen. Es schafft in dir ein neues Streben nach Zuversicht und Tatkraft. Gleicht die Rolle deines Lebens einem schönen Vogel, den du sehr liebst, dann bist du glücklich, wenn du ihm die Saatkörner deiner innersten Gefühle fütterst. Du baust aus deinem Herzen einen Käfig für ihn und bereitest ihm ein Nest aus deiner Seele. Doch während du ihn liebevoll bewunderst, entschlüpft er deinen Händen und schwingt sich hoch hinauf; dann kommt er wieder herab, fliegt in einen anderen Käfig und kehrt niemals mehr zu dir zurück. Was sollst du dann tun? Wo wirst du Trost und Geduld finden? Welche Kraft kann dein aufgewühltes Herz besänftigen?«

Nachdem er dies mit gebrochener Stimme voll Leid geäußert hatte, stand Bei Rashid Namaan auf und zitterte wie Schilf im Winde. Er streckte seine Hände aus, als wolle er etwas zwischen seinen gekrümmten Fingern zu fassen bekommen, um es zu zerstören. Seine Wangen waren eingefallen, seine Pupillen weiteten sich, und er blickte starr vor sich hin. Es schien, als sähe er einen Dämon, der aus dem Nichts aufgetaucht war, um ihn mit sich fortzuschleppen. Dann blickte er fest in meine Augen, und plötzlich veränderte sich sein Gesichtsausdruck. Sein Zorn kehrte sich in heftiges Leid, und schmerzerfüllt rief er: »Es ist die Frau, die ich aus den tödlichen Klauen der Armut errettete. Ich öffnete ihr meine Schatztruhen, und alle beneideten sie um ihre prächtigen Kleider, ihre kostbaren Juwelen und um die herrlichen Kutschen, die von feurigen Pferden gezogen wurden. Jene Frau, die ich liebte und der ich meine Zuneigung zu Füßen legte; jene Frau, der ich ein treuer Freund, ein aufrichtiger Begleiter und ein redlicher Gatte war; die Frau, die mich betrog und mich wegen eines anderen Mannes verließ, um mit ihm in Mangel und Not zu leben und das Brot des Bösen mit ihm zu teilen, das aus Schande und Schmach geknetet ist. Die Frau, die ich liebte, der schöne Vogel, den ich fütterte und dem ich mein Herz als Käfig und meine Seele als Nest gab, ist mir aus den Händen geschlüpft und hat sich in einen anderen Käfig begeben. Dieser reine Engel, der im Paradies meiner Zuneigung wohnte, erscheint mir nun wie ein schrecklicher Dämon, der aus der Dunkelheit herabstieg, um für seine Sünden zu büßen und mich nun auf Erden für seine Verbrechen leiden läßt.«

Er verbarg sein Gesicht in den Händen, als wolle er sich vor sich selbst schützen. Dann schwieg er für einen Augenblick, doch bald seufzte er erneut: »Dies ist alles, was ich dir sagen kann. Bitte frage nicht weiter! Veranlasse mich nicht, mein Unglück noch mehr zu beklagen, laß es mich lieber still ertragen! Vielleicht wächst es in der Stille und bringt mir den Tod, so daß ich schließlich in Frieden sterben kann.«

Ich spürte, wie mir die Tränen in die Augen stiegen, und voll Mitleid im Herzen verabschiedete ich mich von ihm. Meine Worte hatten nicht die Kraft, sein wundes Herz zu trösten, und meine Lebenserfahrung verfügte über keine Fackel, die seinen Trübsinn hätte erhellen können.

Zweiter Teil

Einige Tage später traf ich Madame Rose Hanie zum ersten Mal. Sie lebte in einer ärmlichen Hütte mit einigen Büschen und Bäumen herum. Durch Bei Rashid Namaan, jenem Manne, dessen Herz sie gebrochen und mit Füßen getreten hatte, um es sodann den schrecklichen Schlägen des Schicksals zu überlassen, hatte sie schon von mir gehört. Als ich ihre wunderschönen, glänzenden Augen sah und ihre angenehme Stimme vernahm, fragte ich mich: »Kann das eine so niederträchtige Frau sein? Vermag sich hinter diesem klaren Antlitz eine so häßliche Seele und ein so verbrecherisches Herz zu verbergen? Ist dies wirklich eine ungetreue Ehefrau? Ist das die Frau, über die ich Schlechtes sagte und die ich mit einer Schlange verglich, welche in der Gestalt eines schönen Vogels steckt?« Leise sagte ich zu mir: »Hat dieses schöne Gesicht Rashid Namaan ins Elend gebracht? Hat man nicht schon gehört, daß auffallende Schönheit der Grund für verborgenes Leid und tiefes Unglück sein kann? Und ist es nicht der schöne Mond, der einerseits die Dichter inspiriert, andererseits jedoch die Ursache dafür ist, wenn sich die Stille des Meeres in schreckliches Gebrüll verwandelt?«

Als wir uns setzten, schien es, als habe Madame Hanie meine Worte vernommen und meine Gedanken verstanden und wolle deshalb meine Zweifel nicht noch vermehren. Sie stützte ihr schönes Haupt auf die Hand, und mit einer Stimme, die sich sanfter anhörte als der Klang einer Lyra, sprach sie: »Ich habe Euch noch nie gesehen, doch aus den Erzählungen der Leute habe ich das Echo Eurer Gedanken und Träume vernommen, und das bestärkt mich in der Überzeugung, daß Ihr Mitleid und Verständnis haben werdet für eine unterdrückte Frau, für eine Frau, deren Herzensgeheimnis Ihr entdeckt und deren Gemütszustand Ihr kennengelernt habt. Erlaubt mir nun, Euch alles, was mein Herz erfüllt, zu offenbaren, damit Ihr wißt, daß Rose Hanie zu keiner Zeit eine treulose Frau war.

Ich war kaum achtzehn Jahre alt, als mich das Schicksal zu Rashid Namaan führte, der damals vierzig Jahre zählte. Er verliebte sich in mich, nahm mich zur Frau und brachte mich in sein prächtiges Heim. Dort stellte er mir Diener und Mägde zur Verfügung und stattete mich mit kostspieligen Kleidern und wertvollem Schmuck aus. Seinen reichen Freunden und seiner Familie präsentierte er mich wie eine ganz besondere Seltenheit. Er lächelte triumphierend, wenn er merkte, wie seine Bekannten mich überrascht und bewundernd anblickten, und er hob voll Stolz sein Haupt, sobald er hörte, daß die Damen der Gesellschaft lobend und freundlich über mich sprachen. Doch wenn geflüstert wurde ›Ist das die Frau von Bei Rashid Namaan oder hat er sie adoptiert?‹, so hörte er nicht darauf; auch nicht, als es einmal hieß: ›Hätte er zur richtigen Zeit geheiratet, dann wäre sein Erstgeborenes jetzt älter als Rose Hanie.‹

All dies ereignete sich, bevor mich das Leben aus der tiefen Bewußtlosigkeit meiner Jugend erweckte und ehe Gott mein Herz mit der Fackel der Liebe entflammte und das Saatkorn meiner Gefühle zu sprießen begann. Ja, all dies geschah in der Zeit, da ich meinte, wirkliches Glück bestünde darin, schöne Kleider zu tragen und in prächtigen Häusern zu wohnen. Doch sobald ich aus dem Traum meiner Kindheit erwacht war, nagte ein geistiger Hunger an meiner Seele und verursachte ihr Schmerzen. Und als ich die Augen aufschlug, merkte ich, wie sich meine Flügel nach links und nach rechts bewegten und versuchten, sich in den weiten Himmel der Liebe emporzuschwingen; doch sie fielen unter den Windstößen der Gesetze zusammen, die mich an einen Mann gefesselt hatten, bevor ich die wahre Bedeutung dieser Gesetze verstand. Ich fühlte all diese Dinge und dann erkannte ich, daß das Glück einer Frau weder vom Ansehen oder Ruhm eines Mannes noch von seiner Großzügigkeit und Güte abhängt, sondern von einer Liebe, die beider Herzen vereint und aus ihnen ein Glied am Körper des Lebens und ein Wort auf Gottes Lippen formt. Als ich mir über diese Wahrheit im klaren war, fand ich mich durch das Gesetz im Hause Rashid Namaans eingekerkert – wie ein Dieb, der Brot stiehlt und sich in den dunklen, gnädigen Schlupfwinkeln der Nacht versteckt. Ich wußte, daß jede Stunde, die ich mit Rashid verbrachte, als Lüge mit feurigen Buchstaben vor Himmel und Erde auf meiner Stirn geschrieben stand. Ich konnte ihm trotz seiner Großzügigkeit und Güte nicht meine Liebe schenken. Vergeblich versuchte ich, ihn zu lieben. Aber die Liebe ist eine Kraft, die unsere Herzen erschafft, jedoch unsere Herzen sind nicht imstande, diese Kraft entstehen zu lassen. In der Stille der Nacht betete ich zu Gott und flehte ihn an, in den Tiefen meines Herzens eine geistige Zuneigung zu erzeugen, die mich dem Manne näher bringen sollte, der mir als Gefährte meines Lebens zugewiesen worden war.

Meine Gebete wurden nicht erhört, denn die Liebe kommt nur durch den Willen Gottes zu uns und nicht auf Bitte oder Wunsch des Menschen. So blieb ich zwei Jahre im Hause Rashid Namaans. Ich mißgönnte den Vögeln auf den Feldern ihre Freiheit, während meine Freunde mich wegen meiner goldenen Ketten beneideten, die mir nur Schmerz bereiteten. Ich glich einer Frau, die von ihrem einzigen Kind getrennt wurde, und war wie ein klagendes Herz, für das es keine Liebe gibt, und wie ein unschuldig Verurteilter, der das Opfer des strengen menschlichen Gesetzes geworden war. Und der geistige Hunger und Durst töteten mich beinahe!

An einem trüben Tag blickte ich hinauf zum wolkenverhangenen Himmel und sah ein sanftes Licht, das aus den Augen eines Mannes strömte, der einsam auf dem Pfad des Lebens dahinschritt. Ich schloß meine Augen vor diesem Licht und sagte zu mir: ›O meine Seele, die Dunkelheit des Grabes ist dein Los; sehne dich nicht nach Licht!‹ Sodann vernahm ich eine wundervolle Melodie, deren Reinheit mein wundes Herz durchdrang, doch ich verschloß meine Ohren und sagte: ›O meine Seele, der Schrei der Hölle ist dein Los; sehne dich nicht nach himmlischen Gesängen!‹ Und abermals schloß ich die Augen, um nichts zu sehen und versperrte die Ohren, um nichts zu hören, aber dennoch nahm ich das zarte Licht und den göttlichen Klang wahr. Ich erschrak und fühlte mich wie ein Bettler, der in der Nähe eines Fürstenpalastes einen wertvollen Edelstein findet, diesen jedoch trotz seiner Armut nicht anrührt, da er fürchtet, des Diebstahls bezichtigt zu werden. Ich schrie auf — es war der Schrei einer durstigen Seele, die eines Baches ansichtig wird, an dem sich wilde Tiere drängen, und die sich daraufhin zu Boden wirft und voll Angst das Geschehen verfolgt.« Rose Hanie wandte ihre Augen ab, als müßte sie sich ihrer Vergangenheit schämen, doch bald darauf fuhr sie fort: »Diejenigen, die zurück in die Ewigkeit gehen, ehe sie von der Süße des wahren Lebens gekostet haben, können die Bedeutung des Leidens einer Frau nicht verstehen; besonders dann nicht, wenn sie ihre Seele einem Manne schenkt, den sie nach Gottes Fügung liebt, und gleichzeitig ihren Körper einem anderen geben muß, dem laut Gesetz ihre Zärtlichkeit gehören soll. Es ist eine Tragödie, die mit dem Blut und den Tränen einer Frau geschrieben wird; und derjenige, der sie liest, macht sich darüber lustig, weil er kein Verständnis dafür hat. Sollte er sie jedoch verstehen, so kehrt sich sein Lachen in Spott und Hohn und ist wie Feuer für ihr Herz. Es ist ein Trauerspiel, das schwarze Nächte in der Seele einer Frau aufführen, jener Frau, deren Körper an einen Mann gebunden ist, den man als ihren Gatten ansah, noch bevor Gott sie die Bedeutung der Ehe verstehen ließ. Sie aber läßt ihre Seele über einem Manne schweben, den sie auf jede Art der reinen und wahren Liebe und Schönheit verehrt. Diese ganze furchtbare Geschichte begann in dem Augenblick, da in einer Frau die Schwäche und in einem Manne die Stärke aufkam; und sie wird andauern, solange die Zeit der Sklaverei und die Vorherrschaft der Starken über die Schwachen nicht beendet sein werden. Zwischen dem entarteten

Gesetz der Menschen und der geheiligten, von Liebe erfüllten Absicht des Herzens findet ein schrecklicher Krieg statt. Auf solch einem Schlachtfeld lag ich gestern und sammelte alle mir verbliebenen Kräfte. Ich löste die Fesseln meiner Feigheit, stärkte meine Flügel und schwang mich empor in den weiten Himmel der Liebe und der Freiheit.

Heute bin ich vereint mit dem Manne, den ich liebe. Er und ich stiegen wie eine Fackel aus der Hand Gottes, noch ehe die Welt entstand. Es gibt keine Macht unter der Sonne, die dieses Glück jemals von mir nehmen könnte, denn es entstammt zwei sich umarmenden Seelen, die durch gegenseitiges Verstehen gelenkt, von der Liebe durchglüht und vom Himmel beschützt werden.«

Sie blickte mich an, als wolle sie mein Herz mit den Augen durchbohren, um zu erfahren, welchen Eindruck ihre Worte bei mir hinterlassen hatten, und um den Widerhall ihrer Stimme durch mich zu vernehmen. Doch ich schwieg, und sie sprach weiter, voll von bitterer Erinnerung, gleichzeitig aber auch offen und frei; sie sagte: »Man wird Euch erzählen, Rose Hanie sei eine abtrünnige, ungetreue Frau, die nur ihren Wünschen nachging und den Mann verließ, der sie zu sich erhob und zum Mittelpunkt seines Hauses machte. Man wird mich als Ehebrecherin und als Dirne bezeichnen, die mit besudelter Hand den Kranz der heiligen Ehe zerriß und an seine Stelle eine schmutzige Verbindung setzte, die aus den Dornen der Hölle gemacht ist; und man wird Euch sagen, daß ich das Kleid der Tugend gegen den Mantel der Sünde und Schande eintauschte. Man wird Euch noch mehr dieser Art erzählen, denn die Geister der Vorväter leben immer noch unter diesen Menschen hier, die wie verlassene Höhlen sind, welche das Echo von Worten wiedergeben, ohne deren Bedeutung zu kennen. Sie verstehen weder das Gesetz Gottes noch begreifen sie die Absicht des wahren Glaubens und können zwischen einem Sünder und einem Unschuldigen nicht unterscheiden. Sie sehen nur die Oberfläche der Dinge und wissen nichts von deren tiefer liegenden Geheimnissen. Sie kümmern sich nicht um Verbote, urteilen blind und stellen den Verbrecher und den Schuldlosen, das Gute und das Böse auf eine Stufe. Wehe denen, die anklagen und Urteile sprechen...

In den Augen Gottes war ich treulos und eine Ehebrecherin, als ich im Haus von Rashid Namaan lebte, denn dieser war es, der mich den Sitten und Gebräuchen entsprechend zu seiner Frau machte. Er tat dies voreilig, noch ehe der Himmel ihn für mich bestimmt hatte und ihn im Einvernehmen mit dem geistigen Gesetz der Liebe und der Zuneigung meinen Gatten werden ließ. In den Augen Gottes und auch vor mir selbst war ich eine Sünderin, als ich Rashids Brot aß und ihm für seine Großzügigkeit meinen Körper überließ. Jetzt aber bin ich lauter und rein, denn das Gesetz der Liebe hat mich frei gemacht und hat mir Ehre und Redlichkeit verliehen. Ich habe aufgehört, meinen Körper für häusliche Geborgenheit und mein Leben für Kleider zu verkaufen. Ja, ich war eine Ehebrecherin und Missetäterin, damals, als die Leute mich für eine höchst ehrenhafte und treue Gattin ansahen.

Doch heute, da ich rein und von edler Gesinnung bin, betrachten sie mich als verdorben, denn sie beurteilen eine Seele nach dem Eindruck, den sie vom Körper haben, und sie messen den Geist mit den Grundsätzen der Tatsachen.«

Rose Hanie blickte aus dem Fenster und deutete mit der Hand auf die Stadt hin, als hätte sie dort zwischen den prächtigen Bauwerken das Gespenst des Lasters und den Schatten der Schande entdeckt. Mitleidsvoll sprach sie: »Schaut Euch diese herrlichen Häuser und erhabenen Paläste an: In ihnen wohnt die Heuchelei, zwischen ihren schön verzierten Mauern herrschen Verrat und Verderbtheit, und unter ihren goldgetäfelten Decken lebt die Falschheit neben der Anmaßung. Blickt auf diese Gebäude, welche Glück, Ehre und Macht verkörpern; sie sind nichts anderes als Höhlen des Unglücks und Leids, übertünchte Gräber, in denen sich die Treulosigkeit der schwachen Frau hinter schwarz geschminkten Augen und karmesinrot gefärbten Lippen verbirgt. In jeder Ecke dieser Häuser lebt die Selbstsucht, und das Tierische im Mann regiert über allem Gold und Silber.

Könnten diese hohen und unbezwingbaren Häuser den Haß, den Betrug und die Bestechung riechen, würden sie in sich zusammenfallen. Der arme Dorfbewohner blickt unter Tränen zu solchen Palästen empor, aber wenn er herausfindet, daß ihre Besitzer nicht jene reine Liebe kennen, die im Herzen seiner Frau wohnt und seine Hütte erfüllt, wird er lächeln und zufrieden auf seine Felder zurückkehren.«

Rose Hanie nahm mich bei der Hand, führte mich an ein anderes Fenster und sagte: »Kommt, ich werde Euch nun das unverhüllte Geheimnis derer zeigen, denen nachzufolgen ich mich weigerte. Betrachtet diesen Palast mit seinen riesigen Säulen. Darin wohnt ein reicher Mann, der sein Vermögen von seinem Vater geerbt hat. Nach einem Leben in Schmutz und Verdorbenheit heiratete er eine Frau, von der er nur wußte, daß ihr Vater ein Würdenträger des Sultans war. Nach der Hochzeitsreise schon wurde er seiner Gattin überdrüssig und ließ sich mit Frauen ein, die ihren Körper für Geld verkaufen. Seine Frau ließ er allein im Palast zurück wie ein Säufer eine leere Flasche. Zuerst weinte sie und litt unter dieser Behandlung. Dann jedoch merkte sie, daß ihre Tränen kostbarer waren als ihr verkommener Ehemann. Nun genießt sie die Liebe und Anbetung eines jungen Mannes, verbringt glückliche Stunden mit ihm und läßt seinem Herzen ihre aufrichtige Liebe und Neigung zukommen.

Blickt nun zu diesem prächtigen Haus hinüber, das von einem wunderschönen Garten umgeben ist. Hier lebt ein Mann, der aus einer vornehmen Familie stammt, die viele Generationen lang das Land beherrscht hat, deren Wohlstand und Ansehen jedoch infolge ihrer Verschwendungssucht und Trägheit sanken. Vor einigen Jahren heiratete dieser Mann eine reiche, aber häßliche Frau. Nachdem er sich ihr Vermögen angeeignet hatte, vernachlässigte er sie völlig und kümmerte sich nur noch um ein schönes junges Mädchen. Seine Gattin verbringt jetzt ihre Zeit damit, sich Locken zu drehen, ihre Lippen anzumalen und sich zu parfümieren. Sie trägt die teuersten Kleider und hofft, daß irgendein junger Mann ihr zulächelt und sie besuchen kommt; aber es ist alles vergebens, sie hat keinen Erfolg, und ein Lächeln tritt ihr nur aus dem eigenen häßlichen Spiegelbild entgegen.

Schaut auf dieses große Gutshaus, das von Marmorstatuen eingefaßt ist. Hier wohnt eine schöne Frau von etwas absonderlichem Wesen. Als ihr erster Gatte starb, erbte sie sein gesamtes Vermögen. Dann nahm sie sich einen Mann, der arm an Geist und auch körperlich schwach war. Sie heiratete ihn nur, um vor böser Nachrede sicher zu sein und benutzt ihn als Schutzschild für ihr abscheuliches Handeln, denn sie benimmt sich unter ihren Bewunderern wie eine Biene, die sich an den süßesten und köstlichsten Blumen labt.

Das schöne Haus daneben wurde vom bedeutendsten Baumeister dieser Provinz errichtet. Es gehört einem vermögenden, aber geizigen Mann, der all seine Zeit damit verbringt, Gold anzuhäufen und die Armen auszubeuten. Seine Frau ist übernatürlich schön, doch sie ist ebenfalls das Opfer einer zu frühen Heirat. Ihr Vater beging ein Verbrechen, als er sie einem Mann gab, bevor sie in einem Alter war, um Verständnis für die Ehe haben zu können. So legte er ihr das schwere Joch einer erzwungenen Heirat auf. Nun ist sie blaß und abgemagert und findet kein Schlupfloch, durch das sie ihre eingekerkerte Liebe fliehen lassen könnte. Langsam vergeht sie und sehnt sich nach dem Tod, um aus dem Netz der Unterdrückung herauszukommen und sich von einem Mann zu befreien, der sein Leben damit verbringt, Gold zu scheffeln, und der die Stunde verflucht, in welcher er eine unfruchtbare Frau geheiratet hat; denn nun wird er kein Kind haben, das seinen Namen weitertragen und sein Vermögen erben wird. Und in jenem Haus inmitten von Obstgärten, lebt ein Dichter. Er ist mit einer ungebildeten Frau verheiratet, die sich über sein Werk nur lustig macht, weil sie es nicht versteht, und über sein Benehmen lacht, da sie sich der kultivierten Lebensart ihres Mannes nicht anzupassen vermag. Dieser Dichter fand die Erlösung aus seinem verzweifelten Dasein in der Liebe einer verheirateten Frau, die seinen Geist schätzt und seinen Verstand anregt, indem sie in seinem Herzen die Fackel der Liebe anzündet und ihn mittels ihres Liebreizes und ihrer Schönheit ewig bleibende Worte finden läßt.«

Eine Zeitlang herrschte Stille, und Madame Hanie ließ sich auf einer Ruhebank neben dem Fenster nieder; es schien, als sei sie beim Herumstreifen durch dieses Stadtviertel müde geworden. Dann aber fuhr sie fort: »So beschaffen sind die Häuser, in denen zu wohnen ich mich weigerte, denn sie sind Grüfte, in denen auch ich — in geistiger Hinsicht — begraben war. Die Menschen, von denen ich mich getrennt habe, werden vom Körperlichen angezogen, vom Geistigen aber abgestoßen, und sie wissen nichts von Liebe und Schönheit. Der einzige Mittler zwischen ihnen und Gott ist das Erbarmen des Allerhöchsten; sein Gesetz kennen sie ja nicht. Ich kann sie nicht richten, denn ich gehörte zu ihnen, doch es gilt ihnen mein aufrichtiges Mitgefühl. Ich hasse nicht sie, sondern die Tatsache, daß sie sich der Schwachheit und Falschheit hingaben.

All das erzählte ich, um Euch das wahre Wesen derer aufzuzeigen, denen ich − entgegen ihrem Willen − entkommen bin. Ich versuchte, Euch das Leben derjenigen Menschen darzulegen, die schlecht über mich sprechen, weil ich auf ihre Freundschaft verzichtete und endlich mein eigener Freund wurde. Ich entwich ihrem dunklen Gefängnis und richtete meinen Blick auf das Licht, dorthin, wo Ehrlichkeit, Treue und Gerechtigkeit wohnen. Sie haben mich nun aus ihrer Gemeinschaft ausgeschlossen, worüber ich aber froh bin, denn die Menschheit verbannt nur diejenigen, deren edler Geist sich gegen Gewaltherrschaft und Unterdrückung auflehnt. Wer nicht die Verbannung der Sklaverei vorzieht, ist nicht geschaffen für Unabhängigkeit, Wahrheit und Pflichterfüllung.

Gestern noch glich ich einem Tablett, das jede Art schmackhafter Speisen trug, und Bei Rashid Namaan kam nur zu mir, wenn er ein Bedürfnis nach diesen Speisen verspürte. Doch unsere beiden Seelen blieben weitab von uns wie zwei demütige Diener. Ich habe versucht, mich mit dem, was man allgemein Unglück nennt, auszusöhnen, doch mein Geist weigerte sich, andauernd mit mir vor einem furchteinflößenden Götzenbild zu knien, das in dunkler Vorzeit aufgestellt wurde und Gesetz genannt wird. Ich blieb gefesselt, bis ich den Ruf der Liebe vernahm und sah, wie mein Geist sich zur Abreise vorbereitete. Da zerbrach ich die Ketten und verließ Rashid Namaans Haus wie ein Vogel, der aus seinem eisernen Käfig entkommt.

Ich ließ alles zurück: Juwelen, Kleider und Diener. Ich wollte mit meinem Geliebten leben, und wußte, daß mein Handeln ehrenhaft war. Der Himmel will nicht, daß ich weine und leide. Oftmals betete ich nachts, es möge der Morgen kommen, und wenn er da war, flehte ich, der Tag möge vorübergehen. Es ist nicht Gottes Wunsch, daß ich ein elendes Leben führe, denn er legte das Verlangen nach Glück in meine Seele; sein Ruhm ruht in der Wonne meines Herzens.

Dies also ist die Geschichte meines Aufbegehrens vor Himmel und Erde, und ich werde sie ständig wiedererzählen. Aber die Menschen wollen nicht zuhören, weil sie fürchten, ich würde ihren Geist rebellisch machen, und die Fundamente ihrer zerbrechlichen Gesellschaft könnten zusammenstürzen.

Es war ein harter Weg, den ich gehen mußte, bis ich den Gipfel meines Glücks erreichte. Wenn ich jetzt sterben müßte, träte ich bereitwillig vor den höchsten Himmelsthron, ohne Furcht und ohne Scham. Ich bin bereit, sein Urteil zu erfahren, denn mein Herz ist rein wie der Schnee. In allem, was ich tat, folgte ich dem Willen Gottes, und ich hörte auf den Ruf meines Herzens, während es den Engelsstimmen lauschte. Dies also ist meine Tragödie, welche die Bewohner von Beirut ›Ein Fluch auf den Lippen des Lebens‹ oder ›Ein Geschwür am Körper der Gesellschaft‹ nennen. Eines Tages jedoch wird die Liebe auch ihre Herzen emporheben, so wie die Strahlen der Sonne selbst aus verseuchter Erde Blumen wachsen lassen. Dereinst werden die Pilger an meinem Grabe stehen und werden die Erde, die mich bedeckt, segnen mit den Worten: ›Hier liegt Rose Hanie, die sich von der Sklaverei hinfälliger menschlicher Gesetze befreite, um sich dem göttlichen Gesetz der reinen Liebe zu unterwerfen. Sie blickte zur Sonne, um nicht ihren eigenen Schatten inmitten von Totenschädeln und Dornengestrüpp zu sehen.‹«

Die Tür ging auf, und ein junger Mann trat ein. Seine Augen strahlten, und auf seinen Lippen lag ein freundliches Lächeln. Madame Hanie erhob sich, nahm den jungen Mann an der Hand, stellte ihn mir vor und nannte ihm auch meinen Namen. Es war mir bewußt, daß er derjenige war, um dessentwillen sie die ganze Welt mißachtete und alle menschlichen Sitten und Gebräuche verletzte.

Als wir uns setzten, wurde es still, denn jeder von uns war von tiefen Gedanken in Anspruch genommen. Nach einer Weile taktvollen Schweigens blickte ich auf das junge Paar, das Seite an Seite saß, und konnte etwas beobachten, was ich noch nie zuvor gesehen hatte. Augenblicklich verstand ich die Bedeutung von Madame Hanies Geschichte und begriff das Geheimnis ihrer Auflehnung gegen die Gesellschaft, welche diejenigen verfolgt, die sich gegen einengende Gebräuche und Gesetze wehren, noch ehe der Grund ihrer Rebellion überhaupt ermittelt wurde. Ich erblickte einen einzigen göttlichen Geist vor mir, den zwei in Schönheit vereinte Menschen verkörperten. Zwischen ihnen stand der Gott der Liebe und breitete seine Schwingen über sie, um sie vor übler Nachrede zu schützen. Die lächelnden Züge der beiden drückten vollkommenes gegenseitiges Verstehen aus, das von Aufrichtigkeit und Tugendhaftigkeit erfüllt war. Zum ersten Mal im Leben sah ich das Traumbild des Glücks zwischen einem Mann und einer Frau stehen, jenes Glück, das von der Kirche verflucht und vom Gesetz bekämpft wird. Ich erhob mich, verabschiedete mich und verließ die ärmliche Hütte, in der die Liebe einen Altar der Zuneigung und des Verstehens errichtet hatte. Auf meinem Weg kam ich an jenen Gebäuden vorbei, die mir Madame Hanie gezeigt hatte. Und als ich das Stadtviertel verließ, erinnerte ich mich an Rashid Namaan und sein trauriges Los und dachte: »Er ist sehr betrübt. Wird ihn der Himmel je erhören, wenn er sich über Madame Hanie beklagt? Hat diese Frau falsch gehandelt, als sie ihn verließ und dem Freiheitsdrang ihres Herzens folgte? Oder beging Rashid ein Verbrechen, als er durch die Eheschließung ihren Körper unterjochte, noch ehe er durch Liebe ihr Herz gewann? Welcher der beiden ist der Unterdrückte und welcher ist der Unterdrücker? Wer ist der Täter und wer das Opfer?«

Ich dachte lange nach und kam zu folgendem Schluß: »Oftmals wird eine Frau durch ein Trugbild dazu verleitet, ihren Mann zu verlassen und dem Wohlstand zu folgen, denn ihre Liebe zu Reichtum und schönen Kleidern macht sie blind und bringt ihr schließlich Schande. Beging aber Madame Hanie einen Betrug, als sie den Palast ihres reichen Gatten verließ, um fortan in der Hütte eines armen Mannes zu leben? Die Unwissenheit tötet oftmals die Ehre einer Frau und bereitet ihr Kummer; sie wird von Widerwillen ergriffen, verläßt ihren Mann und folgt, getrieben von ihrem Verlangen, einem anderen, dem sie sich ebenfalls unterwirft. Handelte Madame Hanie unwissend, als sie ihren körperlichen Wünschen folgte, ihre Unabhängigkeit öffentlich kundtat und mit dem Geliebten eine Verbindung einging? Sie hätte sich auch heimlich im Hause ihres Gatten mit ihm vergnügen können, denn viele Männer wären gerne Sklaven ihrer Schönheit und Opfer ihrer Liebe geworden. Madame Hanie befand sich in einer schwierigen Lage: Sie suchte nur das Glück, und als sie es fand, griff sie danach. Dies ist die volle Wahrheit, die aber von der Gesellschaft gering eingeschätzt wird.« Und in der Stille fragte ich weiter: »Kann es erlaubt sein, daß eine Frau sich ihr Glück durch das Leid ihres Mannes erkauft? Ist es rechtens, wenn ein Mann die Zuneigung seiner Frau erzwingen will, obgleich er weiß, daß er sie nie besitzen wird?«

Ich ging weiter, und Madame Hanies Stimme klang noch in meinen Ohren, als ich an der Stadtgrenze angelangt war. Die Sonne stand eben im Begriff unterzugehen, über den Feldern und Wiesen war es still geworden, und die Vögel stimmten ihr Abendlied an. Ich blieb stehen, dachte nach und sprach dann seufzend: »Vor dem Thron der Freiheit ergötzen sich die Bäume am sanften Wehen des Windes und genießen die Strahlen der Sonne und das Licht des Mondes. Die Vögel singen ihre Lieder, und die Blumen verströmen ihren Wohlgeruch und lächeln vor den Augen der Freiheit, sobald es Tag wird. Alles auf Erden lebt nach dem Gesetz der Natur, und aus diesem Gesetz entspringt der Ruhm und das Glück der Freiheit. Der Mensch aber mißachtet dieses Glück, denn vor die gottgegebene Seele setzt er ein von ihm geschaffenes, begrenztes irdisches Gesetz. Er stellt strenge Regeln für sich auf und errichtet ein enges Gefängnis, in das er seine Gefühle und Sehnsüchte einsperrt. Er hebt ein tiefes Grab aus und versenkt darin sein Herz und dessen Ziele.

Wenn ein Mensch auf Wunsch seiner Seele seine Abkehr von der Gesellschaft erklärt und damit das Gesetz verletzt, dann nennen ihn seine Mitmenschen einen Abtrünnigen, der ausgewiesen werden muß, oder betrachten ihn als schändliches Wesen, das die Hinrichtung verdient. Soll der Mensch bis ans Ende der Welt ein Sklave der Selbstverleugnung bleiben oder wird er im Lauf der Zeit befreit werden, so daß er im Geiste für den Geist leben kann? Wird er darauf beharren, seinen Blick stets zur Erde zu heften oder wird er seine Augen zur Sonne erheben, um nicht seinen eigenen Schatten inmitten von Totenschädeln und Dornengestrüpp sehen zu müssen?«

Geh deiner Wege und tadle mich nicht

Geh deiner Wege und tadle mich nicht,
Um der Liebe willen,
Die deine Seele mit dem,
Der auch dich liebt, vereint;
Und um dessentwillen, das
Den Geist mit der Liebe der Mutter
Verbindet und dein Herz mit kindlicher Liebe verknüpft.
Geh und überlasse mich
Meinem eigenen weinenden Herzen.

Lasse mich auf dem Meer
Meiner Träume segeln und warte,
Bis der Morgen erscheint;
Denn ihm steht es frei,
Mit mir zu machen, was ihm beliebt.
Und deine Grausamkeit gegen mich
Ist nur ein Schatten, der mit dem Geist
Zum Grab der Erniedrigung schreitet
Und ihm die kalte, harte Erde zeigt.

In mir wohnt ein winziges, kleines Herz,
Das ich aus seinem Gefängnis befreien
Und auf Händen tragen möchte.
Ich will seine Tiefe ergründen
Und ihm sein Geheimnis entlocken.
Ziele mit deinen Pfeilen nicht auf dies Herz!
Es könnte erschrecken und müßte vergehen,
Eh' es das Blut seines Mysteriums
Auf dem Altar des Glaubens geopfert hat,
Den ihm die Gottheit verlieh,
Als es aus Liebe und Schönheit geschaffen wurde.

Die Sonne geht auf, und die Nachtigall singt,
Die Myrthe verströmt ihren Duft in das All.
Ich möchte mich aus dem Schlummer
Des Irrtums erheben, der mich umhüllt.
Halte mich nicht davon ab und tadle mich nicht!

Nimm keinen Anstoß an mir und verweise nicht
Auf die Löwen im Wald und die Schlangen im Tal!
Meine Seele kennt keine Furcht
Hier auf Erden und nimmt keine Warnungen an,
Ehe das Unheil da ist.

Ich will keinen Rat von dir haben,
Wenn du als Tadler erscheinst.
Elend und Unglück haben mein Herz geöffnet,
Meine Augen wurden durch Tränen gereinigt,
Und meine Fehler lehrten mich
Die Sprache der Herzen verstehen.

Rede nicht von Verbannung, denn das Gewissen allein
Ist mein Richter und spricht das Urteil.
Es wird mich behüten, wenn ich schuldlos bin,
Und wird mir das Leben verweigern,
Falls ich mich als Verbrecher erweise.

Der Umzug der Liebe schreitet vorbei,
Die Schönheit schwingt ihre Fahne,
Die Jugend läßt die Trompete der Freude erschallen.
Laß mich wandern, der Weg ist mit Rosen und Minze bestreut,
Und die Luft erscheint sauber und klar.

Erzähle mir nichts von Reichtum und Stärke,
Denn meine Seele ist reich an Gnade
Und ist erfüllt von Gottes Ruhm.

Sprich nicht mit mir über Völker,
Über Gesetze und Königreiche,
Der ganze Erdkreis ist mein Geburtsort,
Und alle Menschen sind meine Brüder.

Geh endlich fort von mir,
Denn du raubst mir die Reue, die Leben verheißt;
Und deine Worte sind ohne Nutzen.

Eine Vision

Mitten auf dem Felde, in der Nähe eines Flusses mit kristallklarem Wasser, erblickte ich einen Vogelkäfig, der offenbar von Meisterhand gefertigt worden war. In einer Ecke dieses Käfigs lag ein toter Vogel; in einer anderen standen zwei Schalen, die eine für Wasser, die andere für Körner; doch beide waren leer. Ich blieb ehrerbietig stehen, als würden der tote Vogel und das Rauschen des Flusses Ruhe und Andacht verlangen und der Prüfung und Betrachtung durch Herz und Sinne würdig sein.

Als mein Blick und meine Gedanken wieder klar waren, stellte ich fest, daß das arme Geschöpf verdurstet und verhungert war, obwohl es neben einem Fluß und inmitten eines fruchtbaren Feldes, der Wiege des Lebens, sich aufgehalten hatte. Es glich einem reichen Manne, der in seinem eisernen Tresor eingesperrt ist und umgeben von all seinem Gold Hungers stirbt.

Plötzlich sah ich, wie sich der Käfig vor meinen Augen in ein menschliches Skelett verwandelte. Der tote Vogel nahm die Gestalt eines Menschenherzens an, das aus einer tiefen Wunde blutete; doch diese Wunde ähnelte den Lippen einer klagenden Frau, und eine Stimme drang heraus, die sprach: »Ich bin das menschliche Herz. Ich bin gefangen im irdischen Sein und bin ein Opfer irdischer Gesetze.

Im göttlichen Feld der Schönheit, am Ufer des Lebensflusses, bin ich in einen Käfig von Vorschriften gesperrt, die von Menschen geschaffen wurden.

Ich sterbe inmitten der herrlichen Schöpfung, weil sich niemand um mich kümmerte, und weil ich abgehalten wurde, die Freigebigkeit Gottes zu genießen.

Alles Schöne, das meine Liebe und mein Verlangen weckt, bedeutet gemäß der menschlichen Meinung Schande, und alles Gute, nach dem ich mich sehne, gilt nichts nach deren Beurteilung.

Ich bin das verlorene Herz des Menschen, das in den schmutzigen Kerker seiner Verordnungen eingesperrt und mit Fesseln irdischer Macht angekettet wurde. Ich sterbe und werde von der lachenden Gesellschaft vergessen, deren Zunge gebunden ist und in deren Augen keine Tränen zu entdecken sind.«

All diese Worte vernahm ich, und ich sah, wie sie mit einem Strom immer dünner werdenden Blutes aus dem verwundeten Herzen flossen; aber der Schleier vor meinen Augen und das Schreien meiner Seele hinderten mich daran, noch mehr zu sehen und zu hören.

Lied der Blume

Ich bin ein liebenswertes Wort,
Das durch die Stimme der Natur
Geäußert und verbreitet wird;
Ein Stern, der aus dem blauen Zelt des Himmels
Auf einen grünen Teppich fiel.
Ich bin ein Kind der Elemente,
Vom Winter empfangen, vom Frühling erweckt;
Im Schoß des Sommers wachse ich auf
Und schlafe im Bett des Herbstes ein.

Am Morgen verbünde ich mich mit dem Wind,
Um das Kommen des Lichts zu verkünden;
Am Abend schließe ich mich den Vögeln an,
Und wir sagen gemeinsam dem Tag Lebewohl.

Mit meinen schönen Farben sind alle Felder
Geschmückt; und die Luft ist erfüllt
Von meinem Wohlgeruch.

Sobald mich der Schlummer umhüllt,
Wachen die Augen der Nacht über mir;
Und wenn ich erwache, blick' ich zur Sonne empor,
Welche das einzige Auge des Tages ist.

Ich trinke den Tau des Morgens wie Wein,
Ich lausche den Stimmen der Vögel
Und tanze zum Wiegen des Grases.

Ich bin des Geliebten Geschenk und der Kranz der Braut,
Die Erinn'rung an Augenblicke des Glücks
Und die letzte Gabe des Lebens am Grab;
Ich habe Anteil an Freude und Leid.

Stets wende ich meine Blicke nach oben,
Um einzig das Licht nur zu sehen,
Und schaue niemals hinab auf meinen Schatten.
Ich wünschte, es würden die Menschen
Den Sinn dieser Weisheit erkennen.

Die Gesellschaft

Die Leiden der Menge verursachen einen nagenden Schmerz, denn in ihrem Munde gibt es viele faule und kranke Zähne. Man neigt jedoch dazu, lindernde Arzneien zu verordnen und gibt sich damit zufrieden, die Außenflächen schön zu polieren und die Löcher mit glänzendem Gold zu stopfen, wodurch die Augen derart geblendet werden, daß man die Fäulnis dahinter nicht sieht. Der Kranke aber kann sich dem andauernden Schmerz gegenüber nicht blind verhalten.

Innerhalb der Gesellschaft gibt es viele Zahnärzte, die sich bemühen, den Übeln der Welt mit Heilmitteln zu begegnen. Sie bieten deshalb schöne Füllungen an, und es gibt zahlreiche Patienten, die sich dem Willen dieser Neuerer unterwerfen und dadurch ihr eigenes Leid noch größer machen, noch mehr von ihrer Kraft einbüßen und sich mit zunehmender Gewißheit in den Abgrund des Todes stürzen.

Die faulen Zähne Syriens kann man schon in den Schulen entdecken, wo der Jugend von heute die Sorgen von morgen beigebracht werden. Sie sind auch in den Gerichtsgebäuden anzutreffen, wo die Vertreter der Gerechtigkeit mit den Gesetzen spielen wie ein Tiger mit seiner Beute. Man findet sie sowohl in den Palästen der Reichen, wo Falschheit und Heuchelei zu Hause sind, als auch in den Hütten der Armen, wo Angst, Unwissenheit und Feigheit wohnen.

Die Zahnärzte der Politik lassen mit sanfter Hand Honig in die Ohren der Menschen laufen und verkünden dabei, sie würden die Risse der geschwächten Nation füllen. Ihr Lied hört sich etwas besser an als das Knirschen eines Mühlsteins, ist jedoch in Wahrheit nicht mehr wert als das Gequake der Frösche in einem Sumpf.

In dieser Welt der Hohlheit gibt es viele Weise und Idealisten... und doch, wie ohnmächtig sind ihre Träume!

Lied des Menschen

Ich war hier seit Anbeginn der Zeiten
Und bin es noch und werde bleiben
Bis zum Untergang der Welt,
Denn mein leiderfülltes Dasein
Endet nie.

Ich durchwanderte das All,
Ich schwebte in der besten aller Welten
Und ließ mich durch den Sternenhimmel treiben;
Nun bin ich ein Gefangener im irdischen Bereich.

Ich lauschte einst den Reden des Konfuzius
Und hörte auf die Lehren Brahmas;
Ich saß mit Buddha unterm Weisheitsbaum.
Nun bin ich hier und verbringe mein Leben
In Unwissenheit und Ketzerei.

Ich war auf dem Sinai, als Jahwe dem Moses erschien,
Ich sah die Wunder des Nazareners am Jordan,
Ich war in Medina, als Mohammed kam;
Nun bin ich hier, von Verwirrung ergriffen.

Ich wurde Zeuge der Macht von Babylon,
Ich lernte den Ruhm Ägyptens kennen
Und sah die wehrhafte Größe Roms;
Doch die Erfahrung von früher zeigte mir
Schwäche und Kümmernis dieser Geschehen.

Ich sprach mit den Magiern von Ain Dour
Und mit den Priestern Assyriens,
Ich stärkte mich bei den Propheten in Palästina;
Aber immer noch suche ich nach der Wahrheit.

Ich trug ganz Indiens Weisheitslehren zusammen,
Drang in die Vorzeit Arabiens ein
Und hörte alles, was man nur hören kann;
Mein Herz jedoch blieb taub und blind.

Ich litt unter dem Griff grausamer Despoten
Und unter dem Größenwahn von Besatzern,
Tyrannen verursachten mir Hungersnot,
Aber immer noch habe ich eine innere Kraft,
Um jeden Tag neu zu begrüßen.

Mein Verstand ist voll, mein Herz jedoch leer,
Mein Körper ist alt, aber mein Innerstes wie ein Kind.
Es wächst vielleicht zum Jüngling heran;
Doch ich bete darum, recht alt zu werden,
Und den Zeitpunkt der Rückkehr zu Gott zu erreichen.
Erst dann wird mein Herz erfüllt sein.

Ich war hier seit Anbeginn der Zeiten,
Und bin es noch und werde bleiben
Bis zum Untergang der Welt,
Denn mein leiderfülltes Dasein
Endet nie.

Sechstes
Buch

Kahlil der Ketzer

Erster Teil

Scheich Abbas wurde von den Bewohnern eines einsam gelegenen Dorfes im Nordlibanon als ihr Fürst angesehen. Sein Haus stand inmitten ihrer ärmlichen Hütten und erweckte den Eindruck eines starken Riesen in einer Schar schwacher Zwerge. Scheich Abbas war von Luxus umgeben, während seine Untertanen in bitterer Armut lebten. Sie brachten ihm Gehorsam entgegen und verneigten sich ehrerbietig, sobald er mit ihnen sprach. Es schien, als hätte die Macht des Verstandes ihn zu ihrem Gewährsmann und Wortführer bestimmt. Wenn er zürnte, zitterte das Volk wie das Herbstlaub bei starkem Sturm. Schlug er jemanden ins Gesicht, so wurde es als Ketzerei betrachtet, wenn man sich dabei bewegte und den Kopf hob oder in Erfahrung zu bringen suchte, warum man geschlagen wurde. Aber wenn er jemanden anlächelte, so betrachteten die Dorfbewohner den so Geehrten als einen äußerst glücklichen Menschen. Die Angst der Bevölkerung vor Scheich Abbas war keineswegs die Folge einer untertänigen Gesinnung, aber die Armut hatte die Menschen dazu geführt, daß sie von ihm abhängig waren und sich deshalb fortwährend erniedrigten. Sogar die Hütten, in denen sie wohnten, und die Felder, die sie bearbeiteten, gehörten Scheich Abbas, der diesen Besitz von seinen Vorfahren geerbt hatte.

Scheich Abbas wachte auch über die Bestellung des Landes, von der Saat bis zur Ernte. Für die Arbeit, die seine Untertanen leisteten, gab er ihnen einen geringen Teil des Korns, der so bescheiden ausfiel, daß sie zumindest nicht an Hunger starben.

Bevor das Getreide reif war, hatten viele von ihnen oftmals kein Brot mehr. Sie gingen dann zu Abbas und baten ihn unter Tränen um einige Piaster oder um etwas Weizen. Der Scheich ging gerne auf ihre Bitten ein, denn er wußte, daß sie auf diese Weise ihre Schulden doppelt bezahlen würden, sobald die Zeit der Ernte kam. So waren ihm die Menschen im Dorf ihr Leben lang verpflichtet, hinterließen ihre Schulden ihren Nachkommen und waren einem Herrn untertan, dessen Zorn sie stets fürchteten und dessen Freundschaft und Wohlwollen sie beständig, jedoch ohne Erfolg zu gewinnen trachteten.

Zweiter Teil

Der Winter kam und brachte viel Schnee und starke Stürme. In den Tälern und auf den Feldern verloren die Bäume ihre Blätter und sahen in dieser leblosen Gegend wie Abbilder des Todes aus. Nachdem die Bauern den Feldertrag in den Kornkammern des Scheichs gelagert und seine Fässer mit der Ernte aus den Weinbergen gefüllt hatten, zogen sie sich in ihre Hütten zurück. Dort verbrachten sie einen Teil ihrer Zeit damit, daß sie träge am Feuer saßen, an die ruhmreichen Taten vergangener Zeiten dachten und einander die Geschichten von mühevollen Tagen und endlosen Nächten erzählten.

Am grauen Himmel tat das alte Jahr seinen letzten Atemzug, und die Nacht brach ein, in der das Neue Jahr auf dem Throne des Universums gekrönt werden sollte. Der Schnee fiel in dicken Flocken, und heftige Winde braußten von den Bergen und türmten ihn in den Tälern zu hohen Hügeln auf.

Die Bäume wurden von den Stürmen hin- und hergerissen, die Felder und Anhöhen lagen wie unter einer weißen Decke, und der Tod schrieb seine schemenhaften Zeilen darauf und löschte sie wieder aus. Wie eine trennende Wand stand der Nebel zwischen den auf beiden Seiten des Tales zerstreut liegenden Dörfern. Die Lichter, die hinter den Fenstern der erbärmlichen Hütten flackerten, verschwanden unter dem undurchdringlichen Schleier der ergrimmten Natur. Furcht ergriff die Herzen der Fellachen, das Vieh drängte sich in den Ställen um seine Futterkrippen, und die Hunde verkrochen sich in die dunkelsten Winkel. Aus den Tiefen der Täler war das Kreischen der Winde und das Brausen der Stürme zu vernehmen. Es hatte den Anschein, als wäre die Natur über den Jahreswechsel außer sich geraten und versuchte deshalb, sich mit den Waffen der Kälte und des Frostes an den friedfertigen Menschen zu rächen.

In dieser Nacht, als der Himmel raste, versuchte ein junger Mann, auf dem Weg weiterzukommen, der in Windungen vom Kloster Deir Kizhaya* zu Scheich Abbas' Dorf führte. Der Jüng-

---

* Eines der reichsten und berühmtesten Klöster im Libanon. Kizhaya ist ein syrisches Wort und bedeutet ›Paradies des Lebens‹.

ling war starr vor Kälte, und Hunger und Qual zehrten an seiner Kraft. Das schwarze Gewand, das er trug, war über und über mit Schnee bedeckt; es sah aus, als sei er in ein Leichenhemd gehüllt, lang vor der Stunde seines Todes. Er kämpfte gegen den Wind an und kam nur Schritt für Schritt langsam vorwärts. Manchmal blieb er stehen und rief zitternd in die kalte Nacht hinein um Hilfe. Er hatte nur noch wenig Hoffnung, und Verzweiflung und tiefe Sorge bedrängten ihn. Er glich einem Vogel mit gebrochenen Flügeln, der in einen reißenden Fluß gefallen war und von dessen Strudeln in die Tiefe gezogen wurde.

Der junge Mann versuchte weiter voranzukommen, aber die Kräfte verließen ihn, und er brach zusammen. Er stieß einen fürchterlichen Schrei aus... Es war der Schrei einer Seele, die dem hohläugigen Gesicht des Todes begegnet... der Schrei eines sterbenden Jünglings, den der Mensch geschwächt und die Natur festgehalten hat... es war der Schrei der Liebe zum Leben in den weiten Raum des Nichts hinein.

Dritter Teil

Am Nordrand des Dorfes von Scheich Abbas, inmitten von Feldern, die der Wind zerzaust hatte, stand einsam das Haus einer Frau namens Rachel. Sie hatte eine knapp achtzehn Jahre alte Tochter, die Miriam hieß. Rachel war die Witwe von Samaan Ramy, der vor sechs Jahren erschlagen aufgefunden worden war, ohne daß man seinen Mörder gefunden hatte. Wie alle Witwen im Libanon fristete Rachel ihr Leben durch schwere Arbeit. Während der Erntezeit las sie die auf den Feldern liegengebliebenen Ähren auf, im Herbst sammelte sie die letzten Früchte in den Gärten, und im Winter spann sie Wolle und fertigte daraus Kleider, wofür sie einige Piaster oder etwas Getreide erhielt. Ihre Tochter Miriam war ein sehr schönes Mädchen, das die Bürde der Arbeit mit der Mutter teilte.

In jener schrecklichen Nacht saßen die beiden Frauen an der Feuerstelle, deren Wärme der Frost sehr minderte und deren Glut bereits von der Asche bedeckt war. Neben ihnen stand eine flackernde Lampe, und ihre matten gelben Strahlen durchdrangen die Dunkelheit wie ein Gebet, das den Herzen der Sorgenden Hoffnung bringt.

Es war bereits Mitternacht, und sie hörten, wie draußen der Wind pfiff. Ab und zu stand Miriam auf, öffnete ein wenig die Tür und blickte zu dem verdunkelten Himmel hinauf. Dann kehrte sie wieder zu ihrem Platz zurück, und es ergriff sie große Furcht vor den tobenden Elementen. Plötzlich, wie aus einem tiefen Schlummer erwacht, fuhr sie auf, blickte ängstlich zu ihrer Mutter und sagte: »Hast du es gehört, Mutter? Hast du nicht eine Stimme gehört, die um Hilfe rief?« Die Mutter lauschte einen Augenblick und antwortete: »Ich höre nichts außer dem Schreien des Windes, mein Kind.« Daraufhin rief Miriam: »Ich hörte eine Stimme, die tiefer klang als das Donnern des Himmels und trauriger als das Klagen des Sturmes.«

Nach diesen Worten stand sie auf, öffnete die Tür und horchte. Dann rief sie: »Ich höre es wieder, Mutter!« Rachel eilte nun auch zur Türe hin und zögerte eine kleine Weile, ehe sie sagte: »Jetzt habe ich es auch vernommen. Laß uns hinausgehen und nachsehen!«

Sie warf einen Mantel um und schritt vorsichtig hinaus, während Miriam an der Tür wartete.

Rachel kämpfte sich eine kurze Strecke im Schnee vorwärts, dann blieb sie stehen und schrie laut: »Wer ruft da?… Wo bist du?« Aber es kam keine Antwort. Rachel wiederholte ihre Worte noch einige Male, doch sie hörte nichts als den Donner. Mutig ging sie noch ein Stück weiter und blickte nach allen Richtungen; und plötzlich bemerkte sie Fußspuren im Schnee. Ängstlich folgte sie ihnen und sah bald einen menschlichen Körper, der wie ein dunkler Fleck auf einem weißen Gewand im Schnee lag. Sie beugte sich hinab, legte seinen Kopf auf ihre Knie, und als sie seinen Puls fühlte, merkte sie, daß das Herz noch schlug. »Komm, Miriam«, rief Rachel zur Hütte zurück, »komm und hilf mir, ich habe ihn gefunden!« Vor Kälte und Angst zitternd, folgte Miriam den Spuren der Mutter, und als sie bei ihr ankam, schrie sie vor Schreck laut auf, denn da lag ein bewegungsloser junger Mann. Die Mutter steckte ihre Hände unter seine Achseln und sagte beruhigend zu Miriam: »Fürchte dich nicht, er lebt noch. Faß den Saum seines Mantels, wir tragen ihn ins Haus.«

Trotz des heftigen Sturms und der gewaltigen Schneemassen gelang es den beiden Frauen, den Jüngling ins Haus zu tragen.

Dort legten sie ihn neben der Feuerstelle nieder. Rachel versuchte, seine erstarrten Finger durch Reiben aufzuwärmen, und Miriam trocknete sein Haar mit dem Saum ihres Kleides. Nach einigen Minuten begann sich der Jüngling zu bewegen. Seine Lider zuckten, und er seufzte tief; es war ein Seufzer, der den Herzen der beiden Frauen die Hoffnung gab, daß der Mann gerettet war. Sie zogen ihm die Schuhe aus und nahmen ihm auch den schwarzen Mantel ab. Dann blickte Miriam ihre Mutter an und sagte: »Sieh nur auf sein Gewand, Mutter! Solche Kleider werden von Mönchen getragen.« Rachel warf einen Bund getrockneter Äste in das Feuer, schaute ihre Tochter überraschend an und meinte: »Seit wann verlassen die Mönche in einer so grauenvollen Nacht ihr Kloster?« Und Miriam stellte fest: »Die Mönche tragen doch Bärte, aber dieser hier hat kein einziges Haar im Gesicht.« Mitleidig und voll mütterlicher Zuneigung blickte Rachel den Jüngling an. Dann wandte sie sich ihrer Tochter zu und sagte: »Es ist gleichgültig, ob er ein Mönch ist oder ein Verbrecher. Trockne ihm die Füße, Miriam.« Sie öffnete einen kleinen Wandschrank, nahm eine Karaffe Wein heraus und goß einen Schluck davon in einen irdenen Becher. Während Miriam seinen Kopf hielt, flößte ihm Rachel etwas Wein ein, um sein Herz anzuregen. Nachdem er an dem Wein genippt hatte, schlug er zum ersten Mal die Augen auf. Er blickte seine Retterinnen traurig und dankbar zugleich an; es war der Blick eines Menschen, der die sanfte Berührung des Lebens spürt, nachdem er den scharfen Klauen des Todes entkommen ist; es war ein Blick der Hoffnung, nachdem diese beinahe schon geschwunden war. Dann öffnete er seine Lippen und stammelte: »Gott segne euch beide!« Rachel legte ihre Hand auf seine Schulter und sagte: »Sei still, Bruder! Sprich erst, wenn du wieder genug Kraft hast.« Und Miriam fügte hinzu: »Leg deinen Kopf auf dieses Kissen, und dann bringen wir dich näher ans Feuer heran.« Rachel füllte den Becher erneut mit Wein und ließ ihn trinken. Ihrer Tochter trug sie auf, sein Gewand ans Feuer zu hängen, um es zu trocknen. Miriam tat, was ihr die Mutter geheißen hatte, und als sie zurückkam, sah sie den Jüngling so mitleidig an, daß es schien, sie wolle die ganze Wärme ihrer Seele in sein Herz gießen. Rachel brachte zwei Brotfladen, etwas Eingemachtes und getrocknete Früchte.

Sie setzte sich zu ihm und steckte ihm einige Bissen in den Mund, so wie eine Mutter ihr Kind füttert. Bald fühlte er sich wieder kräftiger und setzte sich auf. Die Flammen des Herdfeuers fielen auf sein trauriges Gesicht. Seine Augen jedoch leuchteten, als er langsam den Kopf schüttelte und sprach: »In den Herzen der Menschen kämpfen Barmherzigkeit und Grausamkeit miteinander wie die tobenden Elemente am Himmel dieser schrecklichen Nacht; doch die Barmherzigkeit besiegt die Grausamkeit, denn dies ist gottgewollt. Sobald der Morgen kommt, wird auch der Schrecken dieser Nacht vergehen.« Nach einer kurzen Zeit der Stille sprach er mit leiser Stimme weiter: »Die Hand eines Menschen stieß mich in die Verzweiflung, und die Hand eines Menschen rettete mich; wie grausam und wie gütig zugleich ist doch der Mensch!« Rachel fragte: »Was ist dir widerfahren, Bruder, daß du das Kloster in solch einer furchtbaren Nacht verläßt, in der sich nicht einmal die wilden Tiere aus ihren Höhlen wagen?«

Der Jüngling schloß die Augen, als wolle er die Tränen, die aus den Tiefen seines Herzens stiegen, zurückdrängen, und sprach: »Die Tiere haben ihre Höhlen, die Vögel des Himmels ihre Nester, doch des Menschen Sohn hat keinen Platz, auf den er sein Haupt legen kann.« »Das sagte Jesus über sich«, wandte Rachel ein, während der junge Mann fortfuhr: »Dies gilt für jeden Menschen, der dem Geist und der Wahrheit in dieser Zeit der Verschlagenheit, der Heuchelei und der Bestechung folgen will.«

Rachel dachte eine Weile nach, dann sagte sie: »Im Kloster gibt es doch genügend bequeme Zimmer, und die Schatzkammern sind mit Gold gefüllt. An Lebensmitteln mangelt es auch nicht, und in den Ställen stehen wohlgenährte Kälber und Schafe. Was hat dich also veranlaßt, diesen sicheren Hafen in so einer todbringenden Nacht zu verlassen?« Der Jüngling seufzte tief und antwortete: »Ich habe diesen Ort verlassen, weil ich ihn hasse.« »Ein Mönch, der im Kloster lebt«, warf Rachel ein, »ist wie ein Soldat auf dem Schlachtfeld. Er muß sich den Anordnungen seines Führers unterwerfen, ob es ihm gefällt oder nicht gefällt. Ich habe gehört, daß ein Mann nur dann Mönch werden kann, wenn er seinen Willen, seine Gedanken, seine Wünsche und alles, was den Geist betrifft, ablegt. — Ein guter Abt verlangt von seinen Mönchen doch nichts Unvernünftiges! Wie konnte es der Abt von Deir Kizhaya zulassen, daß du dich dem Schneesturm auslieferst?« »Nach Meinung des Abtes kann man nur dann Mönch werden, wenn man blind und unwissend, gefühllos und stumm ist«, antwortete der Jüngling. »Ich verließ das Kloster, weil ich ein Mensch bin, der sehen, fühlen und hören kann.« Miriam und Rachel starrten ihn an, als hätten sie ein tief verborgenes Geheimnis in seinem Antlitz entdeckt. Rachel überlegte kurz und sagte dann: »Geht ein Mensch, der sehen und hören kann, in eine Nacht hinaus, die ihn blind und taub werden läßt?« Daraufhin erklärte der Jüngling mit ruhiger Stimme: »Man hat mich aus dem Kloster vertrieben.« »Vertrieben!« riefen Rachel und Miriam gleichzeitig.

Er blickte auf und bedauerte seine Worte, denn er fürchtete, die Zuneigung und das Mitgefühl, das die beiden Frauen ihm entgegenbrachten, könnten sich nun in Haß und Abscheu kehren; doch als er sie anschaute, sah er, daß das Mitleid nach wie vor aus ihren Augen strahlte und daß sie begierig waren, noch mehr zu erfahren. Mit stockender Stimme sprach er weiter: »Ja, ich wurde aus dem Kloster vertrieben, da ich nicht mit eigener Hand mein Grab schaufeln wollte; zudem war mein Herz belastet von all dem Lügen und Stehlen. Man verbannte mich aus dem Kloster, weil sich meine Seele weigerte, Gaben von Leuten anzunehmen, die der Unwissenheit ausgesetzt sind. Man vertrieb mich, weil ich in den bequemen Räumen, die mit dem Geld der armen Fellachen gebaut worden waren, keine Ruhe finden konnte. Mein Magen wollte das Brot, das mit den Tränen der Waisen gebacken war, nicht behalten, und meine Lippen konnten keine Gebete sprechen, die dem einfachen gläubigen Volk für Gold und Lebensmittel verkauft wurden. Wie einen Leprakranken trieb man mich aus dem Kloster, denn ich hielt den Mönchen die Regeln vor Augen, die sie in ihrer gegenwärtigen Stellung zu berücksichtigen hätten.«

Rachel und Miriam bedachten in Stille seine Worte und fragten ihn dann: »Leben deine Eltern noch?« Und er antwortete: »Ich habe weder Vater noch Mutter noch einen Ort, den ich mein Heim nennen kann.« Rachel seufzte, und Miriam wandte sich ab, um die Tränen des Mitleids und der Zuneigung zu verbergen.

Wie die Tautropfen in der Morgendämmerung einer verwelkten Blume das Leben wiedergeben, indem sie sich in die bittenden Kelche ergießen, so wurde auch das angsterfüllte Herz des Jünglings durch die Güte und Freundlichkeit seiner Wohltäterinnen wiederbelebt. Er blickte sie an wie ein Soldat, der seine Befreier begrüßt, die ihn aus der Hand des Feindes erretteten, und fuhr fort: »Ich verlor meine Eltern in meinem siebenten Lebensjahr. Der Dorfpriester brachte mich nach Deir Kizhaya und übergab mich den Mönchen, die mich gerne aufnahmen und mir die Kühe und Schafe anvertrauten, die ich täglich auf die Weide zu bringen hatte. Als ich fünfzehn war, steckte man mich in dieses schwarze Gewand, stellte mich vor den Altar, und der Abt sprach zu mir: ›Schwöre im Namen Gottes und aller Heiligen und lege das Gelübde ab, ein tugendhaftes Leben in Armut und Gehorsam zu führen.‹ Ich wiederholte seine Worte, ohne ihre Bedeutung zu begreifen und ohne seine eigene Auslegung von Armut, Tugend und Gehorsam zu kennen.

Mein Name war Kahlil, doch von da an nannten mich die Mönche Bruder Mobaarak*, doch sie behandelten mich niemals wie einen Bruder. Sie aßen die erlesensten Speisen und tranken den besten Wein, während ich mich mit getrocknetem Gemüse und Wasser zufriedengeben mußte. Sie ruhten in weichen Betten, ich aber mußte auf einer Steinplatte in einer dunklen und kalten Hütte schlafen. Oft fragte ich mich: ›Wann werde ich endlich ein Mönch und kann die milden Gaben mit diesen glücklichen Priestern teilen? Wann wird mein Herz aufhören, sich danach zu sehnen, was sie essen und trinken? Wann wird die Furcht vor meinen Vorgesetzten vergehen?‹ All mein Hoffen war vergeblich, denn es änderte sich nichts; im Gegenteil: Ich mußte neben meiner Arbeit mit dem Vieh nun auch noch schwere Steine schleppen und Gruben ausheben. Die paar Bissen Brot, die ich für meine Mühen bekam, hielten mich gerade am Leben. Ich wußte keinen anderen Platz, wo ich hätte hingehen können, und die Geistlichen im Kloster hatten mich dazu gebracht, alles zu verabscheuen, was sie schmähten. Sie hatten meinen Sinn so vergiftet,

---

* Der Name des maronitischen Erzbischofs, der Kahlil Gibran die Sterbesakramente erteilte, war ebenfalls Mobaarak.

daß ich annahm, die ganze Welt sei ein Meer von Sorgen und Elend, und das Kloster der alleinige Hafen der Rettung. Doch als ich merkte, woher ihr Gold und ihr Überfluß stammte, war ich froh, es nicht mit ihnen geteilt zu haben.«

Kahlil richtete sich auf und blickte verwundert um sich, als sähe er etwas besonders Schönes in dieser armseligen Hütte. Rachel und Miriam verhielten sich still, und er sprach weiter: »Gott nahm mir meinen Vater und schickte mich als Waisenkind in das Kloster; doch es war weder seine Absicht, mich mein ganzes Leben lang blind in einem gefährlichen Dschungel herumirren zu lassen, noch wünschte er, daß ich den Rest meines Lebens als armseliger Sklave verbringe. Er öffnete mir Augen und Ohren, zeigte mir den Glanz des wahren Lichts und ließ mich die Wahrheit vernehmen, als sie sprach.«

Rachel gab ihren Gedanken Ausdruck, indem sie fragte: »Gibt es ein Licht, das sich von der Sonne unterscheidet und dennoch über allen Menschen leuchtet? Und sind menschliche Wesen fähig, die Wahrheit auch zu verstehen?« Kahlil erwiderte: »Das wahre Licht kommt aus dem Innersten des Menschen und offenbart der Seele die Geheimnisse des Herzens; es macht sie glücklich, und sie ist mit dem Leben zufrieden. Die Wahrheit gleicht den Sternen, denn wie diese taucht sie nur in der Dunkelheit der Nacht auf. Sie gleicht ebenso allem Schönen in dieser Welt und läßt sich nur von denen aufnehmen, die zuvor den Einfluß der Falschheit fühlen. Die Wahrheit ist eine tief empfundene Güte, und sie lehrt uns, an jedem Tag unseres Daseins zufrieden zu sein und dieses Glück mit allen Menschen zu teilen.« »Es gibt viele, die gemäß dieser Güte leben«, warf Rachel ein, »und es gibt viele, die glauben, daß das Erbarmen mit anderen für den Menschen den Abglanz des göttlichen Gesetzes darstellt; aber dennoch freuen sie sich nicht am Leben und bleiben bedrückt bis zu ihrem Tod.« Kahlil entgegnete: »Nichtig sind die Glaubenssätze und Lehren, die behaupten, der Mensch sei schwach und elend; und falsch ist jene Barmherzigkeit, die ihn in Sorge und Verzweiflung stürzt, denn es ist sein Bestreben, auf dieser Erde glücklich zu sein, den Weg zur Glückseligkeit einzuschlagen und die Botschaft des Glücks zu verkünden, wohin er auch geht. Derjenige, der das Königreich des Himmels nicht in diesem Leben sieht, wird es auch im kommenden nicht wahrnehmen. Wir werden nicht als Ausgestoßene in dieses Leben gesetzt, sondern kommen als unschuldige Wesen von Gott, um zu lernen, wie man den heiligen und ewigen Geist verehrt und wie wir durch die Schönheit des Lebens die versteckten Geheimnisse in uns selbst erfahren können. Dies ist die Wahrheit, die ich den Lehren des Nazareners entnahm. Dies ist das Licht, das aus meinem Innersten kam und mir die dunklen, lebensbedrohlichen Winkel des Klosters aufzeigte. Dies ist das tiefe Geheimnis, das mir die herrlichen Täler und Felder offenbarte, als ich hungrig war und einsam vor mich hinweinend im Schatten der Bäume saß.

Dies ist die Religion, die nach Gottes Wunsch und Jesu Lehre durch das Kloster vermittelt werden sollte. Eines Tages, als mich die himmlische Schönheit der Wahrheit durchdrang, stellte ich mich mutig vor die im Garten versammelten Mönche. Ich tadelte ihre bösen Taten, indem ich sagte: ›Weshalb verbringt ihr eure Zeit hier, genießt die mildtätigen Gaben der Armen und eßt das Brot, das mit ihrem Schweiß und ihren Tränen gebacken wurde? Weshalb lebt ihr wie Schmarotzer und sondert euch von den Menschen ab, die des Wissens bedürftig sind? Weshalb verweigert ihr diesem Land eure Hilfe? Jesus hat euch als Schafe unter die Wölfe gesandt; was aber hat euch zu Wölfen unter den Schafen werden lassen? Weshalb flieht ihr vor der Menschheit und vor Gott, der euch geschaffen hat? Wenn ihr besser seid als die Menschen, die im Zuge des Lebens einherschreiten, dann solltet ihr zu ihnen gehen und ihr Dasein verbessern. Aber wenn ihr denkt, sie seien besser als ihr, solltet ihr danach trachten, von ihnen zu lernen. Habt ihr nicht ein Gelübde abgelegt und versprochen, in Armut zu leben? Nun habt ihr euren Eid vergessen und schwelgt im Luxus! Habt ihr nicht Gott gegenüber Gehorsam geschworen und lehnt euch nun gegen alles auf, was die Religion betrifft? Wie konntet ihr die Tugendhaftigkeit zu eurer Lebensregel erheben, wenn eure Herzen voll Lüsternheit sind? Ihr gebt vor, eure körperlichen Wünsche abzutöten, doch in Wahrheit tötet ihr eure Seelen. Ihr täuscht vor, alles Irdische abzulegen, doch eure Herzen sind aufgedunsen vor Neid. Ihr zwingt die Menschen, euch als ihre Lehrer in Glaubensdingen anzuerkennen; doch ehrlich gesagt, ihr gleicht dem Vieh, das nur Freude daran hat, auf fetten grünen Wiesen zu weiden. Laßt uns die ausgedehnten Ländereien des Klosters unter den Bedürftigen aufteilen und ihnen das Gold und Silber, das ihr ihnen genommen habt, wieder zurückgeben. Wir wollen unsere Zurückgezogenheit aufgeben und das Land, in dem wir leben, läutern, damit das arme Volk lernt zu lächeln und sich an den Gaben des Himmels, des Lebens und der Freiheit zu freuen.

Die Tränen des Volkes sind schöner und gottgefälliger als das Wohlbehagen und die Ruhe, der ihr euch an diesem Ort überlaßt. Das Mitgefühl, das des Nachbarn Herz berührt, wird höher gewertet als die verborgene Tugend in den uneinsehbaren Winkeln des Klosters. Ein mitleidsvolles Wort gegenüber dem Verbrecher oder der Dirne ist mehr wert als ein langes Gebet, das wir gedankenlos Tag für Tag in der Kirche sprechen.«

Kahlil mußte tief Atem holen. Dann richtete er seine Augen auf Rachel und Miriam und sprach: »All dies sagte ich den Mönchen, und sie hörten mir so überrascht zu, als könnten sie nicht glauben, daß ein junger Mann es wagen würde, sich vor sie hinzustellen und solch kühne Worte zu äußern. Als ich mit meiner Rede fertig war, kam einer auf mich zu und rief ärgerlich: ›Wie kannst du es wagen, in unserer Gegenwart auf diese Weise zu sprechen?‹ Ein anderer lachte mich aus und fragte: ›Hast du all das von den Kühen und den Schweinen gelernt, die du auf den Feldern draußen hütest?‹ Ein dritter stand auf und drohte mir: ›Du solltest bestraft werden, du Ketzer!‹ Dann liefen sie alle weg wie vor einem Leprakranken. Einige klagten mich beim Abt an, der mich am Abend zu sich befahl. Die Mönche konnten es kaum erwarten, mich verurteilt zu sehen, und ihre Gesichter erhellten sich, als die Anweisung erging, mich auszupeitschen und vierzig Tage lang ins Gefängnis zu sperren. Man brachte mich in eine finstere Zelle, in der ich die ganze Zeit ohne Lichtschein wie begraben lag. Tag und Nacht waren nicht mehr zu unterscheiden, und das einzige, das ich fühlen konnte, war das Ungeziefer, das über mich kroch, und die harte Erde, auf der ich lag. Ich hörte auch nichts als das Getrampel der Mönche, wenn sie mir gelegentlich ein Stück Brot und etwas Wasser brachten, das mit Essig gemischt war.

Als man mich aus dem Gefängnis holte, war ich schwach und

gebrochen, und die Mönche nahmen an, sie hätten mich von meinen Gedanken geheilt und das Verlangen meiner Seele getötet. Sie glaubten, Hunger und Durst hätten die Gnade, die Gott in mein Herz gesenkt hatte, ausgelöscht. In den vierzig Tagen meiner Einsamkeit hatte ich mich bemüht, einen Weg zu finden, der den Mönchen helfen könnte, das Licht zu sehen und das wahrhaftige Lied des Lebens zu hören, doch alle meine Überlegungen waren vergebens, denn der dichte Schleier, der sich in all den Jahren über ihre Augen gelegt hatte, konnte in so kurzer Zeit nicht weggezogen werden. Der Mörtel, mit dem die Unwissenheit ihre Ohren zugestopft hatte, war hart geworden, und die Berührung sanfter Finger vermochte nicht, ihn zu entfernen.«

Eine kurze Zeit blieb es still, dann blickte Miriam die Mutter an, als bäte sie um Erlaubnis, sprechen zu dürfen. »Du hast wohl sehr heftig zu den Mönchen gesprochen«, meinte sie, »wenn sie eine so schreckliche Nacht aussuchten, um dich aus dem Kloster zu vertreiben. Sie sollten lernen, auch zu ihren Feinden gütig zu sein.« »An diesem Abend«, erwiderte Kahlil, »als das Gewitter und die streitenden Elemente den Himmel aufwühlten, zog ich mich zurück, während die Mönche um die Feuerstelle herum saßen und sich Geschichten erzählten. Als sie merkten, daß ich alleine war, fingen sie an, mich zu verspotten. Ich las gerade das Evangelium und dachte über die schönen Worte Jesu nach; das ließ mich den Sturm draußen vergessen. Plötzlich kamen sie auf mich zu und machten sich abermals über mich lustig. Ich kümmerte mich nicht um sie, wandte mich ab und sah aus dem Fenster. Da wurden sie ärgerlich, denn meine Gelassenheit bewirkte, daß das Gelächter in ihren Herzen vertrocknete und der Hohn auf ihren Lippen gefror. Einer von ihnen fragte: ›Was liest du denn da, du großer Reformator?‹ Als Antwort darauf öffnete ich meine Bibel und las folgende Stelle laut vor: ›Als er nun viele Pharisäer und Sadduzäer sah zu seiner Taufe kommen, sprach er zu ihnen: Ihr Otterngezücht, wer hat denn euch gewiesen, daß ihr dem künftigen Zorn entrinnen werdet? Sehet zu, tut rechtschaffene Frucht der Buße! Denket nur nicht, daß ihr bei euch wollt sagen: Wir haben Abraham zum Vater. Ich sage euch: Gott vermag dem Abraham aus diesen Steinen Kinder zu erwekken. Es ist schon die Axt den Bäumen an die Wurzel gelegt.

Darum, welcher Baum nicht gute Frucht bringt, wird abgehauen und ins Feuer geworfen.‹

Als ich den Mönchen diese Worte Johannes des Täufers vorlas, wurden sie still, als ob eine unsichtbare Hand ihren Geist einschnürte. Doch sie faßten sich bald wieder und fingen abermals an zu lachen. ›Wir haben diese Worte oft gelesen‹, sagte einer, ›und brauchen keine Kuh, die sie uns wiederkäut.‹

›Hättet ihr diese Worte gelesen und ihren Sinn verstanden‹, begehrte ich auf, ›dann hätten die armen Dorfbewohner nicht frieren müssen und wären nicht Hungers gestorben.‹ Als ich das sagte, schlug mir einer der Mönche ins Gesicht, als hätte ich schlecht von ihnen gesprochen. Ein anderer versetzte mir einen Tritt, und ein dritter nahm mir die Bibel weg. Der vierte schließlich holte den Abt, der vor Zorn bebend herbeieilte. ›Sperrt diesen Aufrührer ein!‹ schrie er. ›Bringt ihn weg von diesem geheiligten Ort und laßt die Wut des Sturms ihm Gehorsam beibringen. Fort mit ihm, die Natur soll ihm Gottes Willen zeigen! Danach reinigt eure Hände vom Gift der Ketzerei, mit dem sein Gewand besudelt ist. Sollte er umkehren und um Vergebung bitten, so haltet das Tor verschlossen, denn wenn man eine Schlange in einen Käfig legt, wird keine Taube aus ihr; und ein Dornenstrauch wird keine Feigen tragen, wenn man ihn in einen Obstgarten pflanzt.‹ Gemäß dieser Weisung warfen mich die Mönche unter Gelächter aus dem Kloster. Bevor sie das Tor hinter mir versperrten, hörte ich, wie einer sagte: ›Gestern warst du der König der Kühe und Schweine, doch heute bist du entthront, du großer Reformator! Geh nun und werde der König der Wölfe und lehre sie, wie sie in ihrem Lager leben sollen.‹«

Kahlil seufzte tief und wandte dann sein Gesicht dem flackernden Feuer zu. Mit sanfter Stimme, aber mit traurigem Gesicht sagte er: »So wurde ich aus dem Kloster geworfen, und auf diese Weise überließen mich die Mönche den Händen des Todes. Ich kämpfte mich durch die dunkle Nacht, der Sturm zerriß mein Gewand, und der Schnee klebte an meinen Füßen, so daß ich strauchelte. Dann fiel ich und rief verzweifelt um Hilfe. Ich dachte, nur der Tod könnte mich noch hören, doch eine Macht voll Weisheit und Mitleid vernahm mein Schreien. Diese Macht wünschte nicht meinen Tod, sondern wollte, daß ich das Geheimnis des Lebens kennenlerne. Sie sandte euch beide, um mein Leben vor dem Abgrund des Todes zu retten.« Rachel und Miriam fühlten, wie ihr Geist das Geheimnis seiner Seele umfaßte, und sie fühlten sich mit ihm verbunden und vertraut. Ohne etwas zu sagen streckte Rachel ihren Arm aus und berührte zart Kahlils Hand, während Tränen über ihre Wangen liefen. Dann sprach sie: »Derjenige, den der Himmel zum Verteidiger der Wahrheit auserkoren hat, wird im Sturm und Schnee desselben Himmels nicht umkommen.« Und Miriam fügte hinzu: »Sturm und Kälte mögen die Blüten töten, doch der Saat können sie nichts anhaben, denn der Schnee schützt sie vor dem vernichtenden Frost.«

Kahlils Gesicht leuchtete auf, als er diese Worte der Ermutigung vernahm, und er sagte: »Wenn ihr mich nicht wie die Mönche als Aufrührer und Ketzer betrachtet, dann ist das Los, das mir im Kloster widerfuhr, ein Symbol für die Unterdrückung eines Volkes, das noch nicht über genügend Wissen verfügt; und diese Macht, in der ich beinahe starb, gleicht einer Revolution, die der völligen Gerechtigkeit vorangeht. Aus dem fühlenden Herzen einer Frau entspringt das Glück der Menschheit, und aus der Güte ihres edlen Geistes kommt die Liebe der Menschheit.«

Er schloß die Augen und lehnte sich wieder zurück. Die beiden Frauen wollten ihn nicht mehr länger mit weiteren Gesprächen ermüden, denn sie merkten, daß die Schwäche, die vom langen Frieren herrührte, seine Lider schwer machte. Wie ein verirrtes Kind, das endlich sicher in den Armen der Mutter ruht, schlief Kahlil ein. Rachel und Miriam gingen langsam zu ihrem Lager und ließen sich nieder. Während sie Kahlil nochmals anschauten, bemerkten sie auf seinem vom Kummer gezeichneten Antlitz einen Ausdruck, der ihm ihre Herzen und Seelen noch näher brachte, und die Mutter sagte: »Hinter seinen geschlossenen Augen ruht eine seltsame Kraft; sie spricht in der Stille und regt die Sehnsucht der Seele an.« Miriam erwiderte: »Sieh seine Hände an, Mutter; sie gleichen jenen der Jesusstatue in unserer Kirche.« »Und sein Gesicht weist gleichzeitig auf die Zartheit einer Frau und den Mut eines Mannes hin«, ergänzte die Mutter.

Der Schlaf trug den Geist der beiden Frauen auf seinen Schwingen in die Welt des Traums. Das Feuer erlosch und wurde zu Asche, während das Licht der Öllampe matter wurde und langsam ausging. Das Brüllen des Sturmes dauerte an, und vom wolkenverhangenen Himmel fiel immer noch Schnee, den der heftige Wind in alle Richtungen wehte.

Vierter Teil

Fünf Tage vergingen, und vom Himmel fiel unaufhörlich der Schnee und begrub erbarmungslos Berge und Ebenen. Dreimal versuchte Kahlil, seine Reise fortzusetzen, doch jedesmal hielt ihn Rachel zurück und sagte: »Überlaß dein Schicksal nicht den Naturgewalten, Bruder! Bleibe hier, denn das Brot, das für zwei reicht, wird auch noch einen dritten nähren, und das Feuer wird nach deiner Abreise genauso brennen wie vor deiner Ankunft. Wir sind arm, Bruder, doch ebenso wie die übrigen Menschen leben wir im Angesicht der Sonne und der Menschheit, und Gott gibt uns unser tägliches Brot.«

Auch Miriam bat ihn mit freundlichen Blicken und tiefen Seufzern zu bleiben, denn seit er die Hütte betreten hatte, verspürte sie die Anwesenheit einer göttlichen Kraft in ihrer Seele, welche Leben und Licht in ihr Herz brachte und im Innersten ihres Geistes eine nie gekannte Zuneigung aufkeimen ließ. Zum ersten Mal im Leben entdeckte sie ein Gefühl, das ihr Herz zu einer weißen Rose machte, die an die Tautropfen der Morgendämmerung nippt und ihren Duft in das endlose Firmament verströmt. Es gibt kein reineres und sanfteres Gefühl für den Geist als jenes, das im Herzen eines jungen Mädchens wohnt, das plötzlich erwacht und dessen Sein von himmlischer Musik erfüllt wird, dessen Tage den Träumen der Dichter gleichen und dessen Nächte voll Ahnungen sind. Kein Geheimnis im Zauberreich des Lebens ist stärker und schöner als jene Liebe, die den stillen Sinn einer Jungfrau in beständige Wachsamkeit kehrt, Vergangenes vergessen läßt und in ihrem Herzen die süße und überwältigende Hoffnung auf das entflammt, was kommen wird.

Die libanesische Frau unterscheidet sich von den Frauen anderer Völker durch ihre Schlichtheit. Die Art und Weise, in der sie erzogen ist, verhindert ihren Fortschritt und steht ihrer Zukunft hinderlich im Wege. Aus diesem Grund erforscht sie sich selbst und beobachtet die Regungen und das Geheimnis ihres

Herzens. Eine junge libanesische Frau gleicht einer Quelle, die aus der Tiefe der Erde kommt und ihren Lauf durch die Talniederungen nimmt. Wenn sie jedoch keinen Zugang zum Meer findet, verwandelt sie sich in einen stillen See, der die glitzernden Sterne und den schimmernden Mond widerspiegelt.

Kahlil fühlte, wie sich Miriams Gefühle ständig um seine Seele bewegten, und er wußte, daß die göttliche Fackel, die sein Herz erleuchtete, auch das ihre berührt hatte. Zum ersten Mal seit langer Zeit spürte er Freude in sich aufkommen − wie ein ausgetrockneter Bach, der den Regen willkommen heißt; doch er schämte sich über seine Voreiligkeit, da er dachte, dieses geistige Verstehen würde wie eine Wolke vorüberziehen, sobald er das Dorf verlassen hätte. Oft fragte er sich: »Welcher Art ist dieses Wunder, das in unserem Leben eine so große Rolle spielt? Was bedeutet dieses Gesetz, das uns auf eine harte Bahn wirft und uns wieder aufhält, ehe wir das Antlitz der Sonne erreicht haben, wo wir uns ergötzen wollten? Was ist das für eine Kraft, die unseren Geist erhebt, bis wir den Gipfel des Berges lächelnd erreicht haben, uns dann jedoch plötzlich wieder in die Tiefe des Tales schleudert, wo wir weinen und leiden? Was ist das für ein Leben, das uns an einem Tag wie ein Liebender umarmt, am nächsten Tag jedoch wie ein Feind behandelt? War ich nicht gestern noch ein Verfolgter? Ertrug ich nicht Hunger, Durst, Qual und Schmach um der Wahrheit willen, die der Himmel in meinem Herzen erweckt hat? Erzählte ich den Mönchen nicht, daß das Glück, welches durch die Wahrheit hervorgerufen wird, der Plan und Wille Gottes hinsichtlich des Menschen ist? Was bedeutet diese Furcht in mir? Weshalb verschließe ich meine Augen vor dem Licht, das eine junge Frau ausstrahlt? Ich bin ein Verbannter, und sie ist arm, aber lebt denn der Mensch vom Brot allein?

Stehen wir nicht zwischen Mangel und Überfluß wie die Bäume zwischen Winter und Sommer? Doch was würde Rachel sagen, wenn sie wüßte, daß mein Herz und das ihrer Tochter sich ohne Worte verstehen, daß wir einander fanden und dem Kreis des höchsten Lichts zustreben wollen? Was würde sie sagen, wenn sie herausfände, daß der junge Mann, dessen Leben sie rettete, sich nach ihrer Tochter sehnt? Was würden die einfachen Dorfbewohner denken, wenn sie wüßten, daß ein Jüngling, der im Kloster aufgewachsen ist und als Vertriebener in ihr Dorf kommt, nun in der Nähe eines schönen Mädchens leben möchte? Werden sie mir zuhören, wenn ich ihnen erzähle, daß derjenige, der das Kloster verläßt, um unter ihnen zu leben, einem Vogel gleicht, der aus den geborstenen Mauern seines Käfigs ins Licht der Freiheit fliegt? Was wird Scheich Abbas sagen, wenn er meine Geschichte hört? Und was wird der Priester dieses Dorfes tun, sobald er den Grund meiner Vertreibung herausfindet?«

So sprach Kahlil zu sich selbst, während er am Feuer saß und in die Flammen blickte, die ein Symbol für seine Liebe waren. Gelegentlich warf ihm Miriam einen Blick zu; sie las seine Träume von seinen Augen ab und hörte den Widerhall seiner Gedanken; und sie spürte seine Liebe, auch wenn kein Wort gesprochen wurde.

Eines Nachts, als er an der kleinen Fensterluke stand und in das Tal hinausblickte, in dem die Bäume und Felsen wie unter einer weißen Decke lagen, kam Miriam herbei, stellte sich neben ihn und schaute zum Himmel empor. Als sich beider Blicke begegneten, seufzte Kahlil und schloß die Augen. Es war, als wanderte seine Seele durch das All, um nach einem bestimmten Wort zu suchen. Doch es war kein Wort vonnöten, denn die Stille sprach für sie beide. »Wohin willst du gehen«, begann Miriam schließlich, »wenn der Schnee schmilzt und die Wiesen trocken sind?« Kahlil öffnete die Augen, blickte in die Ferne und sagte: »Ich werde dorthin gehen, wohin mich das Schicksal und der Ruf der Wahrheit leiten werden.« Miriam seufzte und meinte: »Warum willst du nicht hierbleiben und in unserer Nähe leben? Gibt es etwas, das dich zwingt, anderswo hinzugehen?« Kahlil war von ihren gütigen Worten bewegt, doch er wandte ein: »Die Bewohner dieses Dorfes werden es nicht dulden, daß ein ausgestoßener Mönch ihr Nachbar wird; sie werden mir nicht erlauben, dieselbe Luft wie sie zu atmen, denn sie denken, daß ein Feind des Klosters ein Ketzer sein muß, der von Gott und allen Heiligen verflucht ist.« Miriam verstummte, denn diese Argumente quälten sie und hinderten sie am Weitersprechen. Daraufhin erklärte ihr Kahlil: »Sieh nur, Miriam, diese Menschen sind so erzogen worden, daß sie jeden hassen, der ein Freigeist ist. Es wurde ihnen eingedrillt, sich von denen fernzuhalten, deren

Geist sich nach oben schwingt. Aber Gott will nicht von einem Unwissenden verehrt werden, der nur irgend etwas nachplappert. Wenn ich in diesem Dorf bliebe und den Menschen anböte, ihn so zu verehren, wie es ihnen gefällt, würden sie mich für einen Ungläubigen halten, der die Autorität, welche den Priestern von Gott verliehen wurde, mißachtet. Wenn ich sie bitten würde, auf die Stimme ihres Herzens zu achten und ihrem freien Willen gemäß zu handeln, so würden sie mich einen schlechten Menschen nennen, der versucht, die Geistlichkeit abzuschaffen, die Gott als Mittler zwischen Himmel und Erde gesetzt hat.« Kahlil blickte geradewegs in Miriams Augen, und mit einer Stimme, die wie die Saiten einer Laute klang, sprach er: »Miriam, in diesem Dorf gibt es eine seltsame Kraft, die mich ergriffen hat und meine Seele gefangenhält; eine Kraft, die so göttlich ist, daß sie mich meinen Schmerz vergessen läßt. In diesem Dorf sah ich dem Tod ins Gesicht, aber an diesem Ort umarmte meine Seele auch den Geist Gottes. In diesem Dorf hier wächst eine herrliche Blume über dem vertrockneten Gras. Ihre Schönheit ergreift mein Herz, und ihr Duft erfüllt den ganzen Umkreis. Soll ich diese wunderbare Blume verlassen und in die Welt ziehen, um die Ideen zu verkünden, derentwegen ich aus dem Kloster vertrieben wurde, oder soll ich an der Seite dieser Blume bleiben, ein Grab schaufeln und dort meine Gedanken und Überlegungen in der Nachbarschaft von Dornen bestatten? Was soll ich tun, Miriam?« Als Miriam seine Worte hörte, erzitterte sie wie eine Lilie im Morgenwind. Ihr Herz strahlte aus ihren Augen, während sie stammelte: »Wir sind beide in der Hand einer geheimnisvollen und gnädigen Macht. Laß uns nach ihrem Willen tun.«

In diesem Augenblick wurde aus den zwei Herzen ein einziges, und ihrer beider Geist erwuchs zu einer Fackel, die ihr Leben erleuchtete.

Fünfter Teil

Vom Anbeginn der Welt bis zum heutigen Tag meinen manche durch Erbschaften reich gewordene Sippen, die mit der Geistlichkeit zusammenarbeiten, sie seien auserwählt, über Menschen zu herrschen. Diese Einstellung ist eine alte klaffende Wunde im Herzen der Gesellschaft und kann nur durch vollkommene Ausschaltung der Unwissenheit geheilt werden. Der Mann, der seinen Wohlstand einer Erbschaft zu verdanken hat, baut sich sein Haus mit dem Geld der Armen und Schwachen. Der Geistliche errichtet seinen Tempel auf den Gräbern und den Gebeinen opferwilliger frommer Menschen. Der Fürst hält die Arme der Fellachen fest, während der Priester dessen Taschen leert. Der Herrscher blickt auf seine Untertanen, die auf den Feldern arbeiten, mit drohendem Gesicht, während der Bischof sie mit einem Lächeln tröstet; doch zwischen der drohenden Gebärde des Tigers und dem Grinsen des Wolfs geht die Herde zugrunde. Der Herrscher beansprucht für sich, Handhaber des Gesetzes zu sein, während der Priester sich für den Stellvertreter Gottes hält; und zwischen beiden werden Leiber zerstört und Seelen zugrunde gerichtet. Im Libanon, jenem Gebirge, das reich ist an Sonnenlicht, aber arm an Wissen, tun sich der Adlige und der Priester zusammen, um den Bauern auszubeuten, der das Land pflügt und das Korn schneidet, um sich vor dem Schwert des Herrschers und dem Bann des Priesters zu schützen. Der reiche Mann im Libanon steht stolz auf dem Balkon seines Palastes und ruft der Menge zu: »Der Sultan hat mich zu eurem Herrn gemacht!« Der Priester steht vor dem Altar und spricht: »Gott hat mich zum Lenker eurer Seelen auserkoren!« Und der Libanese schweigt zu allem, denn ein Toter kann nicht sprechen.

Scheich Abbas war mit den Geistlichen eng befreundet, denn diese waren seine Verbündeten, wenn es darum ging, das Wissen vom Volk abzuhalten und den Geist unbedingten Gehorsams unter seinen Arbeitern aufleben zu lassen.

An jenem Abend, an dem sich Kahlil und Miriam dem Thron der Liebe näherten, was Rachel mit den Augen der Zuneigung beobachtete, setzte Vater Elias den Scheich von dem Geschehen in Kenntnis, daß der Abt einen rebellischen jungen Mann aus dem Kloster gewiesen hatte und daß dieser im Hause von Rachel, der Witwe des Samaan Ramy, aufgenommen worden war. Dem Priester genügte es nicht, diese etwas dürftige Information an den Scheich weiterzugeben, und so setzte er noch hinzu: »Dieser Dämon, der aus dem Kloster verbannt wurde, kann in unserem Dorf kein Engel werden, denn auch ein Feigenbaum trägt keine Früchte mehr, wenn er abgehackt und verbrannt wird. Wenn wir das Dorf vom Unrat dieser Bestie reinhalten wollen, müssen wir sie, genauso wie die Mönche, vertreiben.« Der Scheich fragte: »Bist du sicher, daß der junge Mann auf unsere Bevölkerung einen schlechten Einfluß ausüben wird? Ist es nicht besser, wir behalten ihn hier und lassen ihn im Weinberg arbeiten? Wir brauchen dringend starke Männer.«

Dem Priester war die Mißbilligung am Gesicht abzulesen. Er zwirbelte seinen Bart und antwortete schroff: »Wenn er zum Arbeiten tauglich wäre, hätte man ihn nicht aus dem Kloster verbannt. Ein Student, der vergangene Nacht in meinem Haus zu Gast war, berichtete mir, daß Kahlil gegen die Vorschriften des Abtes verstoßen hat, indem er gefährliche Ideen unter den Mönchen verbreitete. So sagte er zum Beispiel: ›Verteilt die Felder, die Gärten und das Geld des Klosters unter den Armen und helft dem Volk, welches dringend Wissen braucht. Wenn ihr das tut, erfüllt ihr ein Gebot des himmlischen Vaters.‹«

Als er diese Worte vernahm, sprang Scheich Abbas auf wie ein Tiger, der gerade dabei ist, seine Beute zur Strecke zu bringen. Er ging zur Tür und befahl seinen Dienern, augenblicklich zu erscheinen. Drei Männer traten vor ihn, und der Scheich ordnete an: »Im Hause Rachels, der Witwe von Samaan Ramy, hält sich ein junger Mann auf, der ein Mönchsgewand trägt. Ergreift ihn und bringt ihn hierher! Wenn die Frau seine Verhaftung verhindern will, dann schleppt sie an ihrem Zopf ebenfalls hierher, denn wer dem Bösen hilft, ist selbst böse.« Gehorsam verneigten sich die Männer und eilten zu Rachels Haus, während der Priester und der Scheich über die Art der Bestrafung von Kahlil und Rachel beratschlagten.

Sechster Teil

Der Tag neigte sich, und die Nacht brach herein und legte ihre Schatten über die ärmlichen schneebeladenen Hütten. Am Firmament kamen die Sterne zu Vorschein, dem Hoffnungsschimmer der Ewigkeit nach einem qualvollen Todeskampf vergleichbar. Die Fenster und Türen der Häuser waren geschlossen, und die Lampen angezündet. Die Fellachen saßen am Feuer und wärmten sich. Rachel, Miriam und Kahlil hatten sich in ihrer Hütte an den hölzernen Tisch gesetzt und wollten gerade ihr Abendbrot essen, als es plötzlich an der Tür klopfte und drei

Männer eintraten. Die beiden Frauen erschraken, doch Kahlil blieb ruhig, als ob er das Kommen der Männer erwartet hätte. Es waren die Diener des Scheichs. Einer von ihnen trat vor Kahlil hin, legte die Hand auf seine Schulter und fragte: »Bist du derjenige, der aus dem Kloster gejagt wurde?« »Ja«, antwortete Kahlil, »ich bin es. Was willst du?« Der Mann sagte: »Uns ist befohlen worden, dich zu verhaften und zum Hause des Scheichs Abbas zu bringen. Wenn du dich widersetzt, werden wir dich wie ein geschlachtetes Schaf durch den Schnee schleifen.«

Rachel wurde blaß und rief aus: »Was hat er verbrochen, weshalb wollt ihr ihn verhaften und mit euch nehmen?« Mit tränenerstickter Stimme versuchten sie ihm zu helfen und sagten: »Er steht allein gegen drei; das ist feige!« Die Männer wurden wütend und schrien: »Gibt es eine Frau in diesem Dorf, die sich gegen den Befehl des Scheichs auflehnen darf?« Sie zogen ein Seil heraus und schlangen es um Kahlils Hände. Stolz hob dieser sein Haupt, und mit einem traurigen Lächeln auf den Lippen sprach er zu ihnen: »Ich bemitleide euch, ihr Männer, denn ihr seid ein starkes, aber verblendetes Werkzeug in der Hand eines Mannes, der den Schwachen mit der Kraft eurer Arme unterdrückt. Ihr seid Sklaven der Unwissenheit. Gestern noch war ich wie ihr, aber morgen schon wird euer Geist so frei wie der meine sein. Zwischen uns liegt ein tiefer Graben, der meine Stimme erstickt und meine Wirklichkeit vor euch verbirgt, so daß ihr mich weder hören noch sehen könnt. Hier bin ich; bindet mich und macht mit mir, was ihr wollt.« Die drei Männer waren von seinen Worten sehr beeindruckt, und es schien, als hätte seine Stimme einen neuen Geist in ihnen erweckt, doch die Stimme des Scheichs klang noch in ihnen nach und mahnte sie, ihren Auftrag auszuführen. Sie fesselten Kahlil und führten ihn schweren Herzens hinweg. Rachel und Miriam folgten ihnen und glichen den Frauen von Jerusalem, die Christus auf den Kalvarienberg begleiteten.

Siebenter Teil

Ohne Rücksicht auf ihre Wichtigkeit breiten sich Neuigkeiten in den kleinen Siedlungen der Fellachen schnell aus, weil diese weitab von den Zentren der Gesellschaft leben und daher alles, was sich in ihrer begrenzten Umgebung ereignet, besonders ausführlich besprechen. Im Winter, wenn die Felder unter der Schneedecke schlummern und alles menschliche Leben Zuflucht und Wärme am Feuer sucht, sehnen sich die Dorfbewohner danach, jede Neuigkeit zu erfahren und darüber zu diskutieren, da sie ja ansonsten um diese Zeit nicht viel zu tun haben.

Kurz nach Kahlils Verhaftung verbreitete sich die Nachricht davon unter den Fellachen wie ein Lauffeuer. Sie verließen ihre Hütten und eilten wie eine Armee von Soldaten aus allen Richtungen auf das Haus von Scheich Abbas zu. Als Kahlil eintraf, waren schon viele Menschen dort versammelt. Männer, Frauen und Kinder waren begierig, einen Blick auf den Unglücklichen zu werfen, der aus dem Kloster vertrieben worden war. Sie wollten auch Rachel und ihre Tochter sehen, die Kahlil geholfen hatten, die höllische Seuche der Ketzerei am reinen Himmel ihres Dorfes zu verbreiten. Der Scheich nahm auf dem Richterstuhl Platz, und neben ihm setzte sich Vater Elias nieder. Der gefesselte Jüngling stand unerschrocken vor ihnen und war den Blicken der versammelten Menge ausgesetzt. Rachel und Miriam blieben hinter Kahlil stehen und zitterten vor Angst. Doch was kann diese dem Herzen einer Frau anhaben, welche die Wahrheit gefunden hat und ihr folgt? Was kann der Spott einem Mädchen antun, das von der Liebe erweckt worden ist? Scheich Abbas blickte den Jüngling an und fragte grollend: »Wie heißt du, Mann?« »Kahlil ist mein Name«, war die Antwort. »Wer sind deine Eltern und deine Verwandten?« wollte der Scheich daraufhin wissen, »und wo bist du geboren?« Kahlil sah auf die Fellachen, die ihn haßerfüllt anstarrten, und sagte: »Die unterdrückten Armen sind meine Verwandten, und dieses weite Land ist der Ort meiner Geburt.«

Spöttisch meinte der Scheich: »Diese Leute, die du als deine Verwandtschaft bezeichnest, wünschen, daß du bestraft wirst; und das Land, das du als deinen Geburtsort angibst, ist dagegen, daß du ein Mitglied seines Volkes bist.« Kahlil entgegnete: »Die unwissenden Völker sperren ihre besten Männer ein und sehen in ihnen ihre Unterdrücker; und ein Land, das von einem Tyrannen beherrscht wird, verfolgt diejenigen, die versprechen, das Volk vom Joch der Sklaverei zu befreien. Wird jedoch ein guter

Sohn seine Mutter verlassen, wenn sie krank ist? Wird ein gütiger Mann seinen Bruder verleugnen, wenn es diesem schlecht geht? Jene bemitleidenswerten Männer, die mich heute verhaftet und hierher gebracht haben, sind dieselben, die sich gestern dir ausgeliefert haben. Und diese unermeßlich weite Erde, die mein Dasein gutheißt, ist dieselbe, welche gierige und grausame Despoten nicht zerreißt und nicht verschlingt.«

Der Scheich lachte laut auf, als wollte er des jungen Mannes Geist niederzwingen und ihn davon abhalten, die Zuhörer zu beeinflussen. Er wandte sich an Kahlil und sagte mit Nachdruck: »Glaubst du Viehhüter denn, daß wir gnädiger mit dir umgehen werden als die Mönche, die dich aus dem Kloster verjagt haben? Meinst du, wir empfinden Mitleid mit einem gefährlichen Aufwiegler?« »Es ist richtig, daß ich ein Viehhüter war«, entgegnete Kahlil, »aber ich bin froh, kein Metzger gewesen zu sein. Ich führte meine Herden auf saftige Wiesen, und niemals grasten sie auf dürrem Land. Ich brachte sie zu sauberen Quellen und hielt sie von giftigen Sümpfen fern. Abends leitete ich sie zu ihren Ställen und ließ sie nie im Tal zurück, wo sie die Beute von Wölfen geworden wären. So behandelte ich die Tiere; und wenn ihr die Menschen so behandelt hättet wie ich meine Tiere, dann würden die armen Leute nicht in verfallenen Hütten leben und Not und Hunger erleiden müssen, während Ihr Euch wie Nero in seinem Palast gebärdet.«

Schweißtropfen traten auf die Stirn des Scheichs, und aus seinem Lachen wurde Zorn, doch er versuchte Ruhe zu bewahren, indem er vermied, auf Kahlils Rede einzugehen. Er deutete mit der Hand auf ihn und rief: »Du bist ein Ketzer, und wir werden deinem lächerlichen Geschwätz nicht länger zuhören. Wir raten allen, dich wie einen Verbrecher zu behandeln. Und du bedenke, daß du hier vor dem Herrn dieses Dorfes stehst, der dazu ermächtigt ist, Seine Exzellenz, den Emir Ameen Shebab zu vertreten. Du stehst auch vor Vater Elias, der als Repräsentant der heiligen Kirche hier ist, deren Lehren du dich widersetzt hast. Verteidige dich nun oder kniee vor all diesen Menschen nieder, und wir werden dir vergeben und wieder einen Viehhüter aus dir machen, so wie du es im Kloster warst!« Mit ruhiger Stimme erwiderte Kahlil: »Ein Verbrecher kann nicht von einem anderen Verbrecher verurteilt werden, und ein Ungläubiger wird sich nicht vor Sündern verteidigen.« Dann blickte er in die Menge und sprach weiter: »Meine Brüder, der Mann, den ihr den Herrn eurer Felder nennt und dem ihr euch schon seit so langer Zeit ausgeliefert habt, hat mich in dieses Haus bringen lassen, das er auf den Gräbern eurer Vorväter errichtet hat, und will mich hier verhören; und der Mann, der aufgrund eures Bekenntnisses der Hirte eurer Kirche wurde, will mich richten und euch dazu veranlassen, mich zu demütigen und mein Elend noch größer werden zu lassen. Ihr seid aus allen Richtungen herbeigeeilt, um mich leiden zu sehen und um zu hören, wie ich um Gnade bitte. Ihr habt eure Hütten verlassen, um Zeuge zu sein, wenn euer Sohn und Bruder gefesselt wird. Ihr seid gekommen, um die Beute in den Klauen der wilden Bestie zittern zu sehen, und ihr wollt es miterleben, wenn ein Abtrünniger vor seinen Richtern steht. Ich bin ein Verbrecher und ein Ketzer und wurde aus dem Kloster verbannt. Der Sturm trieb mich in euer Dorf. Hört meine Verteidigung an, doch seid nicht gnädig, sondern gerecht, denn Mitleid sollte nur an einem Schuldigen geübt werden, während ein Unschuldiger Gerechtigkeit fordert.

Ich erwähle euch nun zu meinem Richter, denn der Wille des Volkes ist Gottes Wille. Öffnet eure Herzen und hört mir genau zu; und dann verurteilt mich nach eurem Gewissen.

Es wurde euch erzählt, ich sei ein Ungläubiger, doch keiner hat euch gesagt, welche Untat oder Sünde ich begangen habe. Ihr habt mich wie einen Dieb gefesselt gesehen, doch ihr habt noch nichts über mein Vergehen gehört, denn Missetaten werden in diesem Gerichtssaal nicht nachgewiesen, aber die Bestrafung erfolgt wie ein Donnerschlag. Liebe Freunde, mein Verbrechen besteht darin, daß ich für euer Schicksal Verständnis zeige und das Gewicht des Eisens spüre, das man euch um den Hals gehängt hat. Meine Sünde ist meine tiefe Sorge um eure Frauen und meine Zuneigung euren Kindern gegenüber, welche die Milch des Lebens im Schatten des Todes trinken. Ich bin einer von euch, denn meine Vorfahren lebten ebenfalls in diesen Tälern und starben unter dem gleichen Joch, das euch jetzt drückt. Ich glaube an Gott, der die Schreie eurer leidenden Seelen vernimmt, und ich vertraue der Bibel, die angesichts des Himmels uns alle zu Brüdern werden läßt. Ich glaube an die Lehren, vor denen wir alle gleich sind und die uns nicht mit gestutzten Flügeln dieser Erde überlassen, auf welcher Gott mit sanften Schritten wandelt.

Während ich im Umkreis des Klosters das Vieh hütete, dachte ich oft über das traurige Los nach, das ihr zu ertragen habt. Und ich vernahm einen verzweifelten Schrei, der aus euren ärmlichen Hütten kam. Es war der Schrei der unterdrückten Seelen, der Schrei der gebrochenen Herzen, die als Sklaven des Herrn dieser Felder in euch eingeschlossen sind. Als ich aufschaute, fand ich mich im Kloster wieder und euch auf den Feldern, und ich sah euch wie eine Herde von Schafen dem Wolf in seine Höhle folgen, doch als ich mitten auf der Straße anhielt und die Lämmer retten wollte und um Hilfe schrie, schnappte der Wolf mit seinen scharfen Zähnen nach mir.

Ich habe um der Wahrheit willen Gefängnis, Hunger und Durst ertragen, doch all das schadete nur dem Körper. Aber ich habe mehr erlitten, als man ertragen kann, als sich eure Seufzer in Schreie wandelten, die in jedem Winkel des Klosters zu hören waren. Ich fürchtete mich jedoch niemals, und mein Herz wurde auch nicht müde, denn eure Hilferufe verliehen mir jeden Tag neue Kraft, und meine Seele wurde wieder gesund. Nun fragt ihr euch gewiß: ›Wann haben wir jemals um Hilfe gerufen? Wer wagte es denn, seine Lippen aufzutun?‹ Ich versichere euch, eure Seelen schreien jeden Tag und flehen jede Nacht um Hilfe, doch ihr könnt sie nicht hören, denn auch ein Sterbender vermag nicht, seinen Herzschlag zu vernehmen, im Gegensatz zu denen, die an seinem Bett stehen. Ein verletzter Vogel führt, ohne es zu wollen, unter Schmerzen und unbewußt einen Tanz vor; diejenigen aber, die es mitansehen, wissen den Grund. Zu welcher Tageszeit seufzt ihr unter euren Qualen? Am Morgen, wenn euch der Lebenswille ruft, den Schleier des Schlafes von euren Augen zieht und euch wie Sklaven auf die Felder treibt? Oder gegen Mittag, wenn ihr euch unter einen Baum setzen möchtet, um vor der glühenden Sonne geschützt zu sein? Oder etwa am Abend, wenn ihr hungrig nach Hause kommt und ein gutes Essen wollt anstelle von Krumen und trübem Wasser? Oder gar in der Nacht, wenn ihr erschöpft auf euer hartes Lager fallt und trotz eurer Müdigkeit keinen Schlaf findet, da ihr Angst habt vor der Stimme des Scheichs, die noch in euren Ohren gellt? Zu welcher Jahreszeit habt ihr keinen Grund, euch zu beklagen? Im Frühling, wenn die Natur ihr schönstes Kleid anlegt, und ihr, in Lumpen gehüllt, mit ihr zusammentrefft? Oder im Sommer, wenn ihr den Weizen erntet, das Korn bindet und die Scheunen eures Herrn mit Getreide anfüllt, aber wenn es um euren Lohn geht, nur Heu und Unkraut bekommt? Oder im Herbst, wenn ihr die Früchte einsammelt und die Trauben zum Keltern bringt, aber für eure Arbeit nur eine Flasche Essig und einen Scheffel Eicheln erhaltet? Oder im Winter, wenn ihr in euren schneebedeckten Hütten am Feuer sitzt und zittert, sobald der aufgebrachte Himmel euch zwingt, aus eurer Teilnahmslosigkeit aufzuwachen?

So ist das Leben der Armen; diesen Satz vernehme ich andauernd, und das ist es, was meinen Geist veranlaßt, sich gegen die Unterdrücker aufzulehnen und ihre Befehle zu mißachten. Als ich die Mönche bat, Barmherzigkeit an euch zu üben, betrachteten sie mich als einen Ungläubigen und trieben mich fort. Heute bin ich hier, um dieses trostlose Leben mit euch zu teilen und meine Tränen mit den euren zu vermengen. Hier stehe ich – als ein Gefangener eures schlimmsten Feindes. Wißt ihr denn nicht, daß dieses Land, auf dem ihr wie Sklaven arbeitet, euren Vätern weggenommen wurde, damals, als das Gesetz mit dem Schwert geschrieben wurde? Die Mönche betrogen eure Vorfahren und entrissen ihnen all ihre Felder und Weingärten, als die Gebote der Religion auf die Lippen der Priester geschrieben wurden. Wer ist nicht vom Besitzer dieser Felder dazu veranlaßt worden, ihrem Willen zu gehorchen?

Gott sagt: ›Im Schweiße deines Angesichts sollst du dein Brot essen.‹ Aber das Brot, das ihr während eurer Lebenszeit gebakken habt, ißt Scheich Abbas, und der Wein, den er trinkt, ist mit euren Tränen vermischt. Hat Gott diesen Mann im Leibe seiner Mutter anders geschaffen als euch? Und ist es eure Schuld, daß sein Wohlstand durch euch entstand? Jesus sagt: ›Umsonst habt ihr genommen, und umsonst sollt ihr geben... Besitzt kein Gold, kein Silber und kein Erz.‹ Aufgrund welcher Lehrsätze also verkaufen die Männer der Kirche ihre Gebete für Gold- und Silberstücke? In der Stille der Nacht betet ihr ›Unser täglich Brot gib uns heute‹. Gott hat euch dieses Land gegeben, damit ihr daraus euer tägliches Brot gewinnt; aber hat er den Mönchen die Macht verliehen, euch dieses Land und dieses Brot wegzunehmen?

Ihr verurteilt Judas, weil er seinen Meister für ein paar Silberlinge verkaufte, doch ihr segnet diejenigen, die den Herrn täglich verkaufen. Judas bereute seine Tat und erhängte sich, aber diese Priester stolzieren herum, tragen prächtige Gewänder, und um ihren Nacken baumeln glitzernde Kreuze. Ihr lehrt eure Kinder, Christus zu lieben, aber gleichzeitig weist ihr sie an, denen zu gehorchen, die sich seinen Lehren entgegenstellen und sein Gesetz verletzen. Die Apostel Christi wurden gesteinigt und getötet, damit der Heilige Geist in euch zu neuem Leben erwache, doch die Mönche und Priester töten den Geist in euch, damit sie von eurer barmherzigen Freigebigkeit leben können. Was bringt euch dazu, in dieser Welt ein solches Leben zu führen, das voll Unterdrückung und Elend ist? Weshalb kniet ihr vor einem furchteinflößenden Götzenbild nieder, das auf den Gebeinen eurer Väter errichtet wurde? Welchen Schatz spart ihr für eure Nachkommenschaft auf?

Die Priester haben eure Seelen fest im Griff, und eure Leiber befinden sich in den Klauen eurer Herren. Worauf könnt ihr in diesem Leben verweisen und sagen: ›Das gehört mir‹? Meine Brüder, kennt ihr den Priester, den ihr fürchtet? Er ist ein Verräter, der das Evangelium als Drohmittel dafür benützt, daß ihr Ablaß bezahlt... er ist ein Heuchler, der das Kreuz, das er trägt, als Schwert nimmt, um eure Adern aufzuschneiden... er ist ein Wolf im Schafspelz... ein Vielfraß, der die gedeckten Tische mehr schätzt als die Altäre... ein Geldsauger, der dem Dinar bis ans Ende der Welt folgt... ein Betrüger, der die Witwen und Waisen bestiehlt. Er ist ein absonderliches Wesen mit dem Schnabel eines Adlers, den Tatzen eines Tigers, den Zähnen einer Hyäne und der Haut einer Schlange. Nehmt ihm die Bibel weg, zerreißt sein Gewand, rauft ihm den Bart und macht mit ihm, was ihr wollt; danach drückt ihm einen Dinar in die Hand, und er wird lächeln und euch verzeihen.

Schlagt ihm ins Gesicht, spuckt ihn an und tretet ihn mit Füßen; dann ladet ihn zu euch nach Hause ein, und er wird sogleich alles vergessen haben, seinen Gürtel lockern und sich beglückt den Magen mit euren Speisen vollstopfen.

Verflucht ihn und verspottet ihn; schickt ihm dann einen Krug Wein und einen Korb mit Früchten, und er wird euch alle eure Sünden vergeben.

Wenn er eine Frau sieht, schaut er weg und sagt: ›Fort mit dir, du Tochter Babylons!‹ Heimlich aber flüstert er: ›Das Ehebett ist besser als die Lüsternheit.‹ Er merkt, wie die jungen Männer und Frauen auf dem Wege der Liebe wandeln, hebt seine Augen zum Himmel und meint: ›Alles ist nichtig!‹, aber in seiner Einsamkeit spricht er dann: ›Mögen doch die Gesetze und Überlieferungen, die mich von den Freuden des Lebens fernhalten, abgeschafft werden!‹ Den Menschen predigt er: ›Richtet nicht, damit ihr nicht gerichtet werdet!‹, doch er selbst verurteilt all jene, die sein Tun mißbilligen, und schickt sie zur Hölle, noch bevor der Tod ihrem Leben ein Ende setzt.

Wenn er spricht, hebt er sein Haupt zum Himmel, aber zur gleichen Zeit kriechen seine Gedanken durch eure Geldbörsen wie die Schlangen. Er nennt euch ›geliebte Kinder‹, doch sein Herz empfindet keinerlei väterliche Liebe; er lächelt ein Kind weder an, noch trägt er es auf seinen Armen.

Indem er voll Mißbilligung den Kopf schüttelt, predigt er euch: ›Laßt uns von irdischen Dingen Abstand nehmen, denn das Leben zieht vorüber wie eine Wolke.‹ Wenn ihr ihn aber genau betrachtet, werdet ihr entdecken, daß er das Leben gerne festhalten möchte, denn er beklagt das Schwinden des Gestern, verurteilt die Schnelligkeit des Heute und wartet furchtsam auf das Morgen.

Er bittet euch um milde Gaben, obwohl er eine Menge zu geben hätte. Folgt ihr seiner Bitte, segnet er euch in aller Öffentlichkeit, weigert ihr euch, verdammt er euch im geheimen.

Im Tempel fordert er euch auf, den Bedürftigen zu helfen, doch wenn vor seinem Haus die Armen um Brot betteln, sieht und hört er sie nicht.

Er macht Geschäfte mit seinen Gebeten, aber wer sie ihm nicht abkauft, gilt als Ungläubiger und wird vom Paradies ausgeschlossen. Solcher Art ist dieses Geschöpf, das ihr so fürchtet. So ist der Mönch, der euch das Blut aussaugt; so ist der Priester der mit seiner rechten Hand das Kreuzzeichen macht, während seine Linke euch die Gurgel zusammenpreßt.

So ist der Hirte, der zu eurem Diener bestimmt wurde, sich aber als euer Herr gebärdet.

Er ist der Schatten, der eure Seelen von der Geburt bis hin zum Tod umfangen hält.

So ist der Mann beschaffen, der mich heute verurteilen will, weil sich mein Geist gegen die Feinde Jesu auflehnte. Jesus aber liebte alle Menschen, nannte uns Brüder und ist für uns am Kreuz gestorben.«

Kahlil spürte, wie in den Herzen der Dorfbewohner Verständnis für seine Worte aufkam. Er erhob seine Stimme und faßte zusammen: »Meine Brüder, ihr wißt, daß Scheich Abbas von Emir Shebab, dem Stellvertreter des Sultans und Gouverneur dieser Provinz, zum Oberhaupt dieses Dorfes ernannt wurde. Ich frage euch nun, ob einer von euch die Kraft gesehen hat, die den Sultan zum Gott dieses Landes bestimmt hat? Diese Kraft, meine Freunde, ist unsichtbar und unhörbar, doch ihr könnt ihre Gegenwart in der Tiefe eurer Herzen verspüren. Es ist jene Kraft, die ihr opfert und zu der ihr jeden Tag betet: ›Vater unser, der du bist im Himmel.‹ Ja, euer Vater im Himmel ist der einzige, der Könige und Fürsten einsetzt, denn er ist mächtig und über alles erhaben. Glaubt ihr denn, daß euer Vater, der euch liebt und euch durch seine Propheten den rechten Weg zeigte, wünscht, daß ihr unterjocht werdet? Glaubt ihr, daß Gott, der den Regen vom Himmel schickt und das Getreide aus der im Herzen der Erde verborgenen Saat emporkeimen läßt, möchte, daß ihr Hunger leidet, damit ein einziger Mann die himmlischen Gaben genießt? Glaubt ihr, daß der ewige Geist, der euch die Liebe einer Frau, die Zuneigung eurer Kinder und das Mitgefühl des Nachbarn schenkt, euch zeit eures Lebens von einem Tyrannen unterdrückt wissen will? Glaubt ihr, daß das ewige Gesetz, welches das Leben so schön macht, euch einen Mann senden würde, der euch vom Glück abhält und in den finsteren Kerker eines qualvollen Todes führt? Glaubt ihr, daß eure körperliche Kraft, die euch von der Natur verliehen wurde, über euren Leib hinweg den Reichen gehört?

Ihr könnt dies alles doch nicht wirklich glauben, denn wäre dies der Fall, dann würdet ihr die Gerechtigkeit Gottes, vor der wir alle gleich sind, ableugnen; ebenso auch das Licht der Wahrheit, das auf alle Menschen dieser Erde scheint. Weshalb kämpft ihr gegen euch selbst — das Herz gegen den Körper — und helft denen, die euch versklaven, obwohl Gott euch als freie Wesen auf dieser Erde geschaffen hat?

Seid ihr gegen euch selbst gerecht, wenn ihr eure Augen zum Allmächtigen emporhebt und ihn ›Vater‹ nennt, euch dann aber umdreht und eure Häupter vor einem Manne beugt, den ihr mit ›Meister‹ ansprecht?

Seid ihr als Söhne Gottes damit zufrieden, Sklaven von Menschen zu sein? Nannte Christus euch nicht ›Brüder‹? Scheich Abbas jedoch heißt euch ›Diener‹. Hat Jesus euch nicht im Geiste und in der Wahrheit frei gemacht? Aber der Emir machte euch zu Sklaven der Beschämung und Bestechung. Hob euch Christus nicht zum Himmel empor? Weshalb steigt ihr zur Hölle hinab? Erleuchtete er nicht eure Herzen? Warum versteckt ihr eure Seelen dann in der Dunkelheit? Gott pflanzte in euer Herz eine Fackel, die in Wissen und Schönheit glüht und die Geheimnisse des Tages und der Nacht erforscht. Es ist eine Sünde, diese Fackel auszulöschen und sie zu Asche werden zu lassen. Und schließlich gab Gott eurem Geist Flügel, damit ihr in die Unendlichkeit der Liebe und der Freiheit fliegen könnt; ihr aber brecht eure Schwingen mit eigener Hand und laßt euren Geist wie Gewürm auf der Erde kriechen.«

Besorgt beobachtete Abbas, wie die Dorfbewohner Kahlils Rede aufmerksam verfolgten, und er versuchte, ihn zu unterbrechen; doch Kahlil fuhr voll Begeisterung fort: »Gott hat die Saat des Glücks in euer Herz gestreut; es ist ein Verbrechen, wenn ihr sie wieder ausgrabt und vorsätzlich auf steinigen Boden streut, wo der Wind sie davonträgt oder die Vögel sie fressen. Gott schenkte euch Kinder, damit ihr sie aufzieht, sie in der Wahrheit des Lebens unterrichtet und in ihre Herzen die wertvollsten Dinge des Daseins pflanzt. Er wünscht, daß ihr ihnen die Freude des Lebens und dessen Gaben vererbt. Weshalb aber sind diese Kinder Fremde am Ort ihrer Geburt und frierende Geschöpfe vor dem Angesicht der Sonne? Ein Vater, der aus seinem Sohn einen Sklaven macht, ist ein Vater, der seinem Kind einen Stein reicht, wenn es ihn um Brot bittet. Habt ihr denn nicht gesehen, wie die Vögel ihren Jungen das Fliegen beibringen? Weshalb lehrt ihr dann euren Kindern, die Ketten der Sklaverei zu tragen? Habt ihr den nie beobachtet, wie die Blumen in den Tälern ihre Samen in die sonnendurchflutete Erde legen? Weshalb überlaßt ihr eure Kinder dann der kalten Dunkelheit?«

Einen Augenblick lang herrschte Stille, und es schien, als würde Kahlils Geist schmerzlich berührt, doch bald setzte er seine Rede mit gesenkter, eindringlicher Stimme fort: »Die Worte, die ich heute zu euch sprach, sind dieselben, die meine Verbannung aus dem Kloster zur Folge hatten. Wenn der Herr eurer Felder und der Oberhirte eurer Kirche mich heute abend verurteilen und töten, werde ich glücklich und in Frieden sterben, denn ich habe meine Aufgabe erfüllt und euch die Wahrheit offenbart, die von bösen Geistern als ein Verbrechen betrachtet wird.«

Kahlils Rede trug den Klang einer überirdischen Botschaft in sich und erregte die Anteilnahme der Dorfbewohner. Die Frauen waren vom Wohlklang seiner Worte bewegt und sahen in ihm einen Sendboten des Friedens, und ihre Augen füllten sich mit Tränen. Scheich Abbas und Vater Elias bebten vor Zorn. Als der Jüngling zu sprechen aufgehört hatte, ging er auf Rachel und Miriam zu. Stille herrschte im Gerichtssaal, und es schien, als schwebte Kahlils Geist in der geräumigen Halle und erlöste die Seelen der Menge von der Furcht vor dem Scheich und dem Priester, die verärgert und schuldbewußt dasaßen.

Plötzlich erhob sich der Scheich. Er war sehr blaß geworden, und indem er auf die vor ihm stehenden Männer blickte, sprach er: »Was ist mit euch geschehen, ihr Hunde? Sind eure Herzen vergiftet worden? Ist euch das Blut gestockt und seid ihr so schwach geworden, daß ihr diesen Verbrecher nicht ergreifen und in Stücke reißen könnt? Was hat er nur Schreckliches mit euch gemacht?« Nachdem er die Männer auf diese Weise gerügt hatte, zog er sein Schwert und schritt auf den gefesselten Jüngling zu. Doch ein kräftiger Bauer trat dazwischen, ergriff seine Hand und rief: »Legt eure Waffe nieder, Herr, denn wer das Schwert zieht, um zu töten, wird selbst durch das Schwert umkommen.«

Der Scheich erschrak sichtlich, und die Waffe fiel ihm aus der Hand. Er wendete sich dem Mann zu und sagte: »Darf sich ein

schwacher Sklave seinem Herrn und Wohltäter widersetzen?«
Der Mann gab zur Antwort: »Ein treuer Diener beteiligt sich
nicht an den Verbrechen seines Herrn. Dieser junge Mann hat
nur die Wahrheit gesprochen.« Ein anderer Mann trat vor und
beteuerte: »Dieser Jüngling ist unschuldig und verdient Ehre
und Achtung.« Und eine Frau erhob ihre Stimme und sprach:
»Er sprach keinen Fluch aus, er beleidigte weder Gott noch
einen der Heiligen; weshalb nennt Ihr ihn dann einen Ketzer?«
Und Rachel fragte: »Was hat er verbrochen?« Daraufhin schrie
der Scheich: »Du willst aufbegehren, die elende Witwe? Hast du
vergessen, wie es deinem Manne erging, der vor sechs Jahren
zum Aufrührer wurde?« Als sie diese leidenschaftlichen Worte
hörte, erzitterte Rachel, denn nun hatte sie den Mörder ihres
Mannes gefunden. Sie hielt ihre Tränen zurück, wandte sich an
die versammelte Schar der Dorfbewohner und rief: »Hier steht
der Verbrecher, den ihr sechs Jahre lang gesucht habt. Ihr habt
gehört, wie er seine Schuld eingestand. Er ist der Mörder, der
seine Tat verborgen gehalten hat. Schaut ihn an und blickt ihm
genau ins Gesicht; und seht, welche Angst er hat, denn er zittert
wie das letzte Blatt eines Baumes im Winter. Gott hat euch nun
bewiesen, daß der Gebieter, vor dem ihr stets Furcht hattet, ein
Mörder und Verbrecher ist, der aus mir eine Witwe unter diesen
Frauen und aus meiner Tochter eine Waise unter diesen Kindern
gemacht hat.« Rachels Worte klangen wie Donnerschläge in den
Ohren des Scheichs, und das Geschrei der Männer und die Auf-
regung der Frauen überfielen Abbas wie ein Feuerbrand.

Der Priester führte ihn zu seinem Sitz zurück. Dann rief er die
Dienerschaft herbei und befahl: »Sperrt diese Frau ein; sie hat
fälschlicherweise euren Herrn des Mordes an ihrem Gatten beschuldigt. Werft sie und diesen jungen Mann in ein finsteres Gefängnis, und jeder, der sich euch in den Weg stellt, gilt als Verbrecher und wird aus der Kirche ausgeschlossen.« Die Diener achteten nicht auf seine Befehle, sondern verharrten ohne Bewegung
und blickten auf Kahlil, dessen Hände noch immer gefesselt
waren. Zu seiner Rechten stand Rachel, zur Linken Miriam; auf
diese Weise machten sie den Eindruck von einem Paar Flügel,
das bereit ist, sich in den weiten Himmel der Freiheit zu heben.
Zornig raufte Vater Elias seinen Bart und rief: »Verleugnet ihr

euren Herrn wegen eines ketzerischen Verbrechers und einer schamlosen Ehebrecherin?« Da antwortete der älteste Diener: »Lange Zeit haben wir Scheich Abbas für Brot und Unterkunft gedient, doch niemals waren wir seine Sklaven.« Nach diesen Worten legte er seinen Umhang und seinen Turban ab und warf beides dem Scheich vor die Füße. »Ich werde dieses Gewand nicht länger tragen«, sagte er, »denn ich will nicht, daß meine Seele in der Enge eines verbrecherischen Hauses Schaden nimmt.« Die anderen Diener taten das gleiche und mischten sich dann unter die Menge; alle strahlten und boten ein Sinnbild für Freiheit und Wahrheit. Vater Elias begriff schließlich, daß er keinen Einfluß mehr hatte; er verließ den Saal und verfluchte die Stunde, in der Kahlil ins Dorf gekommen war. Ein kräftiger Mann löste Kahlils Fesseln, blickte dann Scheich Abbas an, der wie ein Toter auf seinem Sessel zusammengesunken war, und sagte kühn: »Dieser gefesselte Jüngling, den Ihr heute hierher gebracht habt, um ihn als Verbrecher abzuurteilen, hat unseren versklavten Geist befreit und unser Herz mit Wahrheit und Wissen erleuchtet. Und diese arme Witwe, die den Vater Elias als falschen Ankläger entlarvte, hat uns ein Verbrechen enthüllt, das Ihr vor sechs Jahren begangen habt. Wir kamen heute abend hierher, um dem Verhör eines unschuldigen Jünglings und einer edlen Seele beizuwohnen. Gott hat uns aber jetzt die Augen geöffnet und uns Eure Abscheulichkeit aufgedeckt. Wir werden euch alle verlassen und verachten. Es bleibe dem Himmel überlassen, nach seinem Willen zu handeln.«

Viele Stimmen erhoben sich im Saale, und man konnte hören, wie ein Mann sagte: »Laßt uns diesen verseuchten Palast verlassen und in unsere Häuser zurückgehen.« Und ein anderer meinte: »Wir wollen diesem jungen Mann in Rachels Haus folgen und seinen weisen und trostreichen Worten lauschen.« Ein dritter fügte hinzu: »Wir wollen seinen Rat befolgen, denn er weiß, was wir benötigen.« Und ein vierter rief: »Wenn wir Gerechtigkeit suchen, dann sollten wir beim Emir Klage erheben und ihm von dem Verbrechen des Scheichs berichten.« Eine große Zahl der Versammelten meinte: »Laßt uns den Emir bitten, Kahlil zu unserem Anführer zu machen; und dem Bischof werden wir berichten, daß Vater Elias sich an dem Verbrechen des Scheichs beteiligt hat.« Während all die Worte wie scharfe Pfeile in des Scheichs Ohren drangen, hob Kahlil die Hand und beruhigte die Dorfbewohner, indem er sagte: »Meine Brüder, seid nicht voreilig, sondern hört vielmehr zu und überlegt! Im Namen meiner Liebe und Freundschaft ersuche ich euch, nicht zum Emir zu gehen, denn ihr werdet dort keine Gerechtigkeit finden. Bedenkt doch, daß eine Bestie nicht nach einer anderen Bestie schnappt. Desgleichen solltet ihr auch nicht den Bischof aufsuchen, denn dieser weiß nur zu gut, daß ein in sich gespaltenes Haus dem Untergang geweiht ist. Bittet den Emir nicht, mich zum Scheich dieses Dorfes zu machen, denn ein treuer Diener möchte nicht das Werkzeug eines schlechten Herrn sein. Wenn ihr mich eurer Güte und Liebe für würdig erachtet, so laßt mich bei euch wohnen und das Glück und die Sorgen des Lebens mit euch teilen. Ich will eure Hand ergreifen und mit euch im Haus und auf den Feldern arbeiten; denn wenn ich nicht einer von euch würde, wäre ich ein Heuchler, der nicht nach den Worten lebt, die er predigt. Und nun, da die Axt an die Wurzel des Baumes gelegt ist, laßt Scheich Abbas allein zurück auf der Anklagebank seines Gewissens vor dem höchsten Gericht Gottes, dessen Sonne sowohl auf den Schuldlosen als auch auf den Verbrecher strahlt.«

Nachdem er dies gesagt hatte, verließ Kahlil den Saal, und die Menge folgte ihm, als würde ihm eine übernatürliche Kraft innewohnen, die sie anzog. Der Scheich blieb allein in der schrecklichen Stille zurück; er glich einem zerstörten Turm und trug seine Niederlage wie ein Feldherr, der sich ergeben muß.

Als die Menschen den Kirchhof erreicht hatten, und der Mond gerade hinter den Wolken hervorkam, glich Kahlil einem Hirten, der über seiner Herde wacht. Er empfand eine tiefe Zuneigung zu diesen Dorfbewohnern, die als Symbol für eine unterdrückte Nation gelten konnten. Wie ein Prophet, der alle Völker des Ostens mit leeren Seelen und schweren Herzen in diesen Tälern wandeln sieht, stand er da, hob die Hände zum Himmel empor und betete: »Aus der Tiefe rufen wir zu dir, o Freiheit! Höre uns! Aus der Dunkelheit strecken wir die Hände nach dir aus, o Freiheit! Blick auf uns herab! Wir opfern auf dem Schnee von dir, o Freiheit! Hab Erbarmen mit uns! Wir stehen vor deinem gewaltigen Thron, haben die blutüberströmten Gewänder unserer Vorfahren angelegt und unsere Häupter mit dem Staub ihrer Gräber bestreut. Wir tragen die Schwerter, die in ihre Herzen drangen; wir erheben die Speere, die ihre Leiber durchbohrten; wir schleppen die Ketten, die ihre Glieder fesselten; wir schreien mit ihren wunden Kehlen; wir brechen in Klagen aus und singen das Lied unseres Versagens, das durch die Mauern des Kerkers hallt, und wiederholen die Gebete, die aus dem tiefsten Herzen unserer Väter kamen. Höre uns, Freiheit, und erhöre uns! Vom Nil bis zum Euphrat ertönt das Klagen der leidenden Seelen, zusammen mit dem Schrei aus dem Abgrund der Hölle. Vom äußersten Osten bis zu den Bergen des Libanon hin strekken sich Hände nach dir aus, die angesichts des Todes erzittern.

Von der Meeresküste bis an den Rand der Wüste blicken tränennasse Augen bittend zu dir hin. Komm, o Freiheit, und rette uns! In den erbärmlichen Hütten, im Schatten von Armut und Unterdrückung, schlagen sich die Menschen an die Brust und flehen um deine Gnade. Sieh auf uns, o Freiheit, und übe Mitleid! Auf den Straßen und in den Häusern rufen bejammernswerte junge Menschen nach dir; in den Kirchen und Moscheen wendet sich das längst vergessene Buch Gottes an dich; in den Gerichten und Regierungsgebäuden ruft dich das vernachlässigte Gesetz. Hab Mitleid mit uns, o Freiheit, und bringe uns Rettung! In den engen Straßen unserer Stadt muß der Händler sein Leben verkaufen, um den räuberischen Ausbeutern des Westens seinen Tribut entrichten zu können, und niemand gibt ihm einen Rat. Auf den ausgetrockneten Feldern beackert der Fellache den Boden und sät darauf die Saat seines Herzens; er wässert sie mit seinen Tränen, doch er erntet nur Dornen, denn keiner zeigt ihm den rechten Weg. Auf unserem unfruchtbaren Gelände ziehen die Beduinen barfüßig und hungrig dahin, aber niemand nimmt sich ihrer an. Sprich zu uns, o Freiheit, und gib Anweisungen! Unsere Lämmer sind krank und weiden auf graslosen Wiesen, unsere Kälber nagen schon die Wurzeln der Bäume ab, und unsere Pferde fressen vertrocknete Sträucher. Komm, o Freiheit, und hilf uns! Von Anfang an lebten wir in Finsternis und wurden wie Verbrecher von einem Gefängnis ins andere geschleppt, während die Zeit unser Schicksal verhöhnte. Wann wird für uns der Morgen kommen? Wie lange noch sollen wir uns der Verachtung aussetzen? Wir haben viele Steine geschleppt, und manches Joch wurde uns auf den Nacken gelegt. Wie lange noch sollen wir diesen Frevel der Menschen ertragen? Die ägyptische Unterdrückung, die babylonische Gefangenschaft, die persische Tyrannei, die römische Gewaltherrschaft und die Begehrlichkeit der Europäer... all dies haben wir erlitten. Wohin gehen wir jetzt, und wann werden wir das Ende dieser holprigen Straße erreicht haben? Der Pharao hielt die Faust über uns und Nebukadnezar ebenso; wir waren in Alexanders eiserner Hand, standen unter dem Schwert des Herodes, krümmten uns in Neros Krallen und wurden von scharfen Dämonenzähnen gebissen... In wessen Hände fallen wir jetzt? Wann kommt der Tod und nimmt uns mit sich, damit wir endlich Ruhe finden?

Mit der Kraft unserer Arme errichteten wir die Säulen des Tempels, auf unseren Rücken schleppten wir den Mörtel und bauten für Ruhm und Ehre die großen Mauern und die unverwüstlichen Pyramiden. Wie lange noch sollen wir herrliche Paläste schaffen und selbst in armseligen Hütten hausen? Wie lange noch sollen wir die Vorratskammern der Reichen mit unserem Tribut füllen, während wir mit trockenen Brotkrumen unser Leben fristen? Wie lange noch sollen wir für unsere Herren Kleider aus Seide und Wolle weben, während wir selbst nur Lumpen tragen?

Infolge der Verruchtheit unserer Führer wurden wir unter uns selbst entzweit. Denn um ihren Thron zu behalten und von Sorgen frei zu sein, bewaffneten sie die Drusen, die gegen die Araber kämpften; sie hetzten die Schiiten auf die Sunniten, sie ermutigten die Kurden, die Beduinen abzuschlachten, und sie ermunterten die Mohammedaner, mit den Christen zu streiten. Wie lange noch wird man fortfahren, den eigenen Bruder an der Brust der Mutter umzubringen? Wie lange noch wird vor den Augen Gottes das Kreuz vom Halbmond* ferngehalten werden? O Freiheit, höre uns und sprich zugunsten nur eines einzigen Wesens, denn aus einem Funken wird schnell ein großes Feuer. O Freiheit, erwecke nur ein einziges Herz durch das Rauschen deiner Schwin-

---

* Der Halbmond ist das Zeichen der mohammedanischen Fahne, die während der Türkenherrschaft über Syrien wehte.

gen, denn schon aus einer Wolke allein kommt das Licht, das den Talgrund und die Berggipfel erleuchtet. Vertreibe mit deiner Kraft alle dunklen Wolken, steige wie ein Gewitter herab und zerstöre die Mächte, die auf den Gebeinen unserer Vorfahren errichtet wurden.

Erhöre uns, o Freiheit;
Schenke uns Gnade, o Tochter Athens;
Errette uns, o Schwester Roms;
Berate uns, Begleiterin des Moses;
Hilf uns, o Geliebte Mohammeds;
Sei unsre Lehrerin, Verlobte Jesu;
Und stärke unsre Herzen, damit wir leben können,
Oder mache unsre Feinde stark, auf daß wir sterben
Und in der Ewigkeit des Friedens leben mögen.«

Während Kahlil seine Gefühle dem Himmel anvertraute, blickten ihn die Dorfbewoner ehrfürchtig an, und ihre Zuneigung vereinigte sich mit seinem Gebet, so daß sie schließlich fühlten, daß er ein Teil ihrer Herzen geworden war. Nach einem Augenblick der Stille richtete Kahlil seine Augen auf die Menge und sagte ganz ruhig: »Die Nacht hat uns ins Haus von Scheich Abbas geführt, damit wir das Licht des Tages erkennen. Die Unterdrückung hat uns vor dem kalten All aufgehalten, damit wir einander verstehen lernen und uns wie die Küken unter den Flügeln des ewigen Geistes sammeln. Nun laßt uns nach Hause gehen und schlafen, bis wir uns morgen erneut treffen.«

Danach verließ er den Platz und folgte Rachel und Miriam in ihre Hütte. Die Menge löste sich auf, und ein jeder ging nach Hause und beschäftigte sich damit, was er in dieser denkwürdigen Nacht gesehen und gehört hatte. Die Menschen spürten, daß die lodernde Fackel eines neuen Geistes sie innerlich gereinigt und auf den rechten Weg gebracht hatte. Nach einer Stunde waren alle Lampen ausgelöscht, und im Dorf herrschte Stille, während der Schlummer die Seelen der Fellachen in die Welt der Träume führte. Scheich Abbas jedoch fand in dieser Nacht keinen Schlaf, denn die Trugbilder der Dunkelheit und die Schreckgespenster seiner Verbrechen zogen an seinem geistigen Auge vorüber.

Achter Teil

Zwei Monate waren schon vergangen, und Kahlil predigte immer noch und übertrug seine Empfindungen in die Herzen der Dorfbewohner. Er erinnerte sie an ihre angestammten Rechte und hielt ihnen die Habgier und Tyrannei ihrer Herren und der Mönche vor Augen. Sie hörten ihm aufmerksam zu, denn er bedeutete für sie eine Quelle der Freude, und seine Worte fielen in ihre Herzen wie der Regen auf die dürstende Erde. Sobald sie allein waren, sprachen sie Kahlils Worte nach wie ihre täglichen Gebete. Vater Elias versuchte, sich bei ihnen einzuschmeicheln und ihre Freundschaft wiederzugewinnen. Er war fügsam geworden, seitdem die Dorfbewohner herausgefunden hatten, daß er des Scheichs Mitwisser bei dessen Verbrechen gewesen war; aber nun straften ihn die Fellachen mit Verachtung.

Scheich Abbas wurde immer gereizter und wanderte durch sein Haus wie ein gefangener Tiger. Er erteilte seinen Dienern Befehle, erhielt jedoch keinerlei Antwort außer dem Echo seiner eigenen Stimme an den Marmorwänden. Er rief nach seinen Leuten, aber niemand kam außer seiner bedauernswerten Frau, die unter seiner Grausamkeit ebenso gelitten hatte wie die Dorfgemeinschaft. Als die Fastenzeit nahte und der Frühling sich ankündigte, ging mit dem Winter auch die Lebenszeit des Scheichs dem Ende zu. Er starb nach einem langen Todeskampf, und seine Seele wurde mitsamt seinen Taten davongetragen, um nackt und zitternd vor dem Throne dessen zu stehen, den wir nicht sehen, aber fühlen können.

Die Fellachen hörten verschiedene Berichte über den Tod des Scheichs. Einige brachten in Erfahrung, daß er in geistiger Umnachtung gestorben sei, während andere darauf bestanden, Enttäuschung und Verzweiflung hätten ihn dazu getrieben, den Tod von eigener Hand zu suchen. Doch die Frauen, die seine Witwe aufsuchten, um ihr beizustehen, berichteten, er sei vor Angst und Grauen gestorben, weil ihn der Geist Samaan Ramys verfolgt und jede Nacht zu dem Ort getrieben habe, an dem Rachels Mann vor sechs Jahren erschlagen aufgefunden worden war.

Im Monat Nisan erhielten die Bewohner des Dorfes Kunde von der Liebe zwischen Kahlil und Miriam. Sie freuten sich über diese Nachricht, da sie ihnen die Gewißheit gab, daß Kahlil in ihrem Dorf bleiben würde. Als sich die Neuigkeit bei allen herumgesprochen hatte, beglückwünschten sie sich gegenseitig dazu, daß Kahlil nun ihr gerne gesehener Nachbar werden würde.

Als die Erntezeit kam, gingen die Fellachen auf die Felder, bündelten das Korn und den Weizen und brachten die Garben in die Tennen. Diesmal war Scheich Abbas nicht dabei, um das Getreide in Empfang zu nehmen und es in seine Lager zu bringen. Jeder erntete jetzt sein eigenes Korn, und die Häuser des Dorfes füllten sich mit Vorräten an Weizen und Getreide, und die Krüge waren vollgefüllt mit Wein und Öl. Kahlil teilte mit allen die Mühen und die Freuden; er half ihnen beim Getreideschneiden, beim Weinpressen und bei der Obsternte. In nichts unterschied er sich von den anderen, außer durch ein Übermaß an Eifer und Freundlichkeit. Seit jenem Jahr bis zum heutigen Tage erntet jeder Fellache in diesem Dorf das Korn, das er selbst mühevoll gesät hat, mit frohen Gefühlen, denn das Land, das die Bauern bestellten und die Weingärten, die sie anlegten, sind nun ihr Eigentum geworden.

Seit diesen Geschehnissen ist nun ein halbes Jahrhundert vergangen, und die Libanesen sind aufgewacht.

Wenn heute ein Reisender zu den Heiligen Zedern des Libanon unterwegs ist, fällt ihm die Schönheit dieses Dorfes auf, das reich geschmückt wie eine Braut an der einen Seite des Tales liegt. Die ärmlichen Hütten von früher sind prächtigen Häusern gewichen, und jeder Besitz ist von fruchtbaren Äckern und blühenden Gärten umgeben. Fragt man einen Bewohner nach der Geschichte von Scheich Abbas, so wird er mit der Hand auf einen Haufen zerbröckelter Steine und eingestürzter Mauern deuten und sagen: »Dieses ist der Palast des Scheichs und es ist auch die Geschichte seines Lebens.« Wenn man ihn aber nach Kahlil fragt, wird er zum Himmel zeigen und antworten: »Dort oben wohnt unser geliebter Kahlil, dessen Lebensgeschichte Gott mit glänzenden Buchstaben, die niemals ausgelöscht werden können, in unsere Herzen schrieb.«

Der Dichter

Er verbindet die gegenwärtige und die kommende Welt,
Er ist die reine Quelle, aus der die durstigen Seelen trinken.

Er ist ein Baum, vom Flusse der Schönheit bewässert,
Und trägt die Frucht, nach der das hungrige Herz verlangt.
Er ist die Nachtigall, die den bedrückten Geist
Mit ihrem süßen Lied besänftigt.
Er ist am Horizont die weiße Wolke,
Die so hoch steigt und wächst,
Bis sie des Himmels Antlitz füllt;
Dann senkt sie sich herab auf die Blumen
Im Felde des Lebens, die ihre Kelche öffnen,
Um das Licht zu empfangen.

Er ist ein Engel, vom Himmel gesandt,
Um die Botschaft des Göttlichen zu verkünden.
Er ist eine leuchtende Lampe,
Die weder Dunkel noch Wind auslöschen können;
Denn sie brennt mit dem Öl der Ischtar
Und leuchtet mit dem Lichte Apolls,
Durch die Liebe und durch die Musik.

Der Dichter ist ein seltsames Geschöpf,
Er ist in Güte und in Einfachheit gekleidet;
Im Schoße der Natur läßt er sich nieder, um nachzudenken,
Und in der stillen Nacht erhebt er sich,
Um auf die Eingebung zu warten.

Er ist ein Sämann, der die Saat aus seinem Herzen
Auf der Liebe weite Felder streut;
Und die Menschheit fährt die Ernte ein
Und lebt davon.

So ist der Dichter, den man aber
In diesem Leben nur wenig beachtet.
Man nimmt ihn erst wahr, wenn er der irdischen Welt
    Lebewohl sagt
Und in des Himmels Gefilde zurückkehrt.

So ist der Dichter:
Er bittet die Menschen nur um ein Lächeln.
So ist er, der seinen Geist erhebt
Und das All mit schönen Worten füllt;
Doch die Menschen entziehen sich seinem Einfluß.

Wie lange noch werden sie schlafend verharren?
Wie lange werden nur jene gerühmt,
Die durch des Augenblicks Gunst groß erscheinen?
Wie lange noch werden sie den mißachten, der sie befähigt,
Die Schönheit des Geists zu erkennen
Als Sinnbild für Liebe und Frieden?
Wie lange noch werden die Menschen die Toten verehren
Und nicht an die Lebenden denken, die ihre Tage im Elend
    verbringen
Und sich wie brennende Kerzen verzehren,
Um der Unwissenden Weg zu erleuchten
Und die Menschheit auf den Pfad des Lichts zu führen?

O Dichter, du bist das Sinnbild des Lebens,
Du hast die Zeiten besiegt trotz ihrer Härte.

O Dichter, du wirst eines Tages die Herzen lenken,
Und deine Herrschaft wird unendlich sein.

O Dichter, schau deine Dornenkrone genau an!
Du wirst in ihr einen knospenden Lorbeerzweig finden.

Jugend und Schönheit

Die Schönheit gehört zur Jugend; aber die Jugend, um deretwillen diese Erde geschaffen wurde, ist nur ein Traum, der in seiner Süße mit Blindheit geschlagen ist, was man aber zu spät bemerkt. Wird jemals der Tag kommen, an dem der Weise den süßen Traum der Jugend und die Freude an der Erkenntnis miteinander verbindet? Wenn jedes für sich allein existiert, bedeutet es nämlich nichts. Wann endlich kommt die Zeit, in der die Natur der Lehrmeister des Menschen sein wird, die Nächstenliebe sein Gebetbuch und das Leben die Schule, die er täglich besucht?

Das Streben der Jugend nach Freude, verbunden mit der Fähigkeit zu Lust und geringem Verantwortungsbewußtsein, kann keine Erfüllung finden, solange nicht das Wissen das Nahen des Tages verkündet.

Es gibt viele Menschen, die voll Haß an die verlorene Zeit ihrer Jugend denken. Manche Frau verflucht ihre vergeudeten Jahre mit dem Zorn einer Löwin, die ihre Jungen verloren hat; und viele Jünglinge und Mädchen verwenden ihr Herz nur dafür, den Dolch der bitteren Erinnerungen bereits jetzt für die Zukunft zu zücken und sich in ihrer Unwissenheit mit den spitzen, vergifteten Pfeilen ihres Mangels an Glück selbst zu verletzen.

Das Alter ist der Schnee der Erde, und seine Aufgabe ist es, bedingt durch Licht und Wahrheit, die Saat der Jugend unter sich zu wärmen, sie zu schützen und ihr weiterzuhelfen, bis der Nisan kommt, der das wachsende Leben erwachen läßt und es zur Vollendung führt.

Wir gehen viel zu langsam auf die Erweckung unserer geistigen Erhebung zu, aber nur dieses Feld, das so endlos ist wie der Himmel, ermöglicht uns das Verständnis für die Schönheit des Lebens, indem wir sie schätzen und lieben.

Lied der Liebe

Ich bin des Liebenden Auge,
Des Geistes Wein und des Herzens Nahrung.
Ich bin eine Rose; mein Herz öffnet sich morgens,
Wenn mich die Jungfrau küßt und an sich drückt.

Ich bin die Behausung des wahren Glücks,
Der Ursprung der Freude und der Beginn
Von Frieden und Ruhe.
Ich bin das sanfte Lächeln der Schönheit;
Wenn der Jüngling mich findet,
Vergißt er all seine Müh'n,
Und sein Leben wird wahr in süßen Träumen.

Ich bin die Erleuchtung des Dichters,
Des darstellenden Künstlers Bekenntnis,
Der klingende Einfall des Musikers.

Ich bin ein Altar im Herzen des Kindes,
Vor dem die liebende Mutter betet.

Ich komme beim Schrei des Herzens herbei
Und stelle keine Fragen.
Mein Überfluß sucht seinem Wunsch zu genügen
Und entzieht sich den leeren Rufen.

In Evas Gestalt erschien ich dem Adam,
Und die Verbannung war mein Los.
Und als ich mich Salomon offenbarte,
Empfing er die Weisheit durch mich.

Ich war der Helena hold, und sie zerstörte Troja;
Doch als ich Kleopatra krönte, herrschte der Friede
Im Tale des Nils.

Ich bin wie die Zeit: Heute richte ich
Große Bauwerke auf und zerstöre sie morgen.
Ich bin wie ein Gott, der erschafft und vernichtet.
Ich bin so süß wie der Seufzer des Veilchens
Und grausamer als der rasende Sturm.

Jedoch Geschenke locken mich nicht,
Der Abschied nahm mir noch niemals den Mut,
Und Armut macht mir nichts aus.
Der Argwohn stellt meine Achtsamkeit nicht auf die Probe,
Und die Tollheit nimmt meine Gegenwart gar nicht zur
   Kenntnis.

Ihr Suchenden, ich bin die Wahrheit,
Indem ich um Wahrheit flehe.
Eure Wahrheit jedoch, die darin besteht,
Mich zu suchen, zu finden und zu beschützen,
Wird mein Verhalten bestimmen.

Traurige Betrachtungen

Das Schicksal erfaßte mich aufgrund des schmerzhaften Verlaufs der engstirnigen modernen Zivilisation, es riß mich aus den Armen der Natur mit ihren kühlen grünen Bäumen und stellte mich unter die schweren Tritte der Menschenmassen, wo ich als jämmerliche Beute den Drangsalen der Stadt anheimfiel.

Niemals ward einem Kind Gottes eine strengere Bestrafung zuteil; keiner, der einen Grashalm dieser Erde mit solcher Inbrunst liebt, daß es jede Faser seines Seins erschüttert, erlitt eine derart grausame Verbannung; und keine Haft, die jemals einem Verbrecher auferlegt wurde, gleicht der Not meiner Gefangenschaft, denn die engen Wände meines Kerkers zerquetschen mein Herz.

Wir mögen vielleicht mehr Gold als die Landbewohner besitzen, doch diese sind unermeßlich reicher an der Fülle wahren Seins. Wir säen viel, doch wir ernten nichts; sie aber ernten die herrlichen Gaben, welche die Natur den geliebten Kindern Gottes zugedacht hat. Wir betreiben mit großer Schläue unsere Tauschgeschäfte, sie nehmen das, was die Natur hervorbringt, in Rechtschaffenheit und Frieden an. Wir schlafen unruhig und sehen die Schatten des kommenden Morgens; sie schlafen wie die Kinder an der Brust der Mutter und wissen, daß ihnen die Natur ihre gewohnten Gaben niemals verweigern wird.

Wir sind die Sklaven des Profits, sie sind die Meister der Zufriedenheit. Wir trinken Bitterkeit, Verzweiflung, Furcht und Überdruß aus dem Kelch des Lebens, sie genießen den reinen Nektar aus Gottes Segnungen.

O Spender der Gnaden, der du vor mir verborgen bist hinter diesen Bauwerken der Menge, die nichts als Götzen- und Trugbilder sind, höre die angstvollen Schreie meiner gefangenen Seele! Vernimm die Marterrufe meines berstenden Herzens! Hab Mitleid und bring dein verirrtes Kind zurück zu den Bergen, die deine Bauwerke sind!

Siebentes
Buch

Der Schrei der Gräber

Der Emir betrat den Gerichtssaal und nahm auf dem Stuhl des Vorsitzenden Platz. Zu seiner Rechten und zur Linken saßen seine Berater. Die mit Schwertern und Speeren bewaffnete Wache stand in strammer Haltung, und die Leute, die dem Prozeß beiwohnten, verneigten sich ehrfurchtsvoll vor dem Emir, der eine solche Fülle von Macht ausstrahlte, daß er das Volk in Angst und Schrecken versetzte. Als die Gerichtsverhandlung beginnen sollte, hob der Emir die Hand und rief: »Bringt die Verbrecher einzeln herein und sagt mir, wessen sie beschuldigt werden.« Das Gefängnistor öffnete sich wie das Maul einer gähnenden Bestie, und zugleich mit dem Wehklagen der Gefangenen war aus den dunklen Winkeln des Kerkers das Rasseln von Ketten zu vernehmen. Die Zuschauer warteten voll Spannung darauf, die Todgeweihten aus den Tiefen dieser Hölle treten zu sehen. Und bald schon führten zwei Soldaten einen jungen Mann herein, dem die Hände auf den Rücken gebunden waren. Sein ernstes Antlitz zeigte den Ausdruck vornehmer Gesinnung und innerer Stärke. Die Soldaten stellten ihn mitten in den Gerichtssaal und traten einige Schritte zur Seite. Streng blickte der Emir den Jüngling an und fragte: »Welches Verbrechen hat dieser junge Mann, der so stolz und siegesbewußt vor mir steht, begangen?« »Er ist ein Mörder«, antwortete einer der Richter. »Gestern erschlug er einen von Euren Offizieren, der in wichtiger Mission in der Umgebung unterwegs war; als er verhaftet wurde, hatte er noch das blutige Schwert in der Hand.« Zornig rief der Emir: »Bringt diesen Mann ins Gefängnis zurück und fesselt ihn mit schweren Ketten; und bei Tagesanbruch soll ihm mit seinem eigenen Schwert der Kopf abgeschlagen werden! Seinen Leichnam werft in den Wald; die wilden Tiere mögen sein Fleisch fressen, und der Wind soll seinen Geruch zur Erinnerung in die Nasen seiner Familie und seiner Freunde tragen.« Der Jüngling wurde in den Kerker zurückgebracht, und das Volk blickte ihm mit traurigen Augen nach, denn er stand in der Blüte seines Lebens.

Als die Soldaten zurückkamen, führten sie eine junge Frau von großer Anmut und zerbrechlicher Schönheit herein. Auf ihrem blassen Gesicht konnte man die Zeichen von Demütigung und Enttäuschung wahrnehmen. Sie hatte Tränen in den Augen, und ihr Haupt war von der Last des Kummers tief gebeugt. Nachdem er sie durchdringend angeblickt hatte, rief der Emir aus: »Und diese ausgezehrte Frau, die wie ein Schatten dasteht, was hat sie getan?« »Sie ist eine Ehebrecherin«, antwortete einer der Soldaten. »In der vergangenen Nacht hat sie ihr Mann in den Armen eines anderen ertappt. Der Liebhaber floh, und der Ehemann übergab sie dem Gesetz.« Während der Emir die Frau betrachtete, zeigte ihr Gesicht keinerlei Regung. Schließlich befahl er: »Bringt sie in ihre Zelle zurück und werft sie auf ein Bett voll Dornen! Da soll sie sich an den Platz erinnern, den sie mit ihrem Fehltritt besudelt hat. Danach gebt ihr Essig zu trinken, der mit Gallapfelsaft gemischt ist; dabei möge sie an den Geschmack süßer Küsse denken. In der Dämmerung schleppt sie dann nackt aus der Stadt und steinigt sie. Laßt die Wölfe ihr zartes Fleisch genießen und die Würmer ihr Gebein durchlöchern.« Während sie in ihre Zelle zurückwankte, sahen sie die Leute mitleidig und verwundert an, denn sie waren über den Urteilsspruch des Emirs überrascht und bedauerten das Schicksal dieser Frau.

Als nächsten Angeklagten brachten die Soldaten einen jämmerlich aussehenden Mann herein, dessen Knie zitterten wie ein junger Baum im Nordwind. Kraftlos, kränklich und eingeschüchtert blickte er vor sich hin; er war bemitleidenswert und bot ein Bild des Jammers. Angeekelt sah ihn der Emir an und fragte: »Und dieser schmutzige Mensch, der einem Toten unter Lebenden gleicht, was hat er verbrochen?« Und der Wächter antwortete: »Er ist ein Dieb, der ins Kloster eingedrungen ist und die heiligen Gefäße gestohlen hat. Ein Priester entdeckte sie unter seinem Mantel, als man ihn festnahm.«

Wie ein hungriger Adler, der einen Vogel mit gebrochenen Flügeln erspäht hat, faßte ihn der Emir ins Auge und befahl: »Werft ihn wieder in den Kerker und fesselt ihn! Und wenn es dämmert, führt ihn zu einem hohen Baum und hängt ihn zwischen Himmel und Erde auf; seine sündigen Hände sollen absterben, und die übrigen Teile seines Körpers in Staub zerfallen und vom Wind verstreut werden.« Der Dieb schwankte in die Tiefen des Gefängnisses zurück, und die Leute flüsterten: »Wie kann ein so schwacher und ketzerischer Mann es wagen, die heiligen Gefäße des Klosters zu stehlen?«

Sodann vertagte sich das Gericht. Der Emir und seine Berater gingen aus dem Saal, und die Soldaten begleiteten sie. Die Zuschauer entfernten sich ebenfalls, und man vernahm nur noch das Wehklagen und Jammern der Gefangenen.

Während all dies geschah, kam ich mir wie ein Spiegel vor, an dem ein Geisterzug vorüberzieht. Ich dachte über die Gesetze nach, die Menschen für Menschen ersannen; ich machte mir Gedanken über das, was ›Gerechtigkeit‹ genannt wird, und verfiel in tiefes Sinnen über die Geheimnisse des Lebens. Ich versuchte, die Bedeutung des Universums zu begreifen, verlor mich in meinen Gedanken und glich dem hinter Wolken verschwindenden Horizont. Als ich schließlich den Ort des Geschehens verließ, sprach ich zu mir: »Die Pflanzen nehmen aus der Erde die Nährstoffe auf, und das Schaf frißt sie dann; der Wolf wiederum frißt das Schaf, und der Stier tötet den Wolf; der Löwe reißt den Stier und wird selbst letztendlich vom Tod geschlagen. Gibt es eine Macht, die den Tod besiegt und diesen Gewalttätigkeiten zu einer ewig gültigen Gerechtigkeit verhilft? Welche Kraft vermag all diese häßlichen Dinge in schöne zu verwandeln? Welche Macht kann alle Bestandteile des Lebens mit den Händen ergreifen und sie freudig an sich ziehen, so wie die See alle Flüsse umarmt und in ihre Tiefen eingehen läßt? Gibt es eine Kraft, die sowohl den Mörder als auch den Ermordeten, die Ehebrecherin und den Betrogenen, den Räuber und den Beraubten festnehmen kann, um sie dann alle vor ein Gericht zu führen, das eine höhere Gewalt darstellt als die des Emirs?«

Zweiter Teil

Ich verließ die Stadt am nächsten Tag und ging auf die Felder hinaus, wo die Stille der Seele das offenbart, wonach sich der Geist sehnt, und wo der klare Himmel den Keim der Verzweiflung erstickt, welcher innerhalb der Stadt in den engen Straßen und auf den dunklen Plätzen genährt wird. Als ich das Tal erreicht hatte, nahm ich zahllose Krähen und Geier wahr, die auf- und niederstiegen und die Luft mit ihrem Gekrächze und Geflatter erfüllten. Ich ging weiter und erblickte vor mir den Leichnam eines Mannes, der hoch oben in einem Baum hing, den nackten Körper einer Frau inmitten einer Menge Steine und den Rumpf eines Jünglings, dem man den Kopf abgeschlagen hatte und dessen Blut die Erde tränkte. Dieser Anblick hatte zur Folge, daß sich ein dunkler Trauerschleier vor meine Augen legte. Ich blickte mich um, doch ich sah überall nur das Gespenst des Todes neben diesen grausigen Überresten stehen. Nichts als das klagende Nicht-Sein war zu hören; sowie die krächzenden Krähen, die über den Opfern der menschlichen Gesetze schwebten. Drei Menschen, die sich gestern noch im Schoße des Lebens geborgen fühlten, waren nun die Beute des Todes geworden, da sie die Vorschriften der menschlichen Gemeinschaft mißachtet hatten. Wenn ein Mann einen anderen tötet, nennt man ihn einen Mörder, doch wenn der Emir ihm das Leben nimmt, dann ist der Emir gerecht. Wenn ein Mann ein Kloster beraubt, wird er als Dieb bezeichnet; doch wenn ihm der Emir das Leben wegnimmt, dann ist der Emir ein ehrenwerter Mann. Wenn eine Frau ihren Gatten betrügt, heißt man sie eine Ehebrecherin; doch wenn sie auf Befehl des Emirs nackt durch die Straßen gehen muß, um danach gesteinigt zu werden, dann ist der Emir edelmütig. Alles Blutvergießen ist verboten, doch wer hat es dem Emir gestattet? Jemandem Geld zu stehlen, ist ein Verbrechen, doch jemandem das Leben zu nehmen, ist eine edle Tat. Ehebruch wird als häßlich erachtet, doch die Steinigung einer lebendigen Seele gilt als schöner Anblick. Sollen wir wirklich Böses mit Bösem vergelten und das dann ›Gesetz‹ nennen? Sollen wir Betrug mit noch größerem Betrug bekämpfen und dies ›Recht und Ordnung‹ heißen? Sollen wir Verbrechen mit noch mehr Verbrechen sühnen und dies als ›Gerechtigkeit‹ erachten? Hat der Emir noch nie einen Feind getötet? Hat er seinen schwachen Untertanen niemals ihr Geld oder ihren Besitz weggenommen? Hat er noch keinen Ehebruch begangen? War er unfehlbar, als er den Mörder töten, den Dieb aufhängen und die Ehebrecherin steinigen ließ? Wer sind diejenigen, die den Dieb an den Baum hängten? Sind es vom Himmel herabgestiegene Engel oder Plünderer und Verschwörer? Wer war es, der den Mörder enthauptete? Propheten oder Soldaten, die Blut vergießen, wo immer sie sind? Wer steinigte die Ehebrecherin? Tugendsame Einsiedler, die aus ihrer Klause kamen, oder Menschen, die unter dem Schutz des unwissenden Gesetzes mit Freuden Greueltaten begehen? Wie ist dieses Gesetz beschaffen? Wer hat es gemeinsam mit der Sonne aus des Himmels Tiefen kommen sehen? Welches menschliche Wesen hat in Gottes Herz geblickt und darin seinen Willen und sein Ziel entdeckt? In welchem Jahrhundert wandelten die Engel unter den Menschen und predigten: »Verbietet den Schwachen ein Leben in Freude, tötet die Geächteten mit dem scharfen Schwert und tretet mit eisernem Fuß auf die Sünder«? Während ich meinen Geist auf diese Weise marterte, vernahm ich im Gras das Rascheln von Schritten. Ich wurde aufmerksam und sah eine junge Frau hinter den Bäumen hervortreten. Vorsichtig blickte sie sich um, bevor sie zu den drei Leichen hinging. Als sie das abgetrennte Haupt des Jünglings sah, schrie sie laut auf, kniete nieder und umarmte es zitternd. Dann begann sie zu weinen und streichelte das blutverschmierte gelockte Haar; sie schluchzte und schrie mit herzzerreißender Stimme. Als sie den Anblick nicht länger ertragen konnte, zog sie den toten Körper in einen Graben, legte ihm das abgeschlagene Haupt sanft zwischen die Schultern und bedeckte alles mit Erde. Auf das Grab steckte sie jenes Schwert, mit dem der Jüngling geköpft worden war.

Sie wollte gerade gehen, als ich vortrat. Erschrocken starrte sie mich mit Tränen in den Augen an. Dann seufzte sie: »Bringt mich zum Emir, wenn Ihr wollt. Für mich ist es besser zu sterben und dem zu folgen, der mein Leben vor Schande bewahrt hat, als seinen Leichnam den wilden Tieren zu überlassen.« »Hab keine Angst vor mir, armes Mädchen«, erwiderte ich, »diesen Jüngling habe ich schon vor dir beweint. Doch sage mir, auf welche Weise rettete er dich vor Schande?« Mit matter Stimme erzählte sie: »Ein Offizier des Emirs kam auf unseren Hof, um Steuern einzutreiben. Als er mich sah, schaute er mich an wie der Wolf das Lamm. Er belegte meinen Vater mit einer so hohen Steuer, daß nicht einmal ein reicher Mann diese Summe hätte bezahlen können. Daraufhin verhaftete er mich und wollte mich zum Emir bringen als Ersatz für das Gold, das mein Vater nicht aufbringen konnte. Ich bat den Offizier, mich zu verschonen, doch er kannte kein Erbarmen. Da rief ich um Hilfe, und dieser junge Mann, der nun tot ist, kam, um mich vor dem lebendigen Tod zu erretten.

Der Offizier versuchte ihn zu töten, doch mein Retter ergriff ein altes Schwert, das an der Hausmauer hing, und erschlug ihn. Er lief aber nicht wie ein Verbrecher davon, sondern blieb neben dem Toten stehen, bis die Hüter des Gesetzes kamen und ihn in Verwahrung nahmen.« Nach diesen Worten, die ein jedes menschliche Herz gerührt hätten, wandte sie sich um und ging.

Eine Weile danach sah ich einen Jüngling herankommen, der sein Gesicht verborgen hielt. Er ging zum Leichnam der Ehebrecherin hin, breitete seinen Mantel über ihren nackten Körper, hob eine Grube aus und legte die tote junge Frau mit Fürsorge und Zärtlichkeit hinein. Dann bedeckte er sie mit Erde und ließ seine Tränen darauf fließen. Schließlich pflückte er ein paar Blumen und legte sie voll Ehrerbietung auf das Grab. Er wollte schon gehen, als ich ihn anhielt und fragte: »Was verbindet dich mit dieser Ehebrecherin? Was veranlaßt dich, dein Leben aufs Spiel zu setzen, indem du hierher kommst und den nackten Körper dieser Frau vor den wilden Tieren schützt?« In seinen Augen stand sein ganzes Leid geschrieben, als er mich ansah und antwortete: »Ich bin der unglückliche Mann, wegen dessen Liebe sie gesteinigt wurde. Wir liebten uns seit unserer Kindheit und wuchsen zusammen auf. Die Liebe, der wir in ehrenhafter Weise dienten, war die Gottheit unserer Herzen. Sie verband uns und umfing unsere Seelen. Eines Tages war ich von der Stadt abwesend, und als ich zurückkam, erfuhr ich, daß der Vater meiner Geliebten sie einem Manne versprochen hatte, dem sie nicht zugetan war. Mein Leben wurde nun ein immerwährender Kampf, und meine Tage wandelten sich in eine einzige lange, dunkle Nacht. Ich versuchte, mein Herz zu besänftigen, doch es blieb ruhelos. Schließlich trafen wir uns heimlich. Meine Absicht war es, nur einen Blick ihrer schönen Augen zu erhaschen und den lieblichen Klang ihrer Stimme zu vernehmen. Ich traf sie in ihrem Haus alleine an, und sie klagte über ihr unglückliches Schicksal. Ich setzte mich zu ihr, und die Stille war unsere Unterhaltung und die Tugend unsere Gesellschaft. Eine Stunde vollkommenen Einverständnisses verging, als plötzlich ihr Mann das Haus betrat. Ich warnte ihn, sie anzufassen, doch er packte sie mit beiden Händen, schleppte sie auf die Straße und schrie: »Kommt alle her und seht die Ehebrecherin und ihren Liebhaber!« Alle Nachbarn eilten herbei, und später kam auch der Vertreter des Gesetzes und führte mich vor den Emir; doch die Soldaten rührten mich nicht an. Und so bestrafte das unkundige und unsicher gehandhabte Gesetz die Frau für das Vergehen ihres Vaters und begnadigte den Mann.«

Nach diesen Worten machte sich der Jüngling auf den Weg in die Stadt, während ich zurückblieb und den Leichnam des Diebes betrachtete, der noch am Baum oben hing und sachte hin- und herbaumelte, sobald der Wind durch die Äste fuhr. Es war, als wartete er auf jemanden, der ihn abnehmen und auf die Erde neben den Verteidiger der Ehre und die Märtyrerin der Liebe legen würde. Etwa eine Stunde später tauchte eine gebrechliche, niedergeschlagen wirkende Frau auf. Weinend stellte sie sich vor den Erhängten und betete in tiefer Ergriffenheit. Dann kletterte sie auf den Baum und biß mit ihren Zähnen solange auf den Strick, bis er zerriß und der Tote zu Boden fiel. Die Frau stieg vom Baum herab, schaufelte ein Grab und legte den Dieb neben die beiden anderen Opfer. Sie bedeckte ihn mit Erde und fertige, aus zwei Holzlatten ein Kreuz, das sie an das Kopfende des Grabes steckte. Schon wollte sie ebenfalls in die Stadt zurückgehen, als ich vortrat und fragte: »Was hat dich veranlaßt, hierher zu kommen und diesen Dieb zu begraben?« Voll Trauer blickte sie mich an und sprach: »Er ist mein treuer Mann und guter Kamerad; er ist der Vater meiner fünf Kinder, die nun verhungern werden; das älteste ist acht Jahre, das jüngste noch ein Säugling. Mein Mann war kein Dieb, sondern ein Bauer, der auf den Ländereien des Klosters arbeitete. Wir bestritten unser Auskommen von dem wenigen, das ihm die Mönche gaben, wenn er abends nach Hause ging. Von Jugend an arbeitete er für sie, doch als er krank wurde, entließen sie ihn und gaben ihm den Rat, zu Hause zu bleiben, bis seine Kinder alt genug waren, um seine Stelle einzunehmen. Er bat sie im Namen Jesu und aller Engel im Himmel, bleiben zu dürfen, doch sie nahmen von seiner Bitte keinerlei Notiz. Sie hatten weder mit ihm noch mit seinen Kindern Mitleid, die hilflos nach Nahrung weinten. Er ging in die Stadt und suchte Arbeit, doch es war vergebens, denn die reichen Leute geben nur den Starken und Gesunden eine Beschäftigung. Da setzte er sich an den Straßenrand in den Staub und streckte den

Vorübergehenden die Hand entgegen, bettelte und erzählte immerzu die traurige Geschichte seines vertanen Lebens. Er hungerte und litt unter der Demütigung, doch die Menschen ließen ihm keine Hilfe zukommen. Sie sagten, solch faules Volk verdiene keine Almosen. Eines Nachts hatten unsere Kinder wieder entsetzlichen Hunger, besonders das Jüngste, dem ich keine Milch mehr geben konnte. Damals änderte sich die Einstellung meines Mannes: Im Schutz der Nacht verließ er das Haus, brach in die Vorratskammern des Klosters ein und nahm einen Bund Weizen mit. Als er schon im Begriff war zu gehen, erwachten die Mönche. Sie nahmen ihn fest und schlugen ihn ohne Erbarmen nieder. Im Morgengrauen brachten sie ihn vor den Emir und bezichtigten ihn, die goldenen Altargefäße gestohlen zu haben. Er wurde eingesperrt und am nächsten Tag gehängt, obwohl er nur die hungrigen Mägen seiner Kinder mit dem sättigen wollte, was er selbst gesät und geerntet hatte. Doch der Emir ließ ihn töten und benutzte sein Fleisch dazu, die Mägen der Vögel und der wilden Tiere zu füttern.« Nach diesen Worten machte sie sich auf den Weg, und ich blieb allein zurück.

Da stand ich also vor den Gräbern wie ein Redner, der bei dem Versuch, etwas Erhebendes zu sagen, keine Worte findet. Ich war sprachlos, und meine Tränen traten an die Stelle der Worte und sprachen das aus, was meine Seele empfand. Mein Geist begehrte auf, sobald ich nachzudenken versuchte, denn die Seele gleicht einer Blume, die beim Einbruch der Dunkelheit ihre Kelche schließt und ihren Duft nicht in die Nacht verströmt. Ich hatte das Gefühl, als würde die Erde, welche die Opfer der Unterdrückung an diesem einsamen Orte in sich barg, meine Ohren mit den Klagen der leidenden Seelen füllen und mich zum Reden veranlassen. Ich suchte Zuflucht in der Stille und hoffte, ihre Offenbarungen zu verstehen und dadurch Gott so nahe zu kommen wie die Blumen im Tale. Wenn die Flammen meiner seufzenden Seele die Bäume erreicht hätten, wären diese von ihrem Platz gewichen und wie eine starke Armee voranmarschiert, um mit ihren Ästen gegen den Emir zu kämpfen und das Kloster jener Priester und Mönche niederzureißen. Ich stand da und fühlte, wie das süße Gefühl des Erbarmens und die Bitterkeit des Leids sich aus meinem Herzen auf die Gräber ergossen: Auf das frisch geschaufelte Grab eines jungen Mannes, der sein Leben opferte, um ein schwaches Mädchen zu beschützen und dessen Ehre vor den Klauen und Zähnen eines wüsten Menschen zu bewahren. Dieser junge Mann wurde wegen seines Mutes enthauptet, und das Schwert, das die von ihm Gerettete auf sein Grab legte, wurde zum Sinnbild für Heldentum vor dem Angesicht der Sonne, die auf ein Reich der Dummheit und des Betruges scheint. Meine Gefühle fluteten ebenso über das Grab einer jungen Frau, deren Herz von der Liebe entflammt war, ehe ihr Körper von der Begierde heimgesucht, von der Lüsternheit beschlagnahmt und von einem Tyrannen gesteinigt wurde... Bis in den Tod erhielt sie sich ihren Glauben, und der, den sie liebte, legte Blumen auf ihr Grab, die mit ihren welken Blättern von jenen Seelen erzählen, welche die Liebe erwählt und gesegnet hatte unter Menschen, die von irdischen Gütern geblendet waren und vor Dummheit nichts sagen konnten. Schließlich war da noch das Grab jenes unglücklichen Mannes, der von der schweren Arbeit auf den Feldern des Klosters krank geworden war, bei den Mönchen um Brot für seine Kinder bat und zurückgewiesen wurde. Er mußte betteln gehen, doch keiner hatte Mitleid mit ihm. Diese Mißachtung veranlaßte ihn dazu, einen kleinen Teil des Korns, das er selbst gesät und geschnitten hatte, an sich zu nehmen; deshalb wurde er verhaftet und getötet. Seine arme Witwe stellte ein Kreuz auf sein Grab, auf daß es als Zeuge von den Sternen des Himmels in der stillen Nacht die Priester anklagen sollte, welche die Lehre Christi in scharfe Schwerter umwandeln und dem Volk damit die Köpfe abschneiden sowie die Leiber der Schwachen in Stücke zerteilen. Die Sonne tauchte am Horizont unter, als wäre sie der Probleme in dieser Welt müde geworden und hätte die Unterdrückung der Menschen satt. In diesem Augenblick begann der Abend, aus der Stille einen zarten Schleier zu weben und ihn über der Natur auszubreiten. Ich streckte meinen Arm zu den Gräbern hin, deutete auf ihre Symbole, blickte zum Himmel empor und rief: »O Tapferkeit, es ist dein Schwert, das jetzt in der Erde steckt! O Liebe, es sind deine Blumen, die vom Feuer verbrannt werden! O Herr Jesus, es ist dein Kreuz, das von der dunklen Nacht überwältigt wird!«

Der Ruf eines Liebenden

Wo bist du, Geliebte? Weilst du in jenem kleinen Paradies,
Und gießt die Blumen, die zu dir aufblicken wie Kinder,
Die nach der Mutterbrust lechzen?

Vielleicht hältst du dich jetzt in deiner Kammer auf,
In der dir zu Ehren der Tugend Altar steht,
Auf dem meine Seele und mein Herz geopfert werden?

Sitzt du vor deinen Büchern, in denen du menschliches
    Wissen suchst,
Obgleich dir des Himmels Weisheit innewohnt?

Wo bist du, Gefährtin meiner Seele? Weilst du betend
Dort im Tempel? Rief die Natur dich auf das Feld hinaus,
Wo deine Träume wie im sicheren Hafen ruhen?

Suchst du die Hütten der Armen auf und tröstest
Mit Seelengüte gebrochene Herzen,
Füllst leere Hände mit milden Gaben?

Du bist Gottes Geist allüberall
Und bist stärker als die Zeiten.

Gedenkst du des Tages, an dem wir uns zum ersten Male trafen?
Dein Geist rief und umfaßte uns; der Liebe Engel kamen herbei
Und priesen die Taten deiner Seele.

Gedenkst du der Zeit, da wir im Schatten der Bäume saßen,
Der uns vor den Menschen verbarg, so wie die Brust
Das heil'ge Geheimnis des Herzens vor Schaden bewahrt?

Gedenkst du der Pfade, auf denen wir gingen? Wir faßten uns
An den Händen, wenn wir den Wald durchstreiften, und unsere
    Häupter
Neigten sich zueinander, als wollten wir uns in uns selbst
    verstecken.

Gedenkst du der Stunde, in welcher ich Abschied nahm,
Gedenkst du des Kusses, den du mir damals gabst?
Dieser Kuß lehrte mich, daß in Liebe vereinigte Lippen
Des Himmels unsagbares Geheimnis enthüllen.

Dieser Kuß war der Beginn eines unendlichen Seufzers,
Er glich Gottes Atem, als dieser den Menschen aus Erde formte.

Dieser Seufzer führte mich hin in die geistige Welt
Und brachte mir Kunde vom Glanz meiner Seele;
Und dort wird er bleiben, bis wir uns wiedersehen.

Ich gedenke der Zeit, da du mich immer wieder küßtest,
Während die Tränen dir über die Wangen liefen;
Du sagtest: »Irdische Körper müssen einander oftmals
Aus irdischen Gründen verlassen; sie leben getrennt,
Da es die irdischen Pläne verlangen.

Jedoch es bleibt der Geist mit dem Geiste vereint
Und ruht in der Hand der Liebe, bis dann der Tod erscheint
Und die Seelen vereint zu Gott führt.

Geh, mein Geliebter; die Liebe hat dich zu ihrem Boten erwählt;
Geh und gehorche ihr; sie ist die Schönheit,
Die dem, der ihr folgt, den süßen Kelch des Lebens reicht.
Für meine leeren Arme wird deine Liebe mein tröstender
    Bräutigam sein
Und die Erinn'rung an dich meine ewigwährende Hochzeit.«

Wo bist du nun, mein anderes Ich? Liegst du wach
In der Stille der Nacht? Laß den Windhauch dir jeden Schlag
Meines Herzens und meine Liebe zutragen.

Streichelst du in der Erinnerung mein Gesicht?
Das Bild, das du siehst, gleicht mir nicht mehr,
Denn die Trauer hat ihren Schatten auf das glückliche Antlitz
    von einst gelegt.

Das Weinen hat meine Augen, die deine Schönheit spiegelten,
Austrocknen lassen, und meine Lippen, die du mit deinen
  Küssen
Versüßtest, spröde gemacht.

Wo bist du, Geliebte? Vernimmst du mein Klagen
Dort jenseits des Meeres? Begreifst du mein Leid
Und kennst du das Ausmaß meiner Geduld?

Gibt es vielleicht einen Geist, der über die Luft
Dir den Atem des sterbenden Jünglings zuträgt?
Gibt es unter den Engeln geheime Boten,
Die dir mein Klagen kundtun?

Wo bist du, mein schöner Stern? Die dunkle Seite des Lebens
Hat mich zu Boden geworfen, und Trauer hat mich ergriffen.
Überlaß dein Lächeln der Luft; es wird mich erreichen und
  beleben;
Hauche deinen Atem in die Luft; er wird mich aufrecht halten.

Wo bist du, Geliebte?
O, wie groß ist die Liebe,
Und wie gering bin ich!

Der Palast und die Hütte

Erster Teil

Als es Nacht wurde und im Palast die Lichter glänzten, standen die Diener in ihren Samtlivreen am Hauptportal und warteten auf das Eintreffen der Gäste.

Im Park fuhren prächtige Kutschen vor, und die vornehmen Herrschaften stiegen aus. Sie trugen herrliche Kleider und hatten sich mit Juwelen geschmückt. Liebliche Musik ertönte, und alle tanzten zu den Klängen der Instrumente. Gegen Mitternacht wurden an einer mit allen Arten von Blumen geschmückten Tafel die feinsten und schmackhaftesten Speisen gereicht. Die Gäste aßen und tranken im Überfluß, bis der Wein seine Wirkung zu zeigen begann. Bei Tagesanbruch zerstreute sich die ausgelassene Gesellschaft, denn sie hatte eine lange Nacht hinter sich und eilte nun erschöpft heim, um sich während des Tages einem unnatürlichen Schlaf hinzugeben.

Zweiter Teil

Am Abend stand ein Mann in Arbeitskleidern vor der Tür seines kleines Hauses. Er klopfte, und als ihm aufgemacht wurde, trat er ein und begrüßte liebevoll seine Familie, die ihn erwartet hatte. Dann begab er sich mit den Kindern an die Feuerstelle und spielte mit ihnen. Als seine Frau das Abendessen zubereitet hatte, setzten sich alle an den Tisch und aßen. Danach besprachen sie im Schein der Öllampe die Geschehnisse des Tages, und als es Nacht wurde, legten sie sich schlafen und überließen sich dem Schlummer mit einem Lobgesang und einem Gebet auf den Lippen.

Der einsame Dichter

Ein Fremder bin ich in dieser Welt, und die Abgeschiedenheit in meiner Verbannung ist schmerzlich und schwer zu ertragen. Ich bin alleine, doch in meinem Alleinsein erschaue ich ein unbekanntes Land voll Liebreiz, und diese Erfahrung erfüllt meine

Träume mit den Bildern eines großen, aber weit entfernten Reiches, das meine Augen noch nie gesehen haben.

Ein Fremder bin ich inmitten meines Volkes, und ich habe auch keine Freunde. Wenn ich einen Menschen sehe, frage ich mich: »Wer ist das? Wie bin ich mit ihm bekannt geworden? Weshalb ist er hier, und welches Gesetz hat mich ihm zugesellt?«

Ein Fremder bin ich mir selbst, und wenn ich mich sprechen höre, wundern sich meine Ohren über meine Stimme. Ich sehe von innen her mein Lächeln, mein Weinen, meinen Mut und meine Angst. Und mein irdisches Sein wundert sich über mein Wesen, während die Seele das Herz befragt. Ich bleibe mir selbst unbekannt, und eine gewaltige Stille drückt mich nieder. Meine Gedanken sind stärker als mein Körper, und wenn ich in einen Spiegel sehe, entdecke ich etwas in meinem Antlitz, das meine Seele nicht wahrnimmt, und ich finde etwas in meinen Augen, das meinem inneren Selbst nicht vertraut ist.

Wenn ich mit leeren Augen durch die lärmerfüllten Straßen der Stadt gehe, folgen mir die Kinder und rufen: »Ein Blinder! Wir wollen ihm einen Stock geben, damit er seinen Weg findet.« Ich laufe dann davon und stoße auf eine Gruppe junger Mädchen, die nach dem Saum meines Mantels haschen und sagen: »Er ist taub wie ein Fels; wir wollen seine Ohren mit der Musik der Liebe anfüllen.« Und wenn ich vor ihnen fliehe, deutet eine Schar alter Leute mit zittrigen Fingern auf mich und stellt fest: »Er ist ein Verrückter, der in der Welt der Geister seinen Verstand verloren hat.«

Ein Fremder bin ich in dieser Welt. Ich durchquere das All von einem Ende zum andern, doch ich konnte noch keinen Platz entdecken, an dem ich mein Haupt zur Ruhe hätte legen können. Ich traf keinen Menschen, der sich mir zugesellt hätte, und kein Wesen, das meinem Geist Beachtung schenkte.

Wenn ich nach einer schlaflosen Nacht die Augen öffne, finde ich mich eingesperrt in einer dunklen Höhle, an deren Decke Insekten hängen und auf deren Boden Schlangen kriechen.

Wenn ich hinaustrete, um das Licht zu begrüßen, folgt mir mein eigener Schatten. Doch meines Geistes Schatten eilt mir voraus und führt mich an einen unbekannten Ort; er sucht nach

Dingen, die ich nicht kenne, und greift nach Gegenständen, die ohne Bedeutung für mich sind.

Am Abend kehre ich dann zurück und lege mich in mein weiches Federbett, das mit Dornen umsäumt ist. Ich denke nach und habe lästige und glückliche Empfindungen und verspüre schmerzliche und freudige Hoffnung zugleich.

Um Mitternacht treten die Geister vergangener Zeiten und vergessener Kulturen durch die Spalten der Höhle und suchen mich heim... und gegenseitig starren wir uns an. Ich spreche zu ihnen, und lächelnd antworten sie; doch wenn ich nach ihnen greife, gleiten sie mir durch die Finger und lösen sich auf wie der Nebel über dem See.

Ein Fremder bin ich in dieser Welt, und im ganzen All gibt es keinen, der meine Sprache versteht. Bizarre Erinnerungsmuster entstehen mit einem Mal in meinem Kopf, und vor meine Augen treten seltsame Bilder und traurige Erscheinungen. Ich wandle in menschenleeren Gefilden und beobachte den Lauf von Flüssen, die von den Tiefen des Tales auf die Gipfel der Berge strömen. Ich sehe, wie kahle Bäume blühen und Früchte tragen, und plötzlich werfen sie ihre Blätter ab, und ihre Äste fallen herunter und verwandeln sich in gesprenkelte Schlangen. Ich sehe Vögel in der Luft schweben und höre ihren Gesang, doch jählings halten sie inne, öffnen die Flügel und werden zu nackten Mädchen mit langem Haar, die mich mit ihren schwarzen Augen betörend anblicken, mit vollen Lippen honigsüß lächeln und ihre duftenden Hände nach mir ausstrecken. Doch dann steigen sie wieder empor und verschwinden wie Phantome; und nur das Echo ihres spöttischen Gelächters ist noch in der Luft zu vernehmen.

Ein Fremder bin ich in dieser Welt... ich bin ein Dichter, der des Lebens Prosa in Verse kleidet und aus den Liedern des Lebens Romane macht.

Aus diesem Grunde bin ich ein Fremder und werde es auch bleiben, bis mich die gütigen weißen Schwingen des Todes heim in mein schönes Vaterland tragen. Dort, wo es Licht, Frieden und Verständnis im Überfluß gibt, werde ich auf die anderen Fremdlinge warten, wenn sie der gnädige Lauf der Zeit aus dieser engen, finsteren Welt entläßt.

Geheimnisse des Herzens

So wie der Tod das Leben umhüllt, bedeckten die Schwingen der nächtlichen Stille ein prächtiges Haus. Drinnen saß eine junge Frau an einem Tisch aus Elfenbein, stützte ihr schönes Haupt in die Hände und glich auf diese Weise einer welkenden Lilie, deren Blüten sich abwärts neigen. Ziellos blickte sie im Raum umher, denn sie fühlte sich unglücklich wie eine Gefangene und versuchte, die Wände ihres Kerkers mit den Augen zu durchdringen, um mitansehen zu können, wie das Leben im Triumphzug der Freiheit vorüberzog.

Die Stunden vergingen wie die Schatten der Nacht und waren erfüllt von der Trauer dieser jungen Frau, die unter dem Strom ihrer Tränen die qualvolle Einsamkeit spürte. Als sie den Druck des Leids nicht länger ertragen konnte und merkte, daß die verborgenen Geheimnisse des Herzens vollends Besitz von ihr ergriffen, nahm sie die Feder, und während sich ihre Tränen mit der Tinte vermischten, begann sie zu schreiben:

»Meine geliebte Schwester,

Wenn sich im Innersten Geheimnisse ansammeln und die Augen vom Weinen zu brennen beginnen, wenn die Brust zerbersten möchte, weil sie die wachsende Einengung des Herzens nicht mehr erträgt, dann kann man für solch einen Irrgarten nur den Vergleich mit einer Welle finden, die an einen Felsen brandet. Traurige Menschen empfinden Lust beim Klagen, den Liebenden widerfährt im Traum Ruhe und Trost, und der Unterdrückte verspürt Wonne, sobald er Zuneigung erhält. Ich schreibe Dir heute, denn ich fühle mich wie ein Dichter, der sich schöne Dinge vorstellt und ihren Eindruck in Verse kleidet, weil eine göttliche Macht ihn dazu treibt. Ich bin wie das Kind eines Armen, das nach Nahrung schreit, weil es der Hunger dazu veranlaßt; dabei nimmt es keine Rücksicht auf das Los seiner armen, sorgenden Mutter und ihr Leid.

Höre meine schmerzliche Geschichte, liebe Schwester, und weine mit mir, denn das Weinen gleicht dem Gebet, und die Tränen des Mitleids bedeuten Erbarmen, stammen sie doch aus einer lebendigen, fühlenden Seele und werden nicht nutzlos vergossen.

Es war der Wille meines Vaters, daß ich einen vornehmen, reichen Mann heirate. Mein Vater handelte wie die meisten Reichen, deren einziges Lebensziel darin besteht, ihren Wohlstand zu vergrößern, aus Angst vor Armut noch mehr Geld in ihren Schatztruhen anzuhäufen und sich durch Großzügigkeit beim Adel einzuschmeicheln, um gegen schlechte Zeiten gerüstet zu sein. Ich wurde mit all meiner Liebe und meinen Träumen das Opfer auf einem verhaßten goldenen Altar und erwarb ein Ansehen, das ich verschmähe. Ich achte meinen Gatten, denn er ist großzügig und gütig zu allen. Er ist bestrebt, mich glücklich zu machen, er verschwendet sein Gold, um mein Herz zu erfreuen, doch ich habe herausgefunden, daß all dies nicht soviel wert ist wie ein einziger Augenblick wahrer, göttlicher Liebe. Lach nicht über mich, liebe Schwester; ich weiß genau, was das Herz einer Frau braucht — dieses klopfende Herz, das wie ein Vogel im unendlichen Himmel der Liebe schwebt… Es gleicht einem Gefäß, das mit dem Wein der Vergangenheit gefüllt ist, der für die dürstenden Seelen gekeltert wurde… Es gleicht einem Buch, auf dessen Seiten die Kapitel über Glück und Unglück, Freude und Leid und über Lachen und Weinen geschrieben wurden; aber niemand vermag dieses Buch zu lesen außer dem wahren Gefährten, der die andere Hälfte der Frau ist und der für sie geschaffen wurde am Anbeginn der Welt.

Ich wurde unter vielen Frauen sehr bekannt, sowohl durch das Streben meiner Seele als auch durch die Überzeugung meines Herzens, denn ich merkte, daß meine prächtigen Pferde, die herrlichen Kutschen, meine glitzernden Schätze und mein erlauchter Adelstitel nicht soviel bedeuten wie der Blick eines armen jungen Mannes, der geduldig wartet und die Schläge der Verbitterung und der Not erleidet. Dieser Jüngling wird vom grausamen Willen meines Vaters unterdrückt und ist im engen und trübsinnigen Gefängnis des Lebens eingesperrt…

Versuche bitte nicht, mich zu trösten, denn das Unheil, durch das ich die Kraft meiner Liebe erkannt habe, ist mein größter Trost. Nun blicke ich durch meine Tränen hindurch und warte darauf, daß der Tod kommt und mich dorthin führt, wo ich den Gefährten meiner Seele treffen und umarmen werde, so wie ich es vor unserem Eintritt in diese fremde Welt trat.

Denke nicht schlecht von mir, ich erfülle meine Pflicht als treue Ehefrau und komme in Ruhe und Geduld den Gesetzen und Vorschriften der Menschen nach. Ich verehre meinen Gatten mit meinem Gefühl, achte ihn mit meinem Herzen und schätze ihn mit meiner Seele. Aber es gibt etwas, das mich von ihm abhält, denn Gott überließ einen Teil von mir meinem Geliebten, noch ehe ich ihn kannte. Der Himmel wollte, daß ich mein Leben mit einem Mann verbringe, der nicht für mich bestimmt ist, doch ich vergeude mein Leben, wenn ich in stiller Ergebenheit seinen Willen erfülle. Wenn sich die Tore der Ewigkeit nicht auftun, bleibe ich mit meiner halben Seele zurück und schaue auf die Vergangenheit, welche gleichzeitig diese Gegenwart ist. Ich werde auf das Leben blicken wie der Frühling auf den Winter und die Hindernisse des Lebens betrachten wie jemand, der nach einem rauhen Pfad den Gipfel des Berges erreicht hat.«

An dieser Stelle hörte die junge Frau zu schreiben auf, schlug die Hände vor das Gesicht und weinte bitterlich. Ihr Herz weigerte sich, seine heiligsten Geheimnisse der Feder anzuvertrauen. Und so suchte sie Trost bei ihren Tränen, die sich rasch auflösten und mit der milden Luft vermengten, dort wo die Seelen der Liebenden und die Geister der Blumen ihre Zuflucht finden.

Nach einer Weile griff sie erneut zur Feder und schrieb: »Erinnerst Du Dich an diesen Jüngling? Siehst Du noch seine strahlenden Augen und auch die Anzeichen von Trauer auf seinem Antlitz? Hörst Du noch das Lachen, das wie das Weinen einer Mutter klang, die man von ihrem einzigen Kinde wegreißt? Vernimmst Du noch seine klare Stimme, die wie das Echo aus einem weit entfernten Tal klang? Siehst Du noch, wie er dasaß und nachdenklich und sehnsuchtsvoll auf seine Umgebung blickte und mit seltsamen Worten sprach, und wie er sein Haupt neigte und seufzte, als fürchtete er, die Geheimnisse seines großen Herzens zu offenbaren? Erinnerst Du Dich an seine Träume und Vorstellungen? Weißt Du, daß all dies einem Jüngling innewohnt, den die Menschheit zu ihren Kindern zählt, auf den aber mein Vater mit Hochmut herabblickt, obgleich jener weit über dem irdischen Streben steht und edler ist als jeder ererbte Adel?

Du weißt, liebe Schwester, daß ich in dieser kleinen Welt eine Märtyrerin und ein Opfer der Unwissenheit bin. Wirst du Verständnis haben für eine Frau, die in der Stille dieser entsetzlichen Nacht ihr eigenes Ich ausgießt und Dir die Geheimnisse ihres Herzens offenbart? Ich bin sicher, Du wirst mich verstehen, denn ich weiß, daß die Liebe auch Dein Herz heimgesucht hat.«

Es graute schon der Morgen, als sich die junge Frau dem Schlummer überließ und hoffte, süßere und sanftere Träume zu finden als diejenigen, die ihr im Wachsein beschieden waren.

Mein Volk ist tot

(Geschrieben in der Verbannung während der Hungersnot
in Syrien)

Erster Weltkrieg

Dahingegangen ist mein Volk, ich aber lebe noch
Und klage in der Einsamkeit…
Tot sind alle meine Freunde,
Und durch ihren Tod ist meinem Leben
Ein großes Unheil widerfahren.

Die Hügel meines Landes sind überschwemmt
Mit Tränen und mit Blut; mein Volk und die,
Welche ich liebte, sind dahin; und ich bin hier.
Ich lebe so wie früher, als mein Volk
Und meine Freunde das Leben und seine Gaben genossen,
Zu einer Zeit, da die Hügel des Landes gesegnet waren
Und von den Strahlen der Sonne umfaßt.

Mein Volk mußte darben,
Und wer nicht am Hunger starb,
Den fällte das Schwert. Und ich bin hier
In diesem fernen Land
Und lebe unter frohen Menschen,
Die in weichen Betten schlafen und dem Tag zulächeln,
Wenn er sie strahlend begrüßt.

Mein Volk starb einen qualvollen, beschämenden Tod;
Und ich lebe hier im Überfluß und in Frieden…
Es ist ein wehmütiges Trauerspiel,
Auf meines Herzens Bühne immerzu aufgeführt.
Nur wenige würden es wagen, dem Drama beizuwohnen,
Denn mein Volk gleicht den Vögeln mit den gebrochenen
  Schwingen,
Welche vom Schwarm zurückgelassen werden.

Würde ich Hunger leiden und bei meinem
Hungernden Volke leben und wäre verfolgt
Inmitten meiner versklavten Brüder,
Dann wäre die Last der trüben Tage leichter
Und das Dunkel der Nacht nicht so nah vor meinen leeren
   Augen,
Vor meinem weinenden Herzen und meiner verletzten Seele;
Denn wer mit seinem Volke
Die Sorgen und die Todesqualen teilt,
Wird höchsten Trost erfahren,
Wie nur das Leid des Opferns es zustande bringt.
Er wird dann mit sich selbst im Frieden sein
Und ohne Schuld wie seine Freunde, wenn er stirbt.

Aber ich lebe nicht bei meinem hungernden
Und gejagten Volk, das mit dem Tod zusammen
Zu Qual und Marter schreitet...
Ich lebe hier, jenseits des weiten Meeres,
Lebe im Schatten der Ruhe
Und in der Sonne des Friedens...
Ich bin weitab vom Schauplatz des Leidens und der Schmerzen
Und kann mich keiner eig'nen Taten rühmen
Und nicht einmal auf meine Tränen stolz sein.

Was kann ein ausgewies'ner Sohn
Den Menschen seines Volkes, welche leiden,
Gutes tun? Und welchen Wert haben die Klagen
Eines Dichters, der in der Fremde lebt?

Wär' ich doch eine Weizenähre,
Die auf dem Heimatboden wächst! Dann könnte ein hungerndes
   Kind
Mich pflücken und durch meine Körner
Der Hand des Todes entkommen!
Wäre ich eine reife Frucht in den Gärten des Landes,
Dann würde die darbende Frau mich auflesen und überleben!

Wär' ich ein Vogel hoch über dem Heimatland,
So könnte mein hungernder Bruder mich jagen
Und mit dem Fleisch meines Körpers
Den Schatten des Grabes vertreiben.
Doch ach! Ich bin keine Ähre,
Die auf den Feldern Syriens wächst,
Bin keine reife Frucht aus den Tälern des Libanon.
Das ist mein Kummer, mein stilles Leid,
Das meine Seele vor den Schatten der Nacht erniedrigt.
Es ist ein qualvolles Trauerspiel,
Das meine Zunge verstummen läßt
Und meine Arme in Fesseln legt.
Ich bin ein Opfer der Macht und der Willkür.
Dies ist der Fluch, der vor Gott und den Menschen
Auf meiner Stirn eingebrannt ist.

Oftmals sagte man mir:
»Das Ungemach deines Landes bedeutet nichts
Im Vergleich zum Unglück der Welt;
Und das Blut und die Tränen deines Volks
Zählen gering gegen die Ströme von Tränen und Blut,
Die Tag für Tag und jede Nacht
In aller Welt vergossen werden...«

Das ist wohl wahr; doch meines Volkes Untergang
Klagt in der Stille an, denn er ist ein Verbrechen,
Das in den Köpfen von Schlangen entstand, die niemand sieht...
Er ist ein Trauerspiel ohne Gesang und Szenen...
Hätten meine Brüder die Macht der Despoten bekämpft
Und wären dann als Rebellen gefallen,
So könnte ich sagen: »Es ist besser,
Für Freiheit und Recht zu sterben,
Als in der Sklaverei zu leben; und jener,
Der den Tod umarmt, das Schwert der Wahrheit in der Hand,
Wird ewig in der Wahrheit leben.
Der Tod ist stärker als das Leben,
Die Wahrheit aber stärker als der Tod.

Hätte mein Volk am Kriege teilgenommen,
Den alle gegen alle führten,
Und wäre am Schlachtfeld gestorben,
Würde ich sagen: »Der rasende Sturm
Hat mit seiner Kraft die grünen Äste abgerissen;
Und im Sturm umzukommen ist edler
Als in den Armen des Alters langsam vergehen.«
Doch es gab kein Entkommen aus dem sich schließenden
    Schlund...
Mein Volk sank hinab und weint mit den Engeln.

Hätte das Land ein Beben erlebt
Und wär' von der Erde verschlungen worden,
So würde ich sagen: »Ein großes, unfaßbares Gesetz
Wurde vom Willen der göttlichen Kraft bewegt,
Und es wäre vermessen, wenn wir versuchten,
Sein tiefstes Geheimnis ergründen zu wollen...«
Jedoch meine Brüder starben nicht als Rebellen,
Sie wurden nicht auf dem Schlachtfeld getötet;
Kein Erdbeben brachte das Land ins Wanken
Und stürzte sie in den Abgrund.
Der Tod war ihr einziger Retter
Und das Verhungern ihr einz'ger Gewinn.

Meine Landsleute starben am Kreuz...
Sie starben und streckten die Hände
Nach Osten und nach Westen aus,
Während sie gerade noch
Das dunkle Firmament erschauten.
Sie starben in der Stille,
Denn die Menschheit wollte ihr Schreien nicht hören.
Sie starben, weil sie nicht die Freunde
Ihrer Feinde werden wollten.
Sie starben, weil sie ihre Nachbarn liebten.
Sie starben, weil sie ihr Vertrauen
In die ganze Menschheit setzten.

Sie starben, weil sie ihre Unterdrücker
Selbst nicht niederzwingen konnten.
Sie starben, weil sie die zertret'nen Blumen waren
Und nicht der Fuß, der darauf tritt.
Sie starben, weil sie Frieden wollten.
Sie starben an Hunger
In einem Land voll Milch und Honig.
Sie starben, weil die Ungeheuer der Hölle
Kamen und alles zerstörten, was auf den Feldern wuchs,
Und die Vorräte in ihren Scheunen verschlangen...
Sie starben, weil Vipern und deren Brut
Ihr Gift in den Himmel spritzten,
Dorthin, wo die Heiligen Zedern,
Die Rosen und der Jasmin
Ihren Duft verströmen.

Mein Volk und dein Volk, o syrischer Bruder,
Ist tot... Was kann man denn für Sterbende tun?
Unser Klagen wird ihren Hunger nicht lindern,
Und unsere Tränen werden den Durst
Ihrer Lippen nicht löschen.
Was können wir tun,
Um sie aus den eisernen Klauen
Des Hungers zu retten? Mein Bruder,
Die Güte fordert von dir, dein Leben
Zum Teil dem Menschen zu schenken,
Der eben im Schatten des Lebens steht.
Dies ist die einzige Tugend, durch die wir
Das Licht des Tags und den Frieden der Nacht
Uns verdienen...
Denke daran, mein Bruder: Die Münze,
Die du in jene Hand legst,
Die sich dir zitternd entgegenstreckt,
Ist die einzige Kette aus Gold,
Welche dein reiches Herz
Mit dem liebenden Herzen Gottes
Verbindet...

Das Brautbett*

Das Brautpaar verließ den Tempel, Kerzenträger schritten voran, und die Priester und Freunde folgten. Junge Männer und Frauen begleiteten den Hochzeitszug mit ihrem Gesang, und der Himmel war erfüllt von Liedern des Glücks.

Als der Zug das Haus des Bräutigams erreicht hatte, nahm das jungvermählte Paar in einem großen Gemach auf erhöhten Sitzen Platz. Die Festgäste ließen sich auf seidenen Kissen und Ruhebetten aus Samt nieder, und der Raum war voll von Menschen, die ihre Glückwünsche darbringen wollten. Die Diener reichten Speisen und Getränke, und die Feiernden begannen, auf das Wohl des Paares zu trinken. Während die Musiker ihren Instrumenten einschmeichelnde Töne entlockten, und der Klang der Gläser sich den Schlägen des Tamburins anpaßte, führten die Mädchen einen anmutigen Tanz auf und bewegten ihre biegsamen Glieder zu den Klängen der Musik. Die Zuschauer betrachteten in heiterer Stimmung das Geschehen und sprachen dem Weine immer mehr zu.

Einige Stunden später hatte sich die Szene von einer fröhlichen und vergnügten Hochzeitsfeier in ein derbes Trinkgelage gewandelt: Hier ist ein junger Mann, der das ganze Gefühl seines Herzens verströmt und einem reizvollen Mädchen seine augenblickliche, jedoch fragliche Liebe offenbart; dort ist ein anderer Jüngling, der einer Frau Schmeicheleien sagen will, aber Schwierigkeiten hat, die schön zurechtgelegten Worte über seine vom Wein betäubte Zunge zu bringen. Ab und zu vernimmt man einen älteren Mann, der die Musikanten drängt, ein bestimmtes Lied aus seiner Jugendzeit zu spielen. In einer anderen Gruppe macht eine Frau einem Mann schöne Augen, aber dieser starrt voll Leidenschaft auf ihre Nebenbuhlerin. In einer Ecke betrachtet eine grauhaarige Frau lächelnd die Mädchen und versucht, unter ihnen eine Ehefrau für ihren einzigen Sohn zu finden. Am Fenster lehnt eine verheiratete Frau und ergreift die Gelegen-

---

* Diese Geschichte ereignete sich gegen Ende des 19. Jahrhunderts im Nordlibanon und wurde mir von jemandem zugetragen, der mit einer der handelnden Personen verwandt war und die beschriebenen Vorgänge selbst miterlebte.

heit, mit ihrem Liebhaber Pläne zu schmieden, indessen ihr Mann vollkommen betrunken ist. Es scheint, als wollten alle die Früchte des Augenblicks genießen und darüber hinaus die Vergangenheit und die Zukunft vergessen.

Die schöne Braut verfolgte das Geschehen mit sorgenvollen Augen. Sie fühlte sich wie eine Gefangene hinter den Eisenstäben eines Kerkers. Während sie im Festsaal umherblickte, entdeckte sie einen jungen Mann, der still und allein dasaß, wie ein verwundeter Vogel, der vom übrigen Schwarm zurückgelassen worden war. Er hatte die Arme vor der Brust verschränkt, als ob er sein Herz vor dem Zerbersten bewahren wollte. Er starrte auf etwas Nichtsichtbares, das im Raum schwebte, und schien sich vollkommen in eine Welt der Dunkelheit zurückgezogen zu haben.

Gegen Mitternacht steigerte sich der Übermut der Gäste bis zu völliger Ausgelassenheit, und sie konnten ihre Gefühle und ihre Zunge nicht mehr unter Kontrolle halten.

Der Bräutigam, ein älterer Mann, der ebenfalls bereits betrunken war, überließ seine Braut sich selbst und mischte sich unter seine Gäste; er trank mit den Feiernden weiter und goß auf diese Weise Öl in die Flamme seiner Trunkenheit.

Auf ein Zeichen der Braut hin kam ein Mädchen und setzte sich neben sie; die Braut blickte sich nach allen Seiten um und flüsterte ihr dann mit zitternder Stimme zu: »Ich bitte dich, Susan, im Namen unserer Freundschaft und bei allem, was dir auf dieser Welt teuer ist, geh zu Saleem hin und sage ihm, er möge im Garten unter dem Weidenbaum auf mich warten. Ersuche ihn, meinem Wunsche nachzukommen. Erinnere ihn an vergangene Zeiten und versichere ihm, daß ich sterbe, falls ich ihn nicht treffe. Teile ihm mit, daß ich ihm meine Sünden bekennen muß und daß ich ihn bitten will, mir zu vergeben; sage ihm auch, daß ich alle Geheimnisse meines Herzens vor ihm ausbreiten werde. Geh nun und hab keine Angst.«

Susan überbrachte wortgetreu die Botschaft der Braut, und Saleem blickte sie an wie ein Dürstender, der einen weit entfernten Bach erspäht und sagte mit ruhiger Stimme: »Ich werde im Garten unter dem Weidenbaum warten.« Er verließ das Haus, und nach einigen Minuten folgte ihm die Braut, indem sie sich ihren

Weg durch die Zecher bahnte. Als sie in den Garten kam, schaute sie zum Haus zurück wie eine Gazelle, die vor einem Wolf flieht. Dann eilte sie zum Weidenbaum, wo der Jüngling sie erwartete. Als sie vor ihm stand, umschlang sie ihn mit ihren Armen und sprach unter Tränen: »Höre mich an, Geliebter! Es tut mir leid, daß ich voreilig und gedankenlos war. Ich bin so voll Reue, daß mein Herz vor Trauer bricht. Ich liebe dich und sonst keinen; und ich werde dich bis ans Ende meines Lebens lieben. Man hat mich belogen, als man mir erzählte, du liebtest eine andere, und Najeebee betrog mich, als sie mir sagte, du hättest dich in sie verliebt; sie tat dies, um mich dazu zu veranlassen, ihren Vetter zum Mann zu nehmen, so wie es die Familie schon lange geplant hatte. Nun bin ich verheiratet, doch du bist der einzige, den ich liebe, nur du bist mein wahrer Bräutigam. Der Schleier wurde jetzt von meinen Augen gezogen, und die Wahrheit ist nah. Ich kam hierher, um dir bis ans Ende des Lebens zu folgen, und ich werde nicht zu dem Mann zurückkehren, den Falschheit und ein engherziger Brauch als meinen Gatten ausgesucht haben. Laß uns forteilen, Geliebter, und diesen Ort im Schutz der Nacht verlassen. Wir wollen zur Küste fliehen und dort ein Schiff besteigen, das uns in ein weit entferntes Land bringt, in dem wir unbelästigt leben können. Laß uns aufbrechen, und wenn es dämmert, werden wir vor dem Zugriff des Feindes sicher sein. Ich habe genug Juwelen, so daß wir uns für den Rest des Lebens um nichts mehr sorgen müssen... Weshalb sagst du nichts, Saleem? Warum schaust du mich nicht an? Weshalb küßt du mich nicht? Hörst du denn nicht das Weinen meiner Seele und das Schreien meines Herzens? Sprich, und laß uns schnell diesen Ort verlassen! Die Zeit, die wir hier verlieren, ist kostbarer als Diamanten und wertvoller als eine Königskrone.«

Ihre Stimme war schmeichelnder als das Flüstern des Lebens und ängstlicher als der Klageruf des Todes, sanfter als ein Flügelschlag und tiefer als die Botschaft der Wogen... Es war eine Stimme, in welcher Hoffnung und Verzweiflung, Freude und Leid, Glück und Unglück, Lebenshunger und Todessehnsucht in gleicher Weise vertreten waren. Der Jüngling hörte ihr zu, doch es kämpften in ihm Liebe und Ehre gegeneinander... Die Ehre, die dem Geist entgegentritt, und die Liebe, welche Gott in das menschliche Herz pflanzt... Nach langem Schweigen hob er sein Haupt, wandte die Augen ab, und während das Mädchen vor Furcht zitterte, sprach er: »Kehre zu deinem Schicksal zurück, denn nun ist es zu spät. Der Rausch ist der Besonnenheit gewichen. Kehre zurück, ehe dich die Gäste hier entdecken und sagen, du würdest deinen Gatten in der Hochzeitsnacht betrügen; so wie du mich während meiner Abwesenheit betrogen hast.« Als dies das Mädchen hörte, bebte es wie eine Blume im Sturm und sagte schmerzerfüllt: »Ich werde niemals in dieses Haus zurückgehen. Ich habe es für immer verlassen und fühle mich nun wie ein Gefangener, der den Ort seiner Verbannung verläßt... Stoß mich nicht zurück und sage nicht, ich hätte dich betrogen. Die Hände, die dein und mein Herz verbannen, sind stärker als die des Emirs und des Priesters, die meinen Körper einem unzumutbaren Bräutigam ausliefern. Es gibt keine Macht, die dich mir wegnehmen kann... nicht einmal der Tod vermag unsere Seelen zu trennen, denn was der Himmel vorgesehen hat, wird nur der Himmel verändern.«

Saleem täuschte Gleichgültigkeit vor und versuchte, sich aus ihrer Umarmung zu befreien; dann erwiderte er: »Verlaß mich! Ich liebe eine andere so sehr, daß ich dein Dasein in dieser Welt vergessen habe. Najeebee sagte die Wahrheit, als sie dir erzählte, ich würde sie lieben. Geh zu deinem Mann zurück und sei ihm ein treues Weib, so wie es das Gesetz vorschreibt.«

Voll Verzweiflung begehrte das Mädchen auf: »Nein, Nein! Ich glaube dir nicht, Saleem! Ich weiß, daß du mich liebst, ich kann es in deinen Augen lesen. Wenn ich in deiner Nähe bin, fühle ich deine Liebe. Niemals werde ich dich verlassen und in das Haus meines Mannes zurückkehren, niemals, solange mein Herz schlägt. Ich kam hierher, um dir bis ans Ende der Welt zu folgen. Führe mich dorthin, Saleem, oder vergieß mein Blut und nimm mir mein Leben.« Ebenso streng wie vorher entgegnete Saleem: »Laß mich los oder ich schreie! Dann kommen die Leute in den Garten und bringen Schande über dich vor Gott und den Menschen; und meine geliebte Najeebee wird dich auslachen und stolz über dich triumphieren!«

Als Saleem versuchte, sich aus ihren Armen zu lösen, wandelte sie sich von einer hoffnungsvollen, gütigen, bittenden Frau in eine wilde Löwin, die ihre Jungen verloren hat, und schrie außer sich: »Niemand wird jemals über mich triumphieren und mir meine Liebe nehmen!« Nach diesen Worten zog sie einen Dolch aus ihrem Hochzeitskleid und stieß ihn blitzschnell in des Jünglings Herz. Wie ein schwacher Ast, der vom Sturm gebrochen wird, fiel er zu Boden. Sie beugte sich über ihn, in der Hand den blutbefleckten Dolch. Der junge Mann öffnete die Augen, und seine Lippen zitterten, als er stammelte: »Komm, Geliebte! Komm her, Lyla, und verlaß mich nicht! Das Leben ist schwächer als der Tod, aber der Tod ist schwächer als die Liebe. Hörst du das grausige Gelächter der Feiernden im Haus drinnen und das Klingen der Becher, o Geliebte? Lyla, du hast mich vom Leid des Lebens erlöst. Laß mich die Hand küssen, welche die Ketten zerbrach und mich befreite. Küß mich und vergib mir, daß ich nicht ehrlich gewesen bin.

Lege deine Hand, wenn du sie vom Blut gereinigt hast, auf mein vergehendes Herz, stecke mir den Dolch in die rechte Hand und sage den Leuten, ich hätte mir selbst das Leben genommen.« Er rang nach Atem und flüsterte: »Ich liebe dich, Lyla, und niemals liebte ich eine andere. Selbstaufopferung ist ehrenhafter, als mit dir zu fliehen. Küsse mich, o Geliebte meiner Seele! Küsse mich, Lyla...« Er legte die Hand auf sein blutendes Herz und hauchte sein Leben aus. Lyla blickte zum Haus hin und rief voll Verzweiflung: »Erwacht aus eurer Betäubung, denn die Hochzeit findet hier statt! Braut und Bräutigam erwarten euch! Kommt und schaut euch unser weiches Bett an! Wacht auf, ihr Narren und Trunkenbolde, und eilt hierher, damit wir euch die Wahrheit von Liebe, Tod und Leben offenbaren können!« Ihre kreischende Stimme drang in jeden Winkel des Hauses und fand ihren Widerhall in den Ohren der Gäste. Sie taumelten zur Tür, traten hinaus und blickten sich um. Als sie die Szene von tragischer Schönheit wahrnahmen und die weinende Braut sahen, die sich über Saleem beugte, wichen sie erschrocken zurück. Keiner wagte es, heranzutreten. Es schien, als hätte das Blut, das aus dem Herzen des Jünglings strömte, und der Dolch in der Hand der Frau sie so gebannt, daß sie wie erstarrt stehenblieben. Lyla sah auf den Geliebten und stöhnte voll Bitterkeit: »Kommt her, ihr Feiglinge! Fürchtet euch nicht vor dem Anblick des Todes, dessen Großartigkeit euch in eurer Bedeutungslosigkeit vom Herankommen abhält. Habt keine Angst vor diesem Dolch, er ist ein göttliches Gerät und lehnt es ab, eure sündigen Leiber und eure leeren Herzen zu berühren. Schaut auf diesen schönen Jüngling… er ist mein Geliebter, und ich tötete ihn, weil ich ihn liebte… er ist mein Bräutigam, und ich bin seine Braut. Wir suchten nach einem Bett, das unserer Liebe würdig war in einer Welt, die ihr mit eurer Unwissenheit und euren Traditionen wertlos gemacht habt. Deshalb wählten wir dieses Bett. Wo ist die verrückte Frau, die meinen Geliebten verleumdete und behauptete, er hätte sie geliebt? Wo ist sie, die meinte, über mich triumphieren zu können? Wo ist Najeebee, diese Höllenschlange, die mich täuschte? Wo ist die Frau, die euch hierher lockte, um das Fortgehen meines Geliebten zu feiern und nicht die Hochzeit des Mannes, den sie für mich ausgesucht hat? Meine Worte mögen euch seltsam erscheinen, aber auch die Hölle kann das Lied der Sterne nicht verstehen. Erzählt euren Kindern, daß ich meinen Geliebten in der Hochzeitsnacht getötet habe. Mein Name wird wie ein Fluch auf euren schmutzigen Lippen liegen, doch eure Enkel werden mich segnen, denn die Zukunft tritt ein für die Freiheit der Wahrheit und des Geistes. Und du, mein ahnungsloser Gatte, der du meinen Körper, aber nicht meine Liebe kaufen konntest, dessen Eigentum ich zwar bin, dem ich aber niemals gehören werde, bist ein Sinnbild für den unglückseligen Zustand eines Volkes, das in der Dunkelheit nach dem Licht sucht und darauf wartet, daß aus dem Felsen Wasser springt. Du bist das Symbol eines Landes, in dem die Blindheit und die Dummheit herrschen, und du vertrittst eine Menschheit, die imstande ist, Kehlen durchzuschneiden und Hände abzuhacken, um auf diese Weise an Halsketten und Armbänder heranzukommen. Ich vergebe dir jetzt, denn eine glücklich scheidende Seele verzeiht die Sünden aller Menschen.«

Nach diesen Worten hob Lyla den Dolch, und wie ein Dürstender seine Lippen an den Rand des Glases legt, so setzte sie ihn sich an die Brust und stach zu. Sie fiel neben dem Geliebten hin wie eine Lilie, deren Stengel von einer scharfen Sichel abgemäht wurde. Die Frauen starrten entsetzt auf das Geschehen und schrien vor Schreck auf; einige wurden sogar ohnmächtig.

Die Hochzeitsgäste näherten sich den beiden Opfern in Verlegenheit und Ehrerbietung. Die Sterbende blickte auf, und während ihr das Blut aus dem Herzen strömte, sprach sie: »Bleibt weg von uns und trennt unsere Körper nicht, denn wenn ihr eine derartige Sünde begeht, wird der Geist, der über euch ist, herabkommen und euch töten. Laßt die durstige Erde unser Blut aufsaugen, damit sie uns in ihren Schoß aufnehme. Sie möge uns beschützen, so wie sie die Samenkörner vor dem Schnee bewahrt, bis der Frühling kommt und neues Leben einkehrt.«

Sie schob sich näher an den Geliebten heran, preßte ihre Lippen auf die seinen, die schon erkaltet waren, und sprach ihre letzten Worte: »Sieh nur, mein einziger und ewig Geliebter! Sieh unsere Freunde, wie sie voll Argwohn vor unser Bett treten! Hörst du, wie sie mit den Zähnen knirschen und ihre Finger quetschen? Du hast lange auf mich gewartet, Saleem. Hier bin ich nun und habe Ketten und Fesseln zerbrochen. Laß uns zur Sonne hin eilen, denn wir haben uns schon zu lange in dieser beschränkten, dunklen Welt aufgehalten. Vor meinen Augen schwindet alles, und ich sehe nur noch dich, Geliebter! Hier sind meine Lippen, mein größter Schatz auf Erden; nimm meinen letzten Atemzug aus ihnen entgegen! Komm, Saleem, wir wollen gehen! Die Liebe hat schon ihre Schwingen ausgebreitet und steigt in das große Licht empor.«

Sie ließ ihr Haupt auf seine Brust fallen, ihre Augen waren weit geöffnet und blickten erstarrt auf ihn.

Stille breitete sich aus, als hätte die Würde des Todes den Menschen die Kraft genommen und sie an jeglicher Bewegung gehindert. Da trat der Priester, der zuvor die Hochzeitsfeierlichkeiten durchgeführt hatte, heran, deutete mit dem Finger auf das im Tod vereinte Paar und schrie: »Verflucht seien die Hände, die diese blutbefleckten, sündigen Leichen anrühren! Verflucht seien die Augen, die wegen dieser beiden schlechten Seelen Tränen vergießen! Laßt die Leiber von Sodoms Sohn und Gomorrhas Tochter an diesem verseuchten Orte liegen, bis die wilden Tiere sie in Stücke gerissen haben und das Gebein in alle Winde verstreut ist. Geht jetzt nach Hause und hütet euch vor der Beschmutzung durch diese Sünder! Verschwindet, ehe euch die Flammen der Hölle ergreifen, denn wer hier verweilt, wird von der Kirche ausgeschlossen und darf niemals mehr den Tempel betreten oder in der Gemeinschaft von Christen zu Gott beten!«

Susan, welche die letzte Botschaft der Braut an Saleem überbracht hatte, trat mutig vor den Priester hin, blickte ihn unter Tränen an und sagte: »Ich werde hierbleiben, du mitleidloser Ketzer, und werde sie bewachen, bis der Morgen kommt. Dann will ich unter dieser Weide ein Grab schaufeln und sie im Garten ihres letzten Kusses bestatten. Verlaßt diesen Ort, denn Schweine verabscheuen den Duft des Weihrauchs und Diebe fürchten sich vor dem Herrn des Hauses und meiden die aufgehende Sonne. Eilt in eure verruchten Betten, die Lobgesänge der Engel werden nicht in eure Ohren dringen, da diese mit dem Mörtel grausamer und törichter Gesetze verstopft sind.«

Langsam zerstreute sich die Menge, zusammen mit dem finster blickenden Priester. Susan blieb zurück und wachte über Lyla und Saleem wie eine Mutter, die ihre Kinder in der Stille der Nacht behütet. Und als alle gegangen waren, warf sie sich zu Boden und weinte gemeinsam mit den trauernden Engeln.

Achtes
Buch

Die Prozession

Einführung

Das Motiv für Gibrans nachfolgendes Stück *Die Prozession* gründet vermutlich in der Tatsache, daß er die menschliche Gesellschaft unablässig zu analysieren trachtete, und damit auch ihre Gesetze, Regeln und Sitten. Gibran spürt in dieser Gesellschaft eine generelle Fehlentwicklung des Lebens, welche die Menschen von der Wahrheit wegführt; einige werden dadurch ermutigt, andere bedrückt. Gleichzeitig stellt er fest, daß niemand die Fülle des Lebens erfahren und die Gaben der Natur genießen kann, wenn sein Nachbar dieses Ziel voll Neid zu erreichen sucht.

Um seine Lehre zu illustrieren, wählt Gibran zwei metaphorische Charaktere. Der erste, das *Alter*, wird von einem gebeugten alten Mann verkörpert, der in der Stadt lebt und unter den von Menschen geschaffenen Traditionen und Gesetzen, unter vererbten Gebräuchen und Korruption leidet. Er ist des erdrückenden Lärms der Straßen müde und begibt sich hinaus auf das Feld, um dort seine angestrengten Glieder zu entspannen und seinen Gedanken freien Lauf zu lassen. Auf diesem Feld trifft er die *Jugend*, die von einem jungen Mann verkörpert wird, dessen Augen bislang nur Bäume, Berge und Bäche gesehen haben, dessen Brust nur reine Luft atmete, und dessen Ohren nur den Gesang des Wassers und der Vögel sowie das Pfeifen des Herbstwinds vernommen haben.

Bei diesem Zusammentreffen trägt die *Jugend* eine Flöte in der Hand, um mit deren zeitlosen Klängen die Natur auf dem weiten Feld zu grüßen. *Jugend* und *Alter* erörtern ungezwungen ihre Vorstellungen vom Leben. Das *Alter* bringt vor, daß durch die menschliche Gesellschaft in der Stadt nichts als Übel und Unglück geschaffen wurde, während die *Jugend* darauf hinweist, daß nur derjenige Glück und Zufriedenheit erlangen kann, der dem Herzen der Natur nahe ist und dort mit der einfachen, gottgegebenen Freude erfüllt wird.

Dieses Gespräch zwischen *Alter* und *Jugend* führt Gibran auch hin zu den Themen des Lebens, des Todes und der Religion.

Er schlägt nun aber nicht vor, daß alle Menschen dem Leben in der Stadt entsagen und in die Berge ziehen sollen, doch er bemüht sich, das Augenmerk auf ein einfaches Rezept für ein besseres Leben zu lenken. Dieses besteht darin, daß die Menschen beginnen müssen, sich selbst aus den Fesseln der Gesellschaft zu lösen und sich soweit wie möglich des eigenen Verstandes zu bedienen, um eine natürliche Freiheit und die Genügsamkeit des ländlichen Lebens zu erlangen. Das Feld, das Gibran beschreibt, ist symbolisch für ein Dasein von zunehmendem Wohlbefinden, das aber nur demjenigen erwächst, der möglichst naturverbunden lebt.

Wegen des nicht eindeutigen, schwer übersetzbaren Charakters der arabischen Sprache wird dieses Stück in Versen einmal *Die Prozession,* ein andermal *Das Gefolge* genannt. Der Übersetzer (des Textes ins Englische) hielt den Titel *Die Prozession* für am besten geeignet, den Absichten des Autors nachzukommen. Die Veränderungsmöglichkeit des Arabischen erforderte auch ein gelegentliches Abweichen vom Urtext, um der Kraft von Gibrans Aussage gerecht werden zu können. (Martin L. Wolf)

ALTER: Wahrlich, der Mensch handelt immerzu gut,
Doch wenn er vergeht, weicht das Böse
Nicht von ihm. Wie sich drehende Räder
Sind wir den Händen der Zeit verfallen,
Wo immer wir auch leben.
Sage nicht »Dieser Mann ist klug und berühmt,
Ein Meister des Wissens, von Engeln gesandt«,
Denn in der Stadt ist auch der Beste
Nur ein Bestandteil der Herde,
Die der Schäfer mit strenger Stimme lenkt.
Wer seinem Befehle nicht gehorcht,
Wird bald vor seinen Henkern stehen.
JUGEND: Auf diesem schönen Felde gibt es keinen,
Der den Menschen führen will; auch keine Schafe,
Die zu weiden sind, und auch kein blutendes Herz.
Der Winter geht mit seinem Kleid aus Schnee,
Sobald der Frühling naht, weil's Gottes Wille ist.
Die Menschen der Stadt sind als Sklaven geboren,

Und Tyrannen quälen ihre Seelen.
Wohin ihr Führer geht, dorthin geh'n auch sie.
Weh' dem, der Widerstand leistet!
Gib mir die Flöte und laß mich singen,
In meiner Seele laß Musik erklingen.
Das Lied der Flöte tönt sehr weit,
Weiter als Königsruhm zu jeder Zeit.

ALTER: Das Leben inmitten der Menge ist nur
Ein kurzer, berauschender Schlaf, vermengt
Mit Wahnsinnsträumen, Phantomen und Ängsten.
Des Herzens Geheimnis ist von der Trauer umschlossen;
Und nur in ihr finden wir Freude,
Während das Glück dazu dient, des Lebens
Wunder zu offenbaren. Müßte ich
Wegen der Trauer die Ruhe des Feldes meiden,
Wäre nichts außer Leere mein Los.

JUGEND: Des einen Freude ist die Wehmut des andern.
Doch es gibt keine Trauer auf diesem
Herrlichen Feld, und keine Verachtung.
Der Wind trägt die Freude in alle Herzen,
Und deine Trauer ist nur ein Ausbund der Phantasie,
Der schnell wie ein Bach vorüberfließt.
Auf diesem Feld würde dein Leid vergeh'n
Wie das Herbstlaub, das in den Fluß fällt;
Dein Herz würde so ruhig wie ein See
Unter dem großen Licht Gottes.
Gib mir die Flöte und laß mich singen,
In meiner Seele laß Musik erklingen.
Des Himmels Klänge allein werden verweilen,
Die irdischen Dinge dem Nichts zueilen.

ALTER: Nur wenige sind mit dem Leben zufrieden
Und weit von Sorgen entfernt. Der Fluß auf dem Felde
Ist leer, doch der des irdischen Lebens
Gleicht alten Kelchen voll Weisheit und wird
Dem Menschen gereicht, damit er vom Reichtum
Des Daseins trinke, doch seine Warnungen nicht beachte.
Es freut sich der Mensch, wenn der Kelch voll Glück ist,
Er bleibt aber mürrisch im Gebete zu Gott, wenn er

Um Wohlstand fleht, den er verdient zu haben meint.
Und wenn er sein Ziel, den metallenen Schatz,
Erreicht hat, bedrängen ihn andauernd böse Träume.
Die Welt ist eine Spelunke und gehört der Zeit;
Die Säufer verlangen viel und bieten wenig.

JUGEND: Dies schöne Feld braucht keinen Wein,
Denn der ruhmreiche Rausch der Seele
Belohnt jene, die im Schoß der Natur
Nach ihr suchen. Die Wolke, die den Mond
Beschützt, muß man mit aller Kraft zerreißen,
Um sein Licht zu sehen.
Die Menschen in der Stadt mißbrauchen
Den Wein der Zeit, denn sie halten ihn
Für einen Tempel und trinken ohne Verstand.
Dann geh'n sie dahin und werden alt;
Sie sind bekümmert, wissen aber nicht, weshalb.
Gib mir die Flöte und laß mich singen,
In meiner Seele laß Musik erklingen.
Gottes Lied wird immer bleiben,
Doch alles and're dem Ende zutreiben.

ALTER: Der Glaube der Menschen ist gleich
Deinem Feld, denn er wird mit der Hoffnung bepflanzt
Und von den Frommen gepflügt; auch der Ketzer,
Der das Höllenfeuer fürchtet, sorgt dafür;
Und auch vom Reichen, der ihn nur für einen Handel
Hält und stets Gewinn als irdisches Entgelt verlangt,
Wird es bestellt; doch sind die Herzen solcher Menschen
Trotz ihres Pochens schon verloren, und die Ernte
Ihres Ackerbaus im Geiste ist nur unerwünschtes
   Unkraut.

JUGEND: Auf diesem schönen Gottesfeld gibt es kein
   Bekenntnis,
Keinen Neid und keine Ketzerei;
Denn durch das Lied der Nachtigall wandelt sich
Alles in Schönheit, Freude und Glauben;
Der Geist wird besänftigt, und Friede ist der Lohn.
Gib mir die Flöte, der Gesang eilt davon:
Meine Musik ist Gebet und Liebe mein Ton.

Die Flöte aber klagt und weint,
Denn mit der Stadt ist das Elend vereint.

ALTER: Was ist über irdisches Recht zu sagen,
Welches uns weinen und lachen läßt?
Denn auf den Sünder, der schwach ist und arm,
Wartet der Kerker oder der Tod;
Doch nichts als Ehre und Ruhm steht dem Reichen bevor,
Der sein Verbrechen hinter dem Gold
Und seinem ererbten Ansehn'n verbirgt.

JUGEND: Auf dem Feld der Natur ist alles gerecht;
Es wird keiner bevorzugt und niemand zurückgestellt.
Die Bäume wachsen allesamt auf ihre Art,
Doch wenn der Wind an ihnen zerrt,
Schwingen sich alle. Die Gerechtigkeit auf dem Feld
Gleicht dem Schnee, der alles bedeckt;
Doch wenn die Sonne erscheint, bricht alles
Kraftvoll hervor in Schönheit und Wohlgeruch.
Gib mir die Flöte und laß mich singen,
Denn das Lied Gottes wird überall klingen,
Der Klang der Flöte wird immerdar bleiben,
Während Verbrechen und Menschen dem Ende zutreiben.

ALTER: Die Menschen der Stadt sind im Netz
Des Tyrannen gefangen, der wütet und rast,
Wenn das Alter sich naht. In der Höhle des Löwen
Liegt ein Geruch, um den der Fuchs einen Bogen macht,
Auch wenn sie leer ist. Der Star hat Angst davor,
In unermeßliche Höhen zu schweben, aber der Adler
Ist stolz darauf, selbst wenn er dann stirbt.
Die Kraft des Geistes allein ist die höchste Macht,
Und im Laufe der Zeit wird alles zu Staub,
Was ihr entgegentritt. Die Menschen ohne Glauben
Sollst du nicht verdammen; bemitleide sie aber
In ihrer Schwäche und Bedeutungslosigkeit.

JUGEND: Das Feld kennt weder Schwache noch Starke,
Denn vor der Natur sind alle gleich;
Und alle sind stark. — Wenn der Löwe brüllt,
Sagt das Feld nicht »Er ist ein schreckliches,
Wildes Tier... laßt uns fliehen!«

Der Schatten des Menschen eilt über die Erde
In einer kurzen, sorgenreichen Zeit;
Und er verweilt im weiten Gewölbe des Denkens,
Welches das himmlische Feld darstellt.
Und wie im Herbst das Laub ins Herz der Erde fällt,
Muß alles wiederkommen im Frühling der bunten Jugend,
Prächtig in seiner Wiedergeburt.
Das Blatt des Baums wird zum Leben erweckt,
Nachdem sich des Menschen Belange
Im Nebel aufgelöst haben und vergessen wurden.
Gib mir die Flöte und laß mich singen,
Mein Lied wird die Kraft der Seele dir bringen.
Die himmlische Flöte wird noch lange gehört,
Aber der Mensch und sein Neid werden zerstört.

ALTER: Der Mensch ist schwach aus eig'ner Schuld,
Er formte Gottes Gesetz nach seinem eig'nen
Und sperrte das Leben ein: er kettete sich
Mit eisernen Fesseln an der Gesellschaft Regeln,
So wie es sein Wunsch war. Doch er weigert sich
Standhaft, das große Trauerspiel zu erkennen,
Das er über sich, seine Kinder und Enkel brachte.
Auf dieser Erde stellte der Mensch ein Gefängnis
Des Haders auf, aus dem er nicht entkommen kann;
Das Elend ist deshalb sein selbsterwähltes Los.

JUGEND: In der Natur ist alles lebendig, und alle sind frei.
Der irdische Ruhm des Menschen ist nur ein Traum,
Der wie die Schaumkronen im felsigen Strom vergeht.
Wenn der Mandelbaum seine Blüten unter sich
Auf die kleineren Pflanzen streut, spricht er nicht:
»Wie reich ich doch bin, und wie arm sind diese!«
Gib mir die Flöte und laß mich singen,
In meiner Seele laß Musik erklingen.
Gottes Lied wird immer besteh'n,
Die irdischen Dinge werden vergeh'n.

ALTER: Die Güte der Menschen gleicht einer Muschel,
Die keinerlei Perlen in sich trägt;
Denn sie leben mit zwei Herzen:
Das eine ist sanft, das and're aus Stahl.

Zu oft wird die Güte als Schild mißbraucht,
Und die Großmut als Schwert.

JUGEND: Das Feld hat ein einziges großes Herz:
Die Weide wurzelt an der Eiche
Und fürchtet nicht deren Größe und Stärke.
Das Rad des Pfaus ist prächtig anzuschauen,
Dem Vogel jedoch ist es nicht bewußt,
Ob er schön oder häßlich ist.
Gib mir die Flöte und laß mich singen,
In meiner Seele laß Musik erklingen;
Denn ihr Lied ist immer sanft und gut,
Besiegt die Stärke und die Wut.

ALTER: Die Menschen der Stadt täuschen Können
Und Wissen vor; doch ihre Vorstellungskraft
Erweist sich als falsch, denn
Sie ahmen nur meisterlich nach.
Und stolz verweisen sie auf ihre Rechnung,
Wonach ein Tauschhandel weder Gewinn
Noch Verlust nach sich zieht.
Der Dummkopf sieht sich für einen König an,
Und keine Macht vermag seine Meinung
Und seine Träume zu ändern. Der eingebildete Narr
Hält seinen Spiegel fälschlich für den Himmel
Und seinen Schatten für einen Mond,
Der vom Himmel herableuchtet.

JUGEND: Auf diesem Feld wohnt weder ein Kluger
Noch ein Schöner; denn die Natur braucht
Keine Schönheit und keine Wissenschaft.
Der fließende Strom ist wie süßer Nektar,
Und wenn er breit wird und ruhig,
Spiegelt er die Wahrheit seiner Ufer wider.
Gib mir die Flöte und laß mich singen,
In meiner Seele laß Musik erklingen.
Im Lied der Flöte liegt göttliches Sein,
Mehr als im goldenen Becher voll Wein.

ALTER: Die Liebe, für die der Mensch
Kämpft und stirbt, gleicht einem Strauch,
Der früchtelos bleibt. Nur die heile Liebe,

Gewaltig wie der Seele Trauer, wird sein Herz
Beleben und zum Verstehen bringen.
Wird sie aber mißbraucht, wandelt sie sich
Zum Boten des Elends, zum Vorzeichen der Gefahr
Und zur dunklen Wolke der Finsternis.
Wäre die Menschheit imstande, die Liebe
Treulosen Absichten nahezubringen,
Würde diese sich weigern, dort zu verharren.
Die Liebe ist ein schöner Vogel, der festgehalten
Werden will, doch jedes Unrecht ablehnt.

JUGEND: Das Feld kämpft nicht um den Thron der Liebe,
Denn Liebe und Schönheit wohnen für immer
In Duldsamkeit und Frieden hier.
Wenn Liebe gesät wird, verursacht sie Schmerzen;
Erst wenn die Jugend vorbei ist, verschafft
Diese Qual reiche und trauervolle Erkenntnis.
Gib mir die Flöte und laß mich singen,
In meiner Seele laß Musik erklingen;
Denn der Gesang ist der Arm der Liebe,
Er stieg herab aus göttlicher Wiege.

ALTER: Der Jüngling, der in der Wahrheit
Des himmlischen Lichts die große Liebe
Erfährt, den Hunger und Durst nicht abhalten
Von dieser Liebe, ist Gottes wahres Kind.
Aber immer noch sagen die Menschen:
»Er ist nicht gesund! Hat keinen Gewinn
Von der Liebe, und die Person, die ihm gefällt,
Ist weit entfernt von der Schönheit;
Sein Schmerz und sein Leid sind umsonst!«
O diese Dummköpfe! Ihr Geist war schon tot,
Bevor sie geboren wurden!

JUGEND: Auf diesem Feld hält sich weder ein Wächter
Noch ein Besserwisser auf; und die Natur
Behält kein Geheimnis für sich.
Die Gazelle macht am Abend Freudensprünge,
Der Adler blickt gelassen herab;
Und alles, was auf dem Felde geschieht,
Kann man hören, wissen und sehen.

Gib mir die Flöte und laß mich singen,
In meiner Seele laß Musik erklingen.
Denn Musik ist des Herzens große Wonne,
Des Himmels Freude und Gottes Sonne.

ALTER: Wir vergessen stets die Größe des Eroberers,
Erinnern uns nur seines Wahns und seines Zorns.
Aus dem Herzen Alexanders erwuchs die starke Lust,
Und durch die Seele Kais' wurde die Dummheit besiegt.
Alexanders Triumph war nur eine Niederlage,
Aber die Folterung Kais' ein ruhmreicher Sieg.
Durch den Geist, nicht durch den Körper
Muß sich die Liebe erweisen, denn es ist
Des Lebens und nicht des Todes Zeichen,
Wenn der Wein gekeltert wird.

JUGEND: Die Erinnerung an einen Liebenden
Schwebt über dem Feld, doch die Taten
Eines Tyrannen werden vergessen,
Denn seine Verbrechen sind im Buch der Geschichte
Festgehalten. Doch die Liebe, die alles Leben
Umfaßt, ist ein Altar für ewige Zeiten.
Gib mir die Flöte und laß mich singen,
In meiner Seele laß Musik erklingen.
Vergiß die Grausamkeiten der Macht,
Denn für die Natur bedeutet dies dunkle Nacht;
Die Lilie ist ein Kelch für den Tau am Morgen,
Und nicht für Blut, Arzneien und Sorgen.

ALTER: Der Erde Glück ist ein flüchtiger Geist,
Nach dem sich der Mensch um jeden Preis
— ob Geld oder Zeit — sehnsüchtig verzehrt;
Doch wenn sich dies Trugbild in Wirklichkeit
Wandelt, wird er dessen bald müde.
Der Fluß eilt dahin wie ein schnelles Pferd,
Durchwirbelt die Ebenen und wird zu Dunst.
Der Mensch ist bestrebt, verbotener Dinge
Teilhaft zu werden; doch wenn sie erlangt sind,
Erlischt auch die Sehnsucht danach.
Begegnest du einem Mann, der das Verbotene
Meidet, weil er erkennt, daß es ihn

In den Abgrund stürzt, blickte auf ihn
Mit den Augen der Liebe, denn er bewahrt
Den Gott, der in ihm wohnt.

JUGEND: Auf diesem schönen Feld gibt es kein
Hoffen
Und kein Sorgen, es achtet nicht auf Wünsche
Und stellt auch keine Forderung, denn
Der Allmächtige hat es mit allem versehen.
Gib mir die Flöte und laß mich singen,
In meiner Seele laß Musik erklingen.
Gesang ist Liebe, Hoffen und Sehnen,
Das Klagen der Flöte ist Licht in Tönen.

ALTER: Es liegt das Ziel des Geistes im Herzen
Und kann nach seinem äußeren Bild
Nicht beurteilt werden. Oft heißt es:
»Wenn die Seele Vollendung erreicht hat,
Wird sie vom Leben erlöst, dann wäre sie
Eine Frucht, würde sie durch die Stärke
Des göttlichen Windes vom Baume fallen,
Sobald sie gereift ist.« Und man fügt hinzu:
»Wenn der Körper im Tode verharrt, steigt
Die Seele aus ihm heraus und schwindet
Wie der Schatten auf dem See um die Mittagszeit.
Der Geist aber ist nicht geschaffen, um zu vergehen,
Sondern um zu wachsen und zu blühen.
Denn ebenso wie der Nordwind
Die Blume zur Erde drückt,
Richtet der Südwind sie wieder
In all ihrer Schönheit auf.

JUGEND: Das Feld unterscheidet den Körper
Nicht von der Seele. Das Meer, der Nebel,
Der Tau und der Dunst sind alle eins,
Gleichviel ob der Himmel bedeckt
Oder klar ist.
Gib mir die Flöte und laß mich singen,
In meiner Seele laß Musik erklingen.
Körper und Seele — vereint im Lied —
Zwischen Werden und Sein das Bindeglied.

ALTER: Im Körper wohnt die Ruhe der Seele,
Verweilt dort bis zum Erscheinen des Lichts.
Die Seele jedoch ist ein wachsendes Wesen
Im Leibe des Menschen.
Der Tag des Todes ist der Tag des Erwachens,
Er ist die große Zeit der Geburt
Und die reiche Stunde der Schöpfung.
Die karge Grausamkeit aber begleitet den Menschen
Und dringt in die Fruchtbarkeit seiner Seele ein.
Wie viele Blumen steh'n auf der Wiese
Und können nicht duften! Wie viele Wolken
Gibt es am Himmel, die ohne Regen sind!

JUGEND: Auf diesem guten Feld vertrocknet
Keine Seele, und in unseren Frieden
Dringt niemand ein. Die Saat, welche
Die Zeit ihrer Reife im Herzen trägt,
Ist das Geheimnis der Palme
Seit dem Beginn der Schöpfung.
Gib mir die Flöte und laß mich singen,
In meiner Seele laß Musik erklingen.
Musik ist ein Herz, das sein Wachsen der Liebe verdankt,
Die es dem Frühling gleich zärtlich umrankt.

ALTER: Für den Sohn der Erde bedeutet der Tod
Ein Ende, für die Seele jedoch ist der Tod
Ein Beginn, des Lebens Triumph.
Und wer mit seinem inneren Auge die Morgenröte
Der Wahrheit umfaßt, wird immer voll Leben sein,
So wie der rauschende Bach;
Wer aber das Licht des himmlischen Tages
Verschläft, wird in der ewigen Dunkelheit,
Die ihm so lieb ist, vergehen.
Würde der Mensch sich der Erde zuneigen,
Sobald er erwacht, und die Natur, die Gott so nah ist,
Liebkosen, dann könnte er das Tal des Todes
Gleich einem schmalen Flußbett durchqueren.

JUGEND: Auf diesem guten Felde gibt es keinen Tod,
Es gibt auch keine Gräber, keine Totenfeiern
Und keine Gebete. Sobald der Nisan Abschied nimmt,

Kommt die Lebensfreude auf, denn der Tod
Ist gewichen, doch nicht das Bewußtsein
All dessen, was gut ist. Und wer einige Lenze
Erlebt hat, besitzt das geistige Leben dessen,
Der jeden Frühling sah.
Gib mir die Flöte und laß mich singen,
In meiner Seele laß Musik erklingen;
Denn sie offenbart das Geheimnis des Lebens,
Bringt uns den Frieden des Nehmens und Gebens.

    ALTER: Das Feld besitzt viel, und der Mensch
Hat nur wenig. Er ist der Geist des Schöpfers
Auf Erden; das ganze Feld ist für ihn gemacht.
Doch der Mensch flieht aus freiem Willen
Vor Gottes Liebe und Schönheit,
Die mit dem herrlichen Felde eins sind.

    JUGEND: Gib mir die Flöte und laß mich singen.
Vergiß, was wir sprachen von all den Dingen.
Gespräche sind Staub in der Weite des Äthers,
Sie verlieren sich am weiten Firmament.
Was hast du Gutes getan? Weshalb nimmst du nicht
Dieses Feld als deinen himmlischen Schutz?
Warum verläßt du denn nicht dein Haus
In der lärmenden Stadt, steigst auf die Hügel
Und folgst dem Strom; atmest den Duft der Blumen
Und ergötzt dich an der Sonne?
Weshalb trinkst du nicht den Wein der Morgendämmerung
Aus ihrem großen Kelch der Weisheit
Und greifst nach den süßen Trauben,
Die am Weinstock wie goldene Leuchter hängen?
Weshalb läßt du nicht den unendlichen Himmel
Dein Deckbett sein und die Blumen dein Lager,
Von dem aus du Gottes Land betrachten kannst?
Warum verzichtest du nicht auf die Zukunft
Und schenkst der Vergangenheit keine Beachtung mehr?
Hast du nicht das Bedürfnis, so zu leben,
Wie du geboren wurdest?
Vertreibe dein Elend und laß alle
Irdischen Dinge zurück, denn die Gesellschaft

Bedeutet nichts als Lärm und Angst und Streit;
Sie ist ein Spinnennetz, ein Maulwurfsgang.
Dann wird dich die Natur als ihren Sohn
Willkommen heißen, und alle guten Dinge
Werden für dich da sein.
Das Kind des Feldes ist auch Gottes Kind.
    ALTER: Auf diesem Feld zu wohnen, ist mein Hoffen,
Mein Wunsch und mein Verlangen. Ich bete
Um solch ein Leben in Schönheit und Frieden.
Jedoch der eiserne Wille des Schicksals
Hat mich in den Schoß der Stadt geworfen.
Der Mensch ist einem Schicksal ausgeliefert,
Das sein Denken, Tun und Reden treibt;
Und wenn das nicht genügt, dann lenkt es ihn
An einen Ort, wo er nur wider seinen Willen bleibt.

Die Meerjungfrauen

In den Tiefen der See, nahe der Inseln des Sonnenaufgangs, wo es Perlen im Überfluß gibt, lag der Leichnam eines Jünglings auf dem Meeresboden.

Wasserjungfrauen mit langem goldenen Haar schwammen um ihn herum, betrachteten ihn eingehend mit ihren tiefblauen Augen und unterhielten sich über ihre Entdeckung. Ihr klangvolles Gespräch wurde von den Tiefen aufgenommen und durch die Wogen an das Gestade getragen, wo mir der Wind ihre Worte zutrug.

Eine der Jungfrauen meinte: »Dies ist ein Mensch, der gestern unsere Welt betrat, als die See wütete.«

»Die See war nicht wütend«, sagte die zweite. »Dieser Mann, der beansprucht, ein Abkömmling Gottes zu sein, führte einen grausamen Krieg; und sein Blut wurde vergossen, bis sich das Wasser der See purpurrot färbte. Dieser Mensch ist ein Opfer des Krieges.«

Eine dritte wandte ein: »Ich weiß zwar nicht, was Krieg ist, doch ich weiß, daß der Mensch, nachdem er sich das Festland untertan gemacht hatte, angriffslustig wurde und beschloß, auch die See zu unterwerfen. Er erfand ein sonderbares Gerät, das ihn über das Meer trug. Ob dieser menschlichen Begehrlichkeit erzürnte unser gestrenger Neptun. Um ihn zu beruhigen, begann der Mensch, ihm Geschenke und Opfer darzubringen; und dieser regungslose Körper, der hier vor uns liegt, ist das jüngste Opfer, das vor kurzem erst unserem großen und schreckerregenden Neptun dargebracht wurde.« Und die vierte setzte hinzu: »Wie mächtig Neptun doch ist und wie grausam sein Herz! Wäre ich der Beherrscher der See, würde ich eine solche Gabe nicht annehmen...

Kommt nun, wir wollen uns diesen Tribut näher ansehen, vielleicht können wir durch ihn etwas über das Menschengeschlecht erfahren.«

Die Meerjungfrauen schwammen zu dem Jüngling hin, untersuchten seine Taschen und fanden einen Brief, der über seinem Herzen lag.

Eine von ihnen las ihn den anderen vor:

»Mein Geliebter,

Die Mitternacht ist angebrochen, und ich habe keinerlei Trost außer meinen Tränen und der Hoffnung, daß Du aus den blutigen Klauen des Krieges zu mir zurückkehrst. Ich kann die Worte, die Du mir beim Abschied sagtest, nicht vergessen. Du sprachst: ›Jeder Mensch hat einen gewissen Vorschuß an Tränen, den er eines Tages zurückgeben muß.‹

Ich weiß nicht, was ich sagen soll, Geliebter, denn meine Seele will sich auf dieses Pergament ergießen... meine Seele, die durch die Trennung leidet, aber in jener Liebe Trost findet, die den Schmerz in Freude wandelt und die Trauer in Glück. Als die Liebe unsere Herzen verband und wir dem Tag entgegenblickten, an dem sie von Gottes mächtigem Atem erfaßt werden würden, mußtest Du dem grauenhaften Ruf des Krieges folgen, da Dich Deine Pflicht den Anführern gegenüber dazu zwang.

Was ist das für eine Pflicht, die Liebende trennt, aus Ehefrauen Witwen und aus Kindern Waisen macht? Was ist das für eine Vaterlandsliebe, die Kriege verursacht und wegen Nichtigkeiten Königreiche zerstört? Welche Sache könnte bedeutender sein als ein einziges Leben? Was soll eine Pflicht, die armen Dorfbewohnern befiehlt, für den Ruhm ihrer Herrscher zu sterben; Dorfbewohnern, die von den Machthabern und Adelsgeschlechtern ohnehin gering geachtet werden? Wenn die Pflicht den Frieden unter den Völkern zerstört und die Vaterlandsliebe das menschliche Geschlecht um seine Ruhe bringt, dann laß uns sagen: ›Friede sei mit der Pflicht und der Vaterlandsliebe!‹

Nein, mein Geliebter! Schenke meinen Worten keine Beachtung! Sei tapfer und bleibe Deinem Lande treu... Höre nicht auf das Geschwätz eines jungen Mädchens, das vor Liebe blind geworden und durch die Einsamkeit außer sich geraten ist... Sollte die Liebe Dich in diesem Leben mir nicht mehr zurückgeben, dann wird sie uns im zukünftigen wieder vereinen.

Für immer die Deine.«

Die Meerjungfrauen legten den Brief wieder unter das Hemd des Jünglings und schwammen still und traurig davon. Als sie sich in einiger Entfernung wieder trafen, sagte eine von ihnen: »Das menschliche Herz ist noch grausamer als das des Neptun!«

Das ehrgeizige Veilchen

Ein hübsches, wohlriechendes Veilchen lebte einst friedlich unter seinen Freunden und wiegte sich glücklich inmitten anderer Blumen in einem einsam gelegenen Garten. Eines Morgens, als noch die Tautropfen auf ihm lagen, hob es sein Haupt und sah um sich. Es erblickte eine stattliche, schöne Rose, die stolz dastand und weit in den Himmel hineinreichte wie eine brennende Flamme in einer smaragdfarbenen Lampe.

Das Veilchen öffnete seine blauen Lippen und sprach: »Wie unglücklich bin ich doch unter diesen Blumen und welch niedrige Stellung nehme ich in ihrer Gesellschaft ein! Die Natur hat mich klein und armselig geschaffen... Ich wohne ganz nah an der Erde und kann mein Haupt nicht in den blauen Himmel recken und mein Gesicht der Sonne zuwenden, so wie es die Rosen tun.«

Die Rose vernahm die Worte ihrer Nachbarin und lachte: »Was redest du da! Du bist vom Glück begünstigt, aber du begreifst es nicht. Die Natur hat dir Duft und Schönheit verliehen, was sie nicht jedem gewährt... Tu diese Gedanken ab und sei zufrieden! Bedenke, daß derjenige, der sich selbst erniedrigt, erhöht wird, doch der, der sich selbst erhöht, wird erniedrigt.«

Das Veilchen antwortete: »Du versuchst mich zu trösten, da du das besitzt, was ich begehre... Du kränkst mich schon durch die Tatsache, daß du groß bist... Wie leidet das Herz eines Unglücklichen unter der Belehrung eines Glücklichen! Und wie streng ist doch der Starke, wenn er als Ratgeber vor dem Schwachen steht!«

Als die Natur die Unterhaltung zwischen den beiden Blumen hörte, kam sie herbei und sprach zum Veilchen: »Was ist denn mit dir geschehen, mein Kind? In all deinen Worten und Taten bist du bisher bescheiden und sanftmütig gewesen. Hat dich der Neid erfaßt und deine Sinne verwirrt?« Das Veilchen antwortete mit flehender Stimme: »O große und gnädige Mutter, die du voll Liebe und Wohlwollen bist, ich bitte dich von ganzem Herzen, meinen Wunsch zu erhören: Laß mich für einen Tag eine Rose sein.«

Da antwortete die Natur: »Du weißt nicht, was du verlangst, und bist dir des Unheils nicht bewußt, das sich hinter deinem blinden Ehrgeiz verbirgt. Wenn du eine Rose würdest, könnte es dir leid tun, doch die Reue würde dir nichts mehr nützen.« Das Veilchen aber beharrte auf seinem Wunsch und bat: »Verwandle mich in eine große Rose, damit ich voll Stolz mein Haupt erheben kann. Was auch geschehen mag, ich will damit einverstanden sein.« Nun gab die Natur nach und sagte: »O du dummes, eigensinniges Veilchen! Ich werde deiner Bitte entsprechen, doch wenn du Schaden davonträgst, mußt du dich bei dir selbst beschweren.« Die Natur streckte ihre Zauberhand aus und berührte die Wurzeln des Veilchens, das sich sogleich in eine hochgewachsene Rose verwandelte, die alle anderen Blumen im Garten überragte.

Am Abend verdunkelte sich der Himmel mit schwarzen Wolken, und die wütenden Elemente störten mit Donnergrollen die Ruhe des Gartens, überschütteten ihn mit Regengüssen und ließen Sturmböen über ihn hinwegbrausen. Der Orkan brach die Äste der Bäume ab, entwurzelte die Pflanzen und knickte die Stengel der großen Blumen. Nur die kleinen Gewächse, die nahe der freundlich gesinnten Erde wohnten, verschonte er. Jenem einsam gelegenen Garten wurde durch das Rasen des Himmels großer Schaden zugefügt, und als der Sturm sich wieder legte und der Himmel heller wurde, lagen alle Blumen zerschlagen am Boden. Keine von ihnen war dem Zugriff der Naturgewalten entkommen außer einer Gruppe von kleinen Veilchen, die sich an der Gartenmauer versteckt hatten.

Eines der Veilchen hob den Kopf und betrachtete das Unheil, das den Blumen und Bäumen geschehen war. Dann lächelte es und sprach zu seinen Gefährten: »Seht nur, was der Sturm mit den überheblichen Blumen angerichtet hat!« Ein anderes meinte: »Wir sind zwar klein und leben nah an der Erde, doch vor dem Zorn des Himmels sind wir sicher.« Und ein drittes fügte hinzu: »Der Sturm kann uns nichts anhaben, weil wir nicht groß sind.«

In diesem Augenblick erblickte die Königin der Veilchen jene verwandelte Artgenossin neben sich, welche der Orkan abgebrochen und wie einen müden Soldaten auf einem Schlachtfeld in das nasse Gras geworfen hatte. Und die Königin sprach zu ihrem Volk: »Seht her, meine Kinder, und denkt darüber nach, was der Neid diesem Veilchen, das nur eine Stunde lang eine stolze Rose war, angetan hat. Laßt die Erinnerung an diesen Anblick eine Mahnung für die Zukunft sein!«

Die sterbende Rose bewegte sich schwach, nahm ihre letzten Kräfte zusammen und sprach ganz ruhig: »Ihr seid zufriedene und bescheidene Dummköpfe. Ich hatte niemals Angst vor dem Sturm. Gestern war ich noch mit dem Leben zufrieden, doch diese Zufriedenheit stand wie eine Mauer zwischen meinem Sein und dem anstürmenden Leben und überließ mich einem krankhaften, schwerfälligen Frieden und der Trägheit des Geistes. Ich hätte das Leben, das ihr hier führt, indem ihr euch zur Erde beugt, ebenfalls haben können... Ich hätte auf den Winter gewartet, damit er mich mit Schnee zudeckt und dem Tod überläßt, der mit Sicherheit auch die Veilchen holt... Aber ich bin jetzt glücklich, denn ich habe das Geheimnis des Alls außerhalb meiner kleinen Welt erforscht... solches habt ihr noch nicht getan. Ich hätte den Neid, dessen Wesensart gehobener ist als die meine, wohl überwinden können, doch als ich der Stille der Nacht lauschte, hörte ich, wie die himmlische Welt zur irdischen sagte: ›Das Streben nach dem Jenseits des Lebens ist das wesentliche Ziel unseres Seins.‹ In diesem Augenblick erhob sich mein Geist, und mein Herz sehnte sich nach einer Stellung, die höher war als mein begrenztes Dasein. Ich merkte, daß in der Tiefe das Lied der Sterne nicht zu vernehmen ist, und von da an begann ich, gegen meine Niedrigkeit zu kämpfen und mich nach dem zu sehnen, was mir nicht zusteht, bis sich meine Auflehnung in eine gewaltige Kraft und mein Verlangen in einen schöpferischen Willen wandelte. Die Natur, die der erhabene Gegenstand unserer tieferen Träume ist, erfüllte meinen Wunsch und machte mit ihrer Zauberhand eine Rose aus mir.«

Sie verstummte für kurze Zeit und fuhr dann mit schwacher Stimme, in der jedoch Stolz und Befriedigung lagen, fort: »Eine Stunde lang lebte ich als stolze Rose, und für kurze Zeit glich ich einer Königin. Ich habe das All durch die Augen der Rose betrachtet, ich vernahm das Flüstern des Firmaments durch ihre Ohren und berührte den Saum des Lichts mit ihren Blütenblättern. Gibt es hier jemanden, der solche Ehre für sich in Anspruch nehmen könnte?« Nach diesen Worte neigte die Rose ihr Haupt und hauchte: »Nun werde ich sterben, denn meine Seele hat ihr Ziel erreicht. Ich habe endlich mein Wissen erweitert und kenne die Welt jenseits der engen Höhle, in der ich geboren wurde. Dies ist der Sinn des Lebens... Dies ist das Geheimnis des Seins.« Ein Zittern ging durch sie hindurch, langsam schlossen sich ihre Blütenblätter, und sie tat ihren letzten Atemzug mit einem himmlischen Lächeln auf den Lippen. Es war ein Lächeln, das von der Erfüllung einer Hoffnung und dem Erreichen eines Lebenszieles sprach... ein Lächeln des Sieges... ein göttliches Lächeln.

Die bezaubernde Huri*

Wo führst du mich hin, bezaubernde Huri?
Wie lange soll ich dir noch
Auf dieser dornenreichen Straße folgen?
Wie lange sollen uns're Seelen
An diesem gewundenen, steinigen Pfad
Auf- und niedersteigen?

Wie ein Kind seiner Mutter nacheilt,
So folge ich dir.
Ich halte dich fest am Saum deines Kleides,
Vergess' meine Träume und sehe nur deine Schönheit.
Von deinem Zauber sind meine Augen geblendet,
Phantastische Bilder umgaukeln mich,
Und eine innere Kraft, die ich nicht abwehren kann,
Zieht mich zu dir hin.

Halte kurz inne und laß mich dein Antlitz seh'n;
Blicke auch du einmal auf mich!
Vielleicht entdecke ich deines Herzens Geheimnis
In deinen seltsamen Augen.
Halt ein, ich bin müde,
Und meine Seele zittert vor Angst
Auf diesem schrecklichen Weg.
Halt inne, wir sind an der Wegkreuzung angelangt,
An welcher der Tod das Leben umarmt.

O Huri, erhöre mich! Ich war frei wie ein Vogel,
Durchstreifte die Täler und Wälder
Und schwebte am endlos weiten Himmel dahin.
Am Abend ruhte ich mich auf den Bäumen aus
Und blickte auf die Paläste und Tempel der Wolkenstadt,
Welche die Sonne am Morgen in herrlichen Farben erbaut
Und im Zwielicht des Abends zerstört.

---

* Die Huri ist nach dem Koran eine Paradiesjungfrau. Anm. d. Übs.

Ich war dem Gedanken gleich, als ich allein und in Frieden
Das Universum von Osten nach Westen durchlief.
Ich versuchte, mich an der Schönheit des Lebens zu freuen
Und ins Geheimnis des Seins einzudringen.

Ich glich einem Traum, der sich davonschleicht
Unter den freundlichen Schwingen der Nacht,
Und durch geschlossene Fenster in Mädchenkammern dringt,
Um voll Ausgelassenheit Hoffnungen zu erwecken...
Dann begab ich mich zu den Jünglingen
Und stachelte deren Sehnsüchte an;
Schließlich kam ich dorthin, wo die Älteren wohnen,
Und gab ihrem Denken heitere Zufriedenheit.

Doch dann geriet ich in deinen Bann;
Seit diesem Augenblick fühle ich mich
Wie ein Gefangener, der seine Ketten schleppt
Und an einen ihm unbekannten Ort getrieben wird...
Von deinem süßen Wein ward ich berauscht,
Er nahm mir den Willen, und nun
Küßt mein Mund jene Hand, die mich schlägt.
Vermagst du mit dem Auge deiner Seele
In mein gequältes Herz zu sehen?
Halt ein nur einen Augenblick!
Zurückgewinnen will ich meine Stärke,
Will meinen Fuß von schweren Ketten befreien.
Den Kelch, aus dem ich dein köstliches Gift trank,
Hab' ich in Stücke geschlagen...
Nun aber bin ich in einem mir fremden Land
Und sehr verwirrt; welchem Weg soll ich folgen?

Nun habe ich meine Freiheit wiedererlangt;
Wirst du mich jetzt als einen Gefährten annehmen,
Der ohne Schmerz in die Sonne blickt
Und ohne Zittern die Hand ins Feuer legt?

Meine Schwingen sind frei, ich bin bereit
Emporzusteigen. Möchtest du einen Jüngling begleiten,
Der seine Tage damit verbringt,
Wie ein einsamer Adler im Gebirge umherzustreifen,
Und in den Nächten als rastloser Löwe
Die Wüste durchwandert?
Wirst du die Freundschaft dessen entgegennehmen,
Der die Liebe als einen Gastgeber ansieht
Und auch gewillt ist,
Sie als Lehrmeister zu betrachten?

Wirst du ein Herz willkommen heißen,
Das liebt, sich aber nie ergibt;
Das lodert, aber niemals schmilzt?
Wird diese Seele auch nach deinem Wunsche sein,
Da sie im Sturm erzittert,
Doch nie von ihm gebrochen wird?
Willst du mich als Begleiter haben,
Der niemanden versklavt und selbst kein Sklave werden will?
Willst du mich haben, ohne daß du mich besitzest,
Indem du meinen Körper nimmst, doch nicht mein Herz?

Ich reiche dir die Hand, ergreife sie!
Nimm meinen Körper und umfasse ihn mit deinen Armen,
Berühre meine Lippen mit den deinen
Und küsse sie mit tiefer Leidenschaft.

Der Totengräber

In der schreckenerregenden Stille der Nacht, als alle Lichter des Himmels hinter dem dichten, dunklen Gewölk verschwunden waren, wanderte ich einsam und ängstlich durch das Tal der Toten. Gegen Mitternacht, während die Gespenster mit ihren gräßlichen knöchernen Schwingen über mich hinweghuschten, sah ich plötzlich einen riesigen Geist vor mir stehen, der mich durch sein unheimliches Aussehen in Bann schlug. Mit donnernder Stimme rief er: »Deine Angst ist eine zweifache, denn du fürchtest, vor mir Furcht zu haben! Du kannst das nicht verhehlen, denn du bist schwächer als der dünne Faden einer Spinne. Wie ist dein Name auf Erden?«

Ich lehnte mich gegen einen großen Felsen und versuchte, mich von diesem Schock zu erholen; dann antwortete ich mit zitternder Stimme: »Mein Name ist Abdallah, das bedeutet ›Sklave Gottes‹.« Einen Augenblick lang hielt der Geist still, doch es war eine angsterregende Stille. Allmählich gewöhnte ich mich an seine Gegenwart, doch alsbald wurde ich erneut erschreckt von seinen schauerlichen Gedanken und absonderlichen Feststellungen. »Gott hat eine große Anzahl von Sklaven«, polterte er, »und seine Klagen über sie sind gewaltig. Weshalb nannte dein Vater dich nicht ›Herr der Dämonen‹? Dadurch hätte er dem großen Unheil auf Erden noch ein weiteres beigefügt. Du haftest voll Angst an den geringen Gaben deiner Vorfahren, und dein Unglück ist im Vermächtnis deiner Eltern begründet; du wirst ein Sklave des Todes bleiben, bis du selbst tot bist.

Was du tust, ist nutzlos, und dein Leben ist ohne Inhalt. Niemals hat dich das wahre Sein aufgesucht und wird es auch nicht tun. Dein trügerisches Selbst wird es nicht wahrnehmen, daß du ein lebendiger Toter bist. Deine von der Einbildung getrübten Augen sehen nur, wie die Menschen vor dem Brausen des Lebens erzittern, und du hältst sie deshalb für Lebende, obgleich sie von Geburt an tot sind. Da es niemanden gab, der sie beerdigt hätte, wäre es das beste, du würdest Totengräber werden. Dann kannst du die wenigen wirklich Lebenden aus den Leichenhaufen retten, die in den Häusern, auf den Straßen und in den Kirchen liegen.«

»Einer solchen Berufung kann ich nicht Folge leisten«, protestierte ich. »Meine Frau und meine Kinder bedürfen meiner Unterstützung und Begleitung.«

Er lehnte sich gegen mich und zeigte mir seine Muskeln, die mir wie die Wurzeln einer starken, vor Lebenskraft strotzenden Eiche vorkamen; dann schrie er: »Drücke jedem einen Spaten in die Hand und zeige ihm, wie man ein Grab schaufelt! Dein Leben ist nichts als schwarzes Elend, das sich hinter weißgetünchten Mauern verbirgt. Kommt mit uns, wir Geister sind die einzigen, die im Besitz der Wahrheit sind! Das Ausschaufeln von Gräbern hat einen geringen, doch positiven Nutzen, denn es bewirkt, daß die toten Geschöpfe verschwinden, die im Sturme zittern, aber niemals mit ihm gehen.« Nach kurzem Nachdenken fragte er: »Welcher Religion gehörst du an?«

»Ich glaube an Gott und verehre seine Propheten«, bekannte ich mutig. »Ich liebe die Tugend und hoffe auf ein Leben in der Ewigkeit.«

Mit bemerkenswerter Klugheit und voll Überzeugung meinte er: »Diese leeren Worte wurden den Menschen von der Vergangenheit auf die Lippen gelegt und nicht von der Erfahrung, denn tatsächlich glaubst du nur an dich selbst. Du verehrst niemanden außer dir und vertraust nur der Unvergänglichkeit deiner eigenen Sehnsucht. Seit dem Anbeginn der Zeit hat der Mensch nur sein eigenes Ich verehrt. Er gab ihm auch angemessene Namen, bis heute, da er das Wort ›Gott‹ gebraucht, aber das gleiche Ich meint.« Daraufhin lachte der Riese so laut, daß seine Stimme in den Höhlen widerhallte, dann spottete er: »Wie seltsam sind doch diejenigen, die sich selbst verehren, denn ihr wahres Leben ist nichts anderes als ein irdischer Leichnam.«

Als er endlich innehielt, dachte ich über seine Worte und deren Bedeutung nach. Er besaß ein Wissen, das fremdartiger war als das Leben, schrecklicher als der Tod und tiefer als die Wahrheit. Angsterfüllt wagte ich ihn zu fragen: »Hast du eine Religion oder einen Gott?«

»Man nennt mich den besessenen Gott«, erwiderte er. »Ich lebe seit eh und je und bin mein eigener Gott. Ich bin nicht weise, denn Weisheit ist eine Eigenschaft der Schwachen. Aber ich bin stark, und die Erde bewegt sich unter meinen Schritten;

wenn ich anhalte, bleiben auch die Sterne stehen. Ich verhöhne die Menschen... ich begleite die Giganten der Nacht... ich geselle mich den großen Königen der Geister zu... ich bin im Besitz aller Geheimnisse des Seins und des Nicht-Seins.

Am Morgen schmähe ich die Sonne... gegen Mittag verfluche ich die Menschheit... am Abend verwünsche ich die Natur... und nachts kniee ich nieder und bete mich an. Ich ernähre mich vom Fleisch der Menschen und lösche mit ihrem Blut meinen Durst; ich raube ihren letzten Hauch für meinen Atem. Obgleich du es nicht glauben wirst, du bist mein Bruder und lebst genauso wie ich. Fort mit dir, du Heuchler! Krieche wieder in die Erde zurück und verehre dich weiterhin selbst unter lebendigen Toten!«

Völlig verwirrt wankte ich aus dem felsigen Höhlental. Ich konnte kaum glauben, was meine Ohren gehört und meine Augen gesehen hatten. Seine Behauptungen quälten mich, und so wanderte ich die ganze Nacht hindurch mit schwermütigen Gedanken über die Felder.

Ich verschaffte mir einen Spaten und sprach zu mir: »Hebe tiefe Gräber aus... Geh, und wo immer du einen der lebendigen Toten findest, begrabe ihn.« Seit dieser Zeit hebe ich Gräber aus und beerdige lebendige Tote. Es sind ihrer sehr viele, und ich bin allein und habe keinen Helfer...

Die Schönheit des Todes

M.E.H. gewidmet

Erster Teil: Der Ruf

Laßt mich schlafen, die Seele ist von der Liebe berauscht;
Laßt mich ruhen, mein Geist hat die Gaben von Tag und Nacht
   genossen.
Zündet die Kerzen an und verbrennt Weihrauch an meinem
   Bett!
Streut Blüten von Jasmin und Rosen über mich!
Salbt mein Haar und sprüht auf meine Füße wohlriechende
   Essenzen!
Lest, was die Hand des Todes auf meine Stirn geschrieben hat!

Laßt mich in des Schlummers Armen liegen, denn meine Augen
   sind müde;
Laßt die silbernen Saiten der Lyra ertönen, sie bringen Ruhe
   über den Geist.
Aus Harfen- und Lautenklängen webt einen Schleier um mein
   Herz!
Singt von vergangenen Tagen, als ihr das Keimen der Hoffnung
   in meinen Augen bemerktet,
Denn diese Zauberkraft gleicht einem weichen Lager, auf dem
   das Herz zur Ruhe kommt.

Trocknet eure Tränen, Freunde, hebt euer Haupt wie die
   Blumen empor,
Wenn sie den Morgen willkommen heißen.
Seht auf die Braut des Todes, die wie eine Säule aus Licht
An meinem Bett und vor der Ewigkeit steht.
Haltet den Atem an und lauscht mit mir dem Flattern ihrer
   Schwingen.

Kommt nahe heran und sagt mir Lebewohl; küßt meine Augen
   mit lächelnden Lippen;
Laßt die Kinder mit ihren zarten Fingern nach meinen Händen
   greifen

Und laßt die Alten mit zitternder Hand mich segnen.
Laßt die Jungfrauen kommen, damit sie den Schatten Gottes in
  meinen Augen sehen
Und seines Willens Widerhall durch meinen Atem vernehmen.

Zweiter Teil: Das Hinansteigen

Ich habe den Gipfel des Berges überschritten und meine Seele
  schwebt
In des Himmels unbegrenzter Freiheit.
Ich bin schon weit entfernt, meine Freunde;
Die Wolken verbergen die Hügel vor meinen Augen,
Und die Täler werden von einem Meer der Stille überflutet.
Die Hände des Vergessens umfassen Straßen und Häuser,
Ebenen und Felder verschwinden hinter einem weißen Schleier,
Der Frühlingswolke ähnlich; gelb wie das Kerzenlicht
Und rot wie die Abenddämmerung.

Die Lieder der Wellen und der Flüsse Gesang
Sind vergangen, der Lärm der Menge hat sich in Stille gewandelt.
Ich höre nur noch die Klänge der Ewigkeit,
Die mit den Wünschen des Geistes im Einklang steh'n.
Ich bin in weißes Licht gehüllt;
Ich bin getröstet; ich bin im Frieden.

Dritter Teil: Das Verbleibende

Nehmt mich aus diesem weißen Leinenhemd, bekleidet mich
Mit den Blättern von Lilien und Jasmin.
Hebt meinen Körper aus diesem Sarg von Elfenbein und laßt ihn
  ruhen
Auf Kissen von Orangenblüten.
Stimmt keine Klagelieder an, singt von der Jugend und der
  Freude;
Beweint mich nicht und unterdrückt die Seufzer, doch zeichnet
  mit eurem Finger
Das Sinnbild von Liebe und Freude auf mein Gesicht.
Stört nicht mit euren Totengesängen die Ruhe der Lüfte,
Doch eure Herzen mögen mit mir das Lied des Ewigen Lebens
  anstimmen.

Tragt wegen mir keine schwarzen Gewänder,
Sondern kleidet euch bunt und freut euch mit mir.
Sprecht nicht mit seufzendem Herzen von meinem Scheiden,
Ihr werdet mich sehen immerdar.

Legt mich sacht auf ein Lager von Blättern
Und tragt mich auf euren Schultern
Langsam in den tiefen Wald.
Bringt mich nicht auf einen überfüllten Friedhof; dort finde ich
    keinen Schlaf,
Denn das Klappern der Gebeine stört mich.
Tragt mich in den Zypressenhain und begrabt mich dort,
Wo Veilchen und Mohnblumen wachsen, ohne sich zu
    behindern.
Hebt ein tiefes Grab aus, damit die Flut
Mein Gebein nicht in das Tal hinausspült.
Macht mir ein breites Grab, auf daß die Schatten der
    Dämmerung kommen und bei mir verweilen.

Nehmt alles Nichtige mir ab und senkt mich tief hinein
In meine Mutter, die Erde; legt mich sanft an ihre Brust
Und deckt mich mit leichten Schollen zu;
Gebt jeder Handvoll Erde die Samen von Lilien, Jasmin und
    Myrthen bei,
Damit sie keimen und wachsen aus mir heraus
Und den Duft meines Herzens ins All verströmen.
Sie tun dann auch der Sonne das Geheimnis meines Friedens
    kund
Und geh'n mit dem Wind auf die Reise.

Nehmt Abschied von mir, meine Freunde, verlaßt mich mit
    ruhigem Schritt,
So wie die Stille selbst im einsamen Tale wandelt.
Überlaßt mich nun Gott und entfernt euch sacht, so wie sich
Mandel- und Apfelblüten im Winde des Nisan verstreuen.

Kehrt heim in das Wohlbehagen eurer Häuser; dort werdet ihr
    finden,
Was der Tod weder von euch noch von mir nehmen kann.
Verlaßt diesen Ort, denn was ihr hier seht, ist weit entfernt
Vom Sinn der irdischen Welt. Verlaßt mich!

Neuntes
Buch

Gestern und heute

Der Mann, der sehr viel Gold besaß, ging im Park seines Palastes spazieren. Aber seine Sorgen folgten ihm, und seine Ängste schwebten über seinem Haupt wie die Geier über einem Kadaver.

Er gelangte an einen schönen See, an dem viele prächtige Marmorstatuen aufgestellt waren. Dort ließ er sich nieder und betrachtete die Wassergüsse, die aus den Mündern der Steinfiguren sprudelten wie die Gedanken aus der Phantasie eines Liebenden. Schwermütig blickte er auf seinen Palast, der mitten auf einem Hügel stand. In seiner Vorstellung lag das Trauerspiel seines Lebens wie ein Buch vor ihm; und er las es unter Tränen, die seinen Blick verschleierten und ihn von der Betrachtung dessen abhielten, was der Mensch in schwacher Weise der Natur hinzugefügt hatte. Von Reue erfüllt sah er die Bilder seines früheren Lebens, die ihm die Götter vor Augen hielten, und als er seine Gefühle nicht mehr länger zurückhalten konnte, rief er laut: »Gestern noch weidete ich meine Schafe in einem grünen Tal. Ich freute mich des Lebens, spielte auf meiner Flöte und trug mein Haupt hoch aufgerichtet. Heute bin ich ein Gefangener des Neides, denn Gold zieht Gold nach sich, sodann Ruhelosigkeit und schließlich verheerendes Elend.

Gestern noch war ich wie ein Singvogel, der frei über den Feldern schwebt; heute bin ich ein Sklave des wankelmütigen Wohlstands, gesellschaftlicher Regeln, städtischer Sitten und käuflicher Freunde. Und um den Menschen zu gefallen, halte ich mich an ihre seltsamen, einengenden Gesetze. Obwohl ich geboren bin, um frei zu sein und die Gaben des Lebens zu genießen, ähne ich einem schwer mit Gold beladenen Tier, dem unter seiner Last das Rückgrat bricht.

Wo sind die weiten Ebenen, die rauschenden Bäche, der frische Wind und die Verbundenheit mit der Natur? Wo ist meine Göttlichkeit geblieben? All das habe ich verloren! Mir bleibt nichts außer der Einsamkeit, die mich in Trauer versetzt, und dem Gold, das meiner spottet. Ich habe Sklaven, die mich verfluchen, und einen Palast, der zum Grabe meines Glücks geworden ist, und in dessen Weite mein Herz verlorenging.

Gestern noch streifte ich mit der Tochter des Beduinen durch die Wiesen und über die Hügel. Wir waren selig in unserer Liebe, die Tugend war unser Begleiter, und der Mond wachte über uns. Heute lebe ich unter Frauen von oberflächlicher Schönheit, die sich für Gold und Edelsteine verkaufen.

Gestern war ich ohne Sorgen und teilte mit den Schäfern alle Freuden des Lebens. Wir aßen, arbeiteten, sangen und tanzten gemeinsam nach der wahren Musik des Herzens. Heute bewege ich mich unter den Menschen wie ein erschrockenes Lamm inmitten von Wölfen. Wenn ich auf die Straße gehe, starren mich die Leute voll Verachtung und Argwohn an und deuten haßerfüllt auf mich; und wenn ich mich dann davonstehle, sehe ich lauter Grimassen um mich herum.

Gestern war ich reich in meinem Glück, heute bin ich arm in all meinem Gold.

Gestern war ich ein glücklicher Schäfer und schaute auf meine Herde wie ein König auf seine zufriedenen Untertanen. Heute stehe ich als Sklave vor meinem Reichtum, jenem Reichtum, der mir die Schönheit des Lebens, die ich einst kannte, geraubt hat.

Vergib mir, gerechter Richter! Ich wußte nicht, daß der Reichtum mein Leben in Stücke reißen und mich in das Gefängnis der Rücksichtslosigkeit und Dummheit führen würde. Was ich als Ehre betrachtete, ist nichts anderes als Verdammnis in Ewigkeit.«

Müde erhob er sich und ging auf seinen Palast zu, und seufzend fragte er: »Was ist es, das die Menschen Wohlstand nennen? Ist es der Gott, dem ich diene und opfere? Ist es das, was ich auf Erden suche? Warum kann ich dafür nicht ein Stückchen Zufriedenheit eintauschen? Würde mir jemand für eine Tonne Gold einen einzigen schönen Gedanken verkaufen? Würde mir jemand für eine Handvoll Edelsteine einen Augenblick lang Liebe geben? Wer würde mir für all meine Schätze nur einen einzigen Blick in sein Herz gewähren?« Als er am Tor des Palastes angelangt war, wandte er sich um und blickte auf die Stadt hinab wie Jeremias auf Jerusalem. Er hob die Arme empor und rief klagend: ›O ihr Menschen in der lärmenden Stadt, die ihr Lügen nachbetet und Unsinn sprecht!… Wie lange noch wollt ihr in Unwissenheit verharren? Wie lange werdet ihr im Sumpf des Lebens steckenbleiben und aus seinen Gärten Wüsten machen? Weshalb tragt ihr Lumpen, wenn doch die Natur ein seidenes Kleid für euch angefertigt hat? Die Lampe der Weisheit verlischt, und es wird Zeit, Öl nachzugießen. Das Haus des wahren Glücks wird zerstört; es ist an der Zeit, es wieder aufzubauen und zu bewahren. Die Diebe im Dienst der Unwissenheit haben euch den Schatz eures Friedens gestohlen; es ist Zeit, ihn zurückzugewinnen!«

In diesem Augenblick trat ein Bettler vor ihn hin und streckte die Hand nach einem Almosen aus. Als der Reiche den armen Mann sah, öffnete ein Lächeln seine Lippen, seine Augen glänzten mild und sein Antlitz strahlte vor Güte. Es schien, als wäre das Gestern, über dessen Verlust er am See geklagt hatte, zurückgekommen, um ihn zu grüßen. Liebevoll umarmte er den Armen, füllte seine Hände mit Gold und sprach in aufrichtiger Zuneigung: »Komm morgen wieder und bringe deine Leidensgenossen mit. Ihr sollt all eure Besitztümer wiedererhalten.«

Er betrat seinen Palast und sagte: »Alles im Leben ist gut, sogar der Reichtum; er lehrt uns, daß das Geld einem Saiteninstrument gleicht. Wer nicht darauf zu spielen vermag, wird nur Mißtöne hervorbringen. Aber es ist auch wie die Liebe, denn es tötet den, der sich ihm widersetzt, langsam und qualvoll; demjenigen aber, der es seinen Mitmenschen weiterreicht, flößt es neues Leben ein.«

Vor dem Thron der Schönheit

An einem schönen Tag floh ich vor dem häßlichen Anblick der Menschenmenge und dem verwirrenden Lärm der Stadt. Ich lenkte meine müden Schritte in ein weites Tal und folgte dem einladenden Lauf eines Bächleins und dem Gesang der Vögel, bis ich an eine einsame Stelle gelangte, an der die Äste der Bäume die Sonne davon abhielten, mit ihren Strahlen die Erde zu berühren. Da stand ich und ließ meine Seele dahinfließen, jene dürstende Seele, die bisher nur die Täuschungen des Lebens gesehen hatte, aber nichts von seiner wahren Lieblichkeit.

Ich war in meine Gedanken vertieft, und mein Geist weilte in höheren Sphären, als plötzlich eine Paradiesjungfrau vor mir erschien, die nur mit einigen Weinblättern bekleidet war und einen Kranz von Mohnblumen in ihrem goldenen Haar trug. Als sie mein Erstaunen bemerkte, grüßte sie mich und sagte: »Hab keine Angst vor mir; ich bin die Nymphe des Dschungels.«

»Wie kann ein so schönes Wesen wie du an solch einem Ort leben? Sage mir bitte, wer du bist und woher du kommst«, bat ich. Anmutig ließ sie sich im Grase nieder und antwortete: »Ich bin die Verkörperung der Natur. Ich bin die göttliche Jungfrau, die schon deine Väter verehrten und für die sie die Altäre und Tempel von Balbeek und Djabeil errichteten.« »Aber diese Tempel und Altäre wurden zerstört, und die Gebeine meiner ehrenwerten Vorfahren sind zu Erde geworden«, wagte ich zu sagen. »Es blieb nichts übrig, das an ihre Göttin erinnert, außer einigen vergessenen Seiten im Buch der Geschichte.«

Sie entgegnete: »Einige Göttinnen leben solange wie die, welche sie verehren, und sie sterben, wenn diese sterben; andere dagegen haben ein ewiges Leben. Mein Leben wird von der Welt der Schönheit getragen, die du sehen wirst, wo immer du dein Auge hinwendest, denn die Natur selbst ist diese Schönheit. Mit ihr beginnt die Freude des Schäfers an den Hügeln, das Glück des Bauern auf den Feldern sowie die Festlichkeiten alteingesessener Stämme, die zwischen dem Gebirge und dem flachen Land leben. Diese Schönheit erhebt den Weisen auf den Thron der Wahrheit.«

Daraufhin sagte ich: »Die Schönheit ist eine schreckliche Macht!«

»Menschliche Wesen fürchten alles«, gab sie zurück, »sogar sich selbst. Ihr fürchtet den Himmel, die Quelle des geistigen Friedens; ihr fürchtet die Natur, den Hafen der Ruhe und der Stille; ihr fürchtet sogar den Gott der Güte und bezichtigt ihn des Zorns, obwohl er voll Liebe und Barmherzigkeit ist.«

Nach einer langen Stille, in die sich süße Träume einschlichen, bat ich sie: »Sprich zu mir von jener Schönheit, welche die Menschen nach ihren eigenen Vorstellungen zu deuten versuchen. Ich habe gesehen, auf welch mannigfaltige Weise sie verehrt wird.«

»Schönheit ist das, was die Aufmerksamkeit deiner Seele auf sich zieht«, antwortete sie, »und das, was mit Freuden gibt, ohne etwas dafür zu verlangen. Wenn du die Schönheit triffst, wirst du fühlen, daß sich in deinem Inneren die Hände weit vorstrecken, um sie in dein Herz einzulassen. Sie ist eine Kostbarkeit, in der Freude und Leid vereint sind; sie ist das Unsichtbare, das du sehen kannst, das Unbestimmte, das du verstehst und die Lautlosigkeit, die zu vernehmen ist. Sie ist das Allerheiligste, das seinen Beginn in dir selbst hat und erst jenseits deines irdischen Erscheinens endet.«

Sodann trat die Nymphe des Dschungels auf mich zu und legte ihre wohlriechende Hand auf meine Augen. Und als sie sie wieder wegzog, war ich alleine. Ich kehrte in die Stadt zurück, deren Gewühl mich nun nicht mehr bedrückte, und wiederholte die Worte der Nymphe:

»Schönheit ist das, was die Aufmerksamkeit deiner Seele auf sich zieht, und das, was mit Freuden gibt, ohne etwas dafür zu verlangen.«

Zwei Wünsche

In der Stille der Nacht stieg der Tod, von Gott gesandt, auf die Erde herab. Er flog über eine Stadt, und durchdrang mit seinen Blicken die Mauern der Häuser. Er sah, wie sich die Seelen auf den Schwingen der Träume wiegten und wie sich die Menschen der Barmherzigkeit des Schlafes überließen.

Als der Mond am Horizont unterging und die Stadt im Dunkel lag, wandelte der Tod still zwischen den Häusern umher und achtete darauf, nichts zu berühren. Schließlich gelangte er an einen Palast, betrat ihn durch das verriegelte Portal und stellte sich an das Bett des reichen Mannes. Als er seine Stirne berührte, öffnete der Schlafende die Augen und erschrak heftig.

Er sah die Erscheinung des Todes, und mit einer Stimme, die zwischen Angst und Ärger schwankte, rief er: »Geh weg, schreckliches Traumgebilde! Verlaß mich, furchtbares Gespenst! Wer bist du? Wie kamst du hier herein? Was willst du? Geh schleunigst fort, denn ich bin der Herr dieses Hauses und werde meine Diener und Wachen rufen, damit sie dich töten!«

Mit sanfter Stimme, die jedoch wie ferner Donner grollte, sprach der Tod: »Ich bin der Tod. Steh auf und folge mir!«

»Was willst du?« rief der Reiche, »weshalb bist du hierhergekommen, wo ich doch meine Geschäfte noch nicht erledigt habe? Was willst du von einem so mächtigen Mann, wie ich es bin? Geh zu einem Schwachen und nimm ihn mit!

Ich verabscheue den Anblick deiner blutigen Klauen und deiner hohlen Wangen, und meine Augen schmerzen mich, wenn ich deine schrecklichen Schwingen und deine knöcherne Gestalt anblicke.«

Bald aber hatte er den Ernst der Lage erfaßt und sagte begütigend: »Nein, gnädiger Tod! Achte nicht auf meine Worte, denn nur aus Angst habe ich ausgesprochen, was das Herz zu sagen verbietet.

Nimm einen Scheffel meines Goldes oder eine Anzahl Sklavenseelen, aber geh wieder fort! Ich habe mit dem Leben noch Rechnungen zu begleichen, die mein Bleiben erfordern. Ich habe noch Anspruch auf eine Menge Gold, meine Schiffe sind noch nicht im Hafen eingelaufen, und mein Weizen ist noch nicht geerntet. Nimm alles, was du willst, aber schone mein Leben! O Tod, ich besitze einen Harem mit Frauen von übernatürlicher Schönheit; welche davon du dir auch erwählst, ich schenke sie dir. Und höre, Tod! Ich habe ein einziges Kind, einen Sohn, den ich zärtlich liebe, denn er ist die Wonne meines Lebens. Ich will ihn dir opfern für das höchste Gut, das ich dir geben kann — nimm ihn, aber verschone mich!«

»Du bist nicht reich, sondern zum Erbarmen arm«, sprach der Tod leise. Dann ergriff er die Hand dieses Dieners der irdischen Güter, entriß ihn der Wirklichkeit und übergab ihn den Engeln zur Läuterung.

Langsam ging der Tod weiter und erreichte die Wohnstätten der Armen. Er betrat die armseligste Hütte, die er finden konnte und näherte sich einem Bett, auf dem ein unruhig schlafender Jüngling lag. Als der Tod seine Augen berührte, sprang der junge Mann auf, und da er erkannte, wer vor ihm stand, rief er mit freudiger Erwartung: »Hier bin ich, schöner Tod! Nimm meine

Seele, denn du bist die Hoffnung meiner Träume. Erfülle sie und umarme mich, geliebter Tod! Du bist voll Erbarmen, verlasse mich nicht! Du bist der Bote Gottes, bringe mich zu ihm! Du bist der Wahrheit rechte Hand und das Herz der Güte, mißachte mich nicht!

Wie oft schon habe ich nach dir verlangt, doch du kamst nicht. Ich versuchte dich zu finden, aber du hast mich gemieden. Ich rief nach dir, doch du hörtest mich nicht. Nun aber hast du mich vernommen! Umarme meine Seele, geliebter Tod!«

Sanft legte der Tod seine Hand auf die bebenden Lippen des Jünglings, nahm alle Wesenheit von ihm ab und breitete seine Schwingen aus, um ihm sicheres Geleit zu geben. Und während er wieder zum Himmel aufstieg, schaute er zurück und flüsterte mahnend:

»Es kehren nur die zur Ewigkeit heim,
Die schon auf Erden die Ewigkeit suchen.«

Die Bühne des Lebens

Eine Stunde nur, die dem Streben nach Schönheit und Liebe
Geweiht ist, wiegt mehr als ein ganzes Jahrhundert an Ruhm,
Das der Schwache in seinem Schrecken dem Starken darbringt.

Dieser Stunde entstammt die Wahrheit des Menschen;
Aber in diesem Jahrhundert schläft sie
In den ruh'losen Armen verwirrender Träume.

In dieser Stunde erfaßt die Seele das Gesetz der Natur,
Aber in diesem Jahrhundert nimmt sie sich selbst
In Gewahrsam vor den Gesetzen des Menschen
Und wird mit den Ketten der Tyrannei gebunden.

Diese Stunde schenkte uns Salomos Lieder,
Doch dieses Jahrhundert die blinde Wut,
Die Balbeeks Tempel zerstörte.

Diese Stunde gab uns die Bergpredigt,
Doch dieses Jahrhundert legte Palmyras Paläste
Und Babylons Turm in Schutt und Asche.

In dieser Stunde gelang Mohammeds Flucht,
Doch dieses Jahrhundert vergaß Allah, Golgatha und den Sinai.
Die eine Stunde, die den Verlust des gleichen Rechts
Für die Schwachen beklagt, ist mehr wert
Als ein Jahrhundert des Neids und der Versklavung.

Es ist diese Stunde, in der das Herz
Durch die Flamme des Leids gereinigt
Und von der Fackel der Liebe erhellt wird.
Doch in jenem Jahrhundert wird alle Hoffnung
Auf Wahrheit im Schoß der Erde begraben.

Diese Stunde bedeutet die Wurzel
Der Pflanze, die blühen muß,
Ist die Zeit des Sinnens, Denkens und Betens
Und einer neuen Epoche des Heils.
Doch dieses Jahrhundert gleicht Neros Leben:
Es wird in Eigennutz und in Selbstsucht verbracht,
Die nur aus irdischen Stoffen gemacht sind.

So ist das Leben,
Dargestellt auf der Bühne der Zeit,
Auf irdische Art über Jahrhunderte festgelegt.
Es lebte jahrelang in der Fremde
Und wurde als Loblied der Tage gesungen.
Gepriesen aber wurde nur eine Stunde,
Und diese wird von der Ewigkeit
Wie ein Juwel aufbewahrt.

Freude und Leid

Ich würde meines Herzens Lachen nicht für ein Vermögen tauschen; es wäre mir nicht recht, wenn sich das Weinen, das durch Selbstmitleid entsteht, in beschauliche Ruhe wandeln würde. Ich hoffe mit Inbrunst, daß es in meinem irdischen Dasein stets Weinen und Lachen gibt.

Das Weinen, das mir das Herz reinigt und des Lebens Geheimnis und seine Wunder enthüllt,
Das Lachen, das mich den Mitmenschen näherbringt!
Das Weinen, durch das ich mich denen zugeselle, die an gebrochenem Herzen leiden,
Das Lachen, das ich als Sinnbild der Freude an meinem wahren Dasein betrachte.

Ich ziehe den glücklichen Tod einem verzweifelten, nutzlosen Leben tausendmal vor.

Mein Streben gleicht einem ewigen Hunger nach Liebe und Schönheit. Ich weiß nun, daß die, welche nur irdische Güter besitzen, unglücklich sind. Meine Seele empfindet die Seufzer der Liebenden einschmeichelnder als die Klänge der Lyra.

Sobald die Nacht einbricht, faltet die Blume ihren Kelch und schlummert mit der Liebe ein, und wenn der Morgen naht, tun ihre Lippen sich auf, um den Kuß der Sonne zu empfangen, an der die schnellen Wolken, kommend und gehend, vorübereilen.

Das Leben der Blumen besteht aus Erwartung, Erfüllung und Frieden; aus Weinen und Lachen.

Das Wasser verdunstet und steigt nach oben; es bildet Wolken, die über den Hügeln und Tälern sich sammeln; und wenn die Wolke dann auf den Wind trifft, fällt sie hinab auf die Felder und verschmilzt mit dem Bach, der singend zum Meer hin fließt.

Das Leben der Wolken ist ein Abschied und ein Wiederfinden; ein Weinen und Lachen. Ebenso wird der Geist vom Körper getrennt und geht in die Welt der Materie ein; er eilt wie die Wolken über die Täler der Trauer und über die Berge des Glücks, bis er den Windhauch des Todes trifft und dorthin zurückkehrt, von wo er gekommen: vom endlosen Meer der Liebe und Schönheit, in dem sich Gott offenbart.

Des Dichters Tod ist sein Leben

Die schwarzen Schwingen der Nacht umfingen die Stadt, auf welche die Natur ein reines, weißes Gewand aus Schnee gebreitet hatte. Die Menschen verließen die Straßen und betraten ihre Wohnstätten, während der Nordwind mit der Verwüstung der Gärten begann. Am Rande der Stadt lag eine alte, verfallene Hütte unter der Last des Schnees. Darin stand in einem dunklen Winkel ein armseliges Bett, in dem ein sterbender Jüngling lag. Er starrte in das trübe Licht der Öllampe, die durch den Windzug ständig flackerte. Der junge Mann, der noch im Frühling seines Lebens stand, fühlte die Stunde des Friedens, die ihn aus den harten Griffen des Lebens befreien sollte, schnell herankommen. Mit Freude wartete er auf den Besuch des Todes, und auf seinem blassen Antlitz erschienen Zeichen von Hoffnung; auf seinen Lippen lag ein trauriges Lächeln, und seine Augen strahlten Vergebung aus.

Der Jüngling war ein Dichter, der in der Stadt der Reichen verhungerte. Er war in diese Welt getreten, um das menschliche Herz mit schönen und tiefsinnigen Worten zu erheben. Er war eine edle Seele, die von der Göttin der Erkenntnis gesandt worden war, um dem irdischen Geist Ruhe zu verschaffen. Aber ach! Er nahm freudig Abschied von dieser kalten Welt, denn er hatte von ihren seltsamen Bewohnern niemals ein Lächeln erhalten.

Er lag in den letzten Zügen und hatte niemanden bei sich als jene Öllampe und einige Pergamentblätter, auf denen er die Empfindungen seines Herzens niedergeschrieben hatte. Noch einmal sammelte er seine ganze Kraft und hob die Hände zum Himmel empor. Und während er seine Augen auf die Decke des Raumes richtete, als wolle er sie mit seinen Blicken durchdringen, um die Sterne hinter dem Wolkenschleier zu sehen, sprach er: »Komm, schöner Tod, meine Seele verlangt nach dir! Komm und löse mich aus den eisernen Ketten des Lebens, denn ich bin es leid, sie herumzuschleppen. Komm, süßer Tod, befreie mich von meinen Mitmenschen, die mich als Fremdling betrachten, da ich ihnen die Sprache der Engel deuten wollte. Eile herbei, o sanfter Tod, und trage mich hinweg von diesen Leuten, die mich in der dunkelsten Ecke des Vergessens zurückließen, da ich im Gegensatz zu ihnen die Schwachen nicht zu erpressen versuchte. Komm, gütiger Tod, nimm mich unter deine weißen Schwingen, denn die Menschen wollen mich nicht. Umarme mich, der du voll Liebe und Güte bist! Lege deine Lippen auf die meinen, die nie den Kuß einer Mutter spürten und niemals einer Schwester Wange liebkosten oder die Hände einer Geliebten berührten. Komm und nimm mich, geliebter Tod!« Plötzlich erschien neben dem sterbenden Dichter ein Engel von übernatürlicher, göttlicher Schönheit, der in seiner Hand einen Lilienkranz trug. Er umarmte ihn und schloß ihm die Lider, so daß er nur noch mit seinen geistigen Augen zu sehen vermochte. Dann küßte er ihn lange und zärtlich, und auf den Lippen des Jünglings erschien das unvergängliche Lächeln der Erfüllung. Auf einmal war die Hütte leer, und es blieb nichts darinnen zurück, als einige Pergamentblätter, die der Dichter mit bitterer Geringschätzung verstreut hatte. Viele hundert Jahre später, als die Menschen dieser Stadt aus dem krankhaften Schlummer der Unwissenheit erwachten und das Herankommen der Erkenntnis wahrnahmen, errichteten sie im schönsten Park ein Denkmal für den Dichter und feierten jedes Jahr ein Fest zu Ehren des Mannes, der sie durch seine Schriften frei gemacht hatte. O wie grausam und engstirnig sind doch die Menschen!

ESOTERISCHES WISSEN

DER SCHLÜSSEL ZUR INNEREN WEISHEIT

Wege und Wahrheiten
für ein besseres und erfolgreiches Leben

08/9590

08/9589

08/9591

08/9592

08/9593

08/9594

WILHELM HEYNE VERLAG
MÜNCHEN